Beltz Taschenbuch 18

Über dieses Buch:

»Psychologie lernen« führt in Grundkategorien psychologischen Denkens ein, die sich durch die Vielfalt der Themen, Gebiete und Theorierichtungen hindurchziehen. Wenngleich das Buch ein reiches Spektrum von Inhalten anspricht, betont es doch mehr die Ordnung und die Zusammenhänge als die Fülle der Einzelinformationen. Überdies leitet es zum selbstständigen Verwenden des Gelernten sowie zum Umgang mit psychologischer Literatur und Lehrveranstaltungen an.
Ein klarer Aufbau, übersichtliche Darstellungen und anschauliche Beispiele sind weitere Kennzeichen, denen das Buch seinen Erfolg verdankt. So eignet es sich für Studierende der Psychologie im ersten Studienabschnitt ebenso wie für Studierende mit dem Nebenfach Psychologie und für interessierte Laien.

Die Autoren:
Dr. Hans-Peter Nolting und Prof. Dr. Peter Paulus sind Diplom-Psychologen und arbeiten an der Universität Göttingen bzw. Universität Lüneburg.

Hans Peter Nolting
Peter Paulus

Psychologie lernen

Eine Einführung
und Anleitung

Besuchen Sie uns im Internet:
http://www.beltz.de

Alle Rechte, insbesondere die der Vervielfältigung und Verbreitung sowie der Übersetzung, vorbehalten. Kein Teil des Werkes darf in irgendeiner Form (durch Photokopie, Mikrofilm oder ein anderes Verfahren) ohne schriftliche Genehmigung des Verlages reproduziert oder unter Verwendung elektronischer Systeme verarbeitet, vervielfältigt oder verbreitet werden.

Beltz Taschenbuch 18
3. Auflage

© 1999 Beltz Verlag, Weinheim und Basel
(vollständig überarbeitete Neuausgabe)
Das Werk erschien zuletzt in der Psychologie Verlags Union, Weinheim
Umschlaggestaltung: Federico Luci, Köln
Umschlagphotographie: © Pictor International, Düsseldorf
Satz: Satz- und Reprotechnik GmbH, Hemsbach
Druck und Bindung: Druckhaus Beltz, Hemsbach
Printed in Germany

ISBN 3 407 22018 9

Inhaltsverzeichnis

Vorwort: Wozu dieses Buch zu gebrauchen ist 11

Kapitel 1
Was sind »psychologische« Fragen? 15

1. Psychisch – psychologisch – Psychologie 15
2. Warum stellen Menschen psychologische Fragen? 18

Kapitel 2
Ordnung in der Vielfalt – für Übersicht und Wissensverwendung 21

1. Ist Psychologie unübersichtlich?
   Zur Fülle der Themen, Gebiete, Theorien 21
2. Das Wissen für Zusammenhalt und Übertragbarkeit organisieren 24
3. Erster roter Faden: Grundlegende Aspekte des psychischen Systems   28
4. Zweiter roter Faden: Grundlegende »Tätigkeiten« 30
5. Zwei Fälle von Wissensnutzung:
   Unbekannte Themen und Praxisprobleme 31

Kapitel 3
Grundlegende Aspekte des psychischen Systems 36

1. Verschiedene Seiten einer Verhaltenserklärung – ein Grundmodell .. 36
   - Vier Aspekte: Aktuelle Prozesse – Situation – Person – Entwicklung 36
   - Wo unterschiedliche Sichtweisen beginnen 40

2. **Psychische Grundprozesse I:**
   Aktuelle Prozesse (innere Prozesse und Verhalten) 42

   Menschen »verarbeiten« ihre Umwelt und wirken auf sie ein 43
   Wahrnehmung 45
   Denken 48
   Emotion 52
   Motivation und Wille 54
   Bewegung – Verhalten – Handlung 60
   Exkurs: Aktuelle Prozesse als Kommunikation 62

3. **Psychische Grundprozesse II: Entwicklungsprozesse** 65

   Menschen befinden sich ständig in Entwicklung 66
   Reifen und Lernen 66
   Typen von Lernprozessen 69
   Lernübertragung 76

4. **Verhalten und innere Prozesse variieren mit Person und Situation** 78

   Aspekte der »Person« 78
   Aspekte der »Situation« 83
   Person und Situation: Ihr Gewicht, ihre Interaktion 86

5. **Personen variieren gemäß ihren Entwicklungsbedingungen** 91

   Personmerkmale als Entwicklungsstand 91
   Was die Entwicklung steuert: Anlage – Umwelt – Person selbst 93

6. **Zusammenschau: Integrierendes Modell zum psychischen System** 98

7. **Betrachtungsweisen zum psychischen System:**
   Gebiete und Richtungen 101

Kapitel 4
Systembezogene Betrachtungsweisen (»Grundlagengebiete«) 102

1. Die Prozesse an sich: Allgemeine Psychologie 102

2. Die »Person«: Persönlichkeits-/Differentielle Psychologie 104

3. Die Entwicklung der Person: Entwicklungspsychologie 110

4. Der Bezug zu anderen Menschen: Sozialpsychologie 114

5. Der Bezug zur materiellen Umwelt: Umweltpsychologie 119

6. Beziehungen zwischen körperlichen und psychischen
   Vorgängen: Biologische Psychologie u.a. 122

Kapitel 5
Praxisbezogene Betrachtungsweisen (»Anwendungsgebiete«) 127

1. Vielfalt der Praxisfelder: Von Werbung bis Gerichtsverfahren 127
2. Psychische Störungen: Klinische Psychologie 131
3. Erziehung und Unterricht: Pädagogische Psychologie 136
4. Arbeit und Beruf: Arbeits- und Organisationspsychologie 141
5. Gesundheit und Krankheit: Gesundheitspsychologie, Medizinische
   Psychologie, Psychosomatik, Verhaltensmedizin 144

Kapitel 6
Theoriegeleitete Betrachtungsweisen (»Richtungen«) 152

1. Tiefenpsychologie (Psychoanalyse u.a.) 154
2. Behaviorismus 159
3. Kognitivismus 162
4. Humanistische Psychologie 165
5. Sozusagen quer dazu: Systemische Sichtweisen 167

Kapitel 7
Grundlegende »Tätigkeiten« im Umgang mit
psychologischen Fragen 170

1. Beschreiben 170
   Vielfalt der »Ist-Aussagen« 171
   Beschreiben durch Beobachtungen 172
   Beschreiben durch subjektive Einschätzung 174
   Psychologische Diagnostik 176

2. Erklären 179
   Erklärungen und Pseudo-Erklärungen 180
   Ein »Zusammenhang« sagt nichts über die »Verursachung« 183

Feldstudien und Experimente	185
Bedingungsgefüge statt einzelner »Ursachen«	186
Erklären oder Verstehen?	187

3. Vorhersagen 188

    Wovon hängt die Vorhersage-Genauigkeit ab? 189
    Statistische Prognose und Einzelfall-Prognose 191

4. Beeinflussen/Verändern 192

    Korrektur – Förderung – Prävention 192
    Zielprobleme und Wegprobleme 193
    Wissen ist noch nicht Praxis 194

5. Bewerten 195

    Beschreibungs-Bewertungs-Mischmasch 195
    Begründete Bewertungen 197

Kapitel 8
Übertragung von Grundlagenwissen 199

1. Beispiele zur Anwendung I: Zu unbekannten Themen Überlegungen anstellen 199
2. Beispiele zur Anwendung II: Praxisfälle analysieren 203

Kapitel 9
Regeln zum sinnvollen Lernen von Psychologie:
Rückschau und Zusammenfassung 213

1. Die Grundmoral von der Geschicht': Aus einem Nebeneinander ein Zueinander machen 213
2. Themen »einordnen« 214
3. Immer mehrere Systemaspekte zugleich beachten 215
4. Fachtermini vergleichen 216
5. Den Transfer auf Beispiele und Praxisfälle üben 217
6. Sich der Psychologie bewusst werden, die man ohnehin im Kopf hat. 218

Literaturverzeichnis.. 220

Personenregister.. 233

Sachregister 237

Vorwort:
Wozu dieses Buch zu gebrauchen ist

Dieses Buch ist eine Einführung und eine Anleitung. Eine *Einführung* in die Psychologie ist es insofern, als es über grundlegende Phänomene psychischen Geschehens sowie über wesentliche Gebiete und theoretische Richtungen der wissenschaftlichen Psychologie informiert. Es führt dabei allerdings auf eine andere Weise ein, als es sonst üblich ist. Denn es möchte Psychologie so vermitteln, dass sich die Wissensinhalte im Kopf der Lernenden zu einem »System« zusammenschließen und sich nicht einfach in Wissen zu Themenbereich A, zu Themenbereich B usw. aufteilen. Dies ist unseres Erachtens eine wesentliche Voraussetzung, um psychologische Kenntnisse auch auf neuartige Fragestellungen anwenden zu können.

Das Buch ist daher »integrativ« und »hierarchisch« aufgebaut: Wissensinhalte von großer Reichweite, die den Zusammenhalt des Ganzen sichern können, werden deutlich von speziellen Inhalten abgehoben und nicht wie gleichrangige »Themenbereiche« neben sie gestellt. Zu den Inhalten mit großer Reichweite gehören:

- grundlegende Aspekte des psychischen Systems (Kapitel 3),
- grundlegende »Tätigkeiten« im Umgang mit psychologischen Fragen (Kapitel 7).

Die »Gebiete« und »Richtungen« der Psychologie betrachten das psychische System aus speziellen Blickwinkeln und werden daher erst nach den »grundlegenden Aspekten« behandelt (Kapitel 4 bis 6).

Das Buch ist aber auch eine *Anleitung* zum selbstständigen Lernen. Es gibt Hinweise darauf, wie man psychologische Literatur und Seminare verarbeiten sollte, damit mehr als eine Summierung von Einzelkenntnissen herauskommt. Es will helfen, angesichts der Fülle der Informationen zu Themen, Theorien, Untersuchungsergebnissen und Methoden jene allgemein bedeutsamen Aspekte im Blick zu behalten, die immer zu beachten sind, wenn man an psychologische Sachverhalte herangeht.

Viele Menschen, die bei sich selbst »mangelnde« Kenntnisse feststellen, gehen wie selbstverständlich davon aus, dass sie *zu wenig* Kenntnisse besäßen und folglich die »weißen Flecken« in der Wissenslandkarte durch weitere Vermehrung des Wissens auszufüllen hätten. Wenngleich auch dies zutreffen kann, liegt doch das Hauptproblem vielfach darin, dass die Kenntnisse *unzureichend geordnet* sind, dass die grundlegenden Strukturen, die die Inhalte miteinander verbinden, nicht klar genug sind. Ordnung ist das halbe Lernen! *Man kann nicht »alles« lernen. Aber man kann so lernen, dass das Gelernte vielfältig zu verwenden ist.* Wer Psychologie sinnvoll gelernt hat, muss auch dann beispielsweise zur Psychologie der Hilfeleistung, der Aggression oder der Lernstörungen etwas sagen können, wenn er diese »Themen« noch nicht »gehabt« hat. Es kommt darauf an, grundlegende Kategorien psychologischen Denkens, die sozusagen quer durch die Themen hindurchgehen, zu erwerben und ihre Übertragung auf neue Inhalte zu üben. Dies gilt auch für das Ziel, Fertigkeiten zur selbstständigen Analyse von Praxisproblemen in Beruf und Alltag zu entwickeln. Es ist das Anliegen des Buches, eine flexiblere Wissensverwendung in beiderlei Hinsicht – bei neuen »Themen« und bei »Praxisproblemen« – zu fördern. Es kann dazu jedoch lediglich einige Wegweiser setzen. Der Besuch geeigneter Seminare, eigenständiges Erproben im Alltag und weiteres Literaturstudium müssen hinzukommen.

Da das Buch in erster Linie eine Ausgangsbasis für das selbstständige Lernen schaffen will, versteht es sich nicht als Lehrbuch im üblichen Sinne. Die Darstellung von Theorien und Untersuchungsergebnissen nimmt daher einen vergleichsweise geringen Raum ein, wenngleich diese einen Hintergrund bilden, an dem wir, die Autoren, uns orientiert haben. Einen wichtigen Platz nehmen hingegen Begriffe ein, mit denen die meisten Lernenden in Lehrbüchern und Seminaren konfrontiert werden. Doch geschieht dies nicht in einem lexikonartigen Stil, nicht in einem Nebeneinander von Stichwörtern, sondern mit dem ständigen Bemühen, die Begriffe in eine Ordnung zu bringen, ihr Verhältnis zueinander deutlich zu machen.

Ein typisches Problem aller Psychologie-Lernenden war dabei auch unser Problem: die verwirrende Begriffsverwendung in der Psychologie – nicht nur die Vielzahl von Fachtermini, sondern auch die Tatsache, dass dieselben Termini bei verschiedenen Autoren zuweilen unterschiedliche Bedeutungen haben. Auch unser Wortgebrauch kann folglich keine Allgemeingültigkeit beanspruchen. Doch haben wir uns bemüht, uns an (unserer Einschätzung nach) häufig vorkommende Termini und ihre jeweils typische Bedeutung zu halten und überdies auf Begriffsverwandtschaften hinzuweisen.

Aus der Absicht des Buches, Einzelinhalte immer wieder zusammenzuführen und unter ein Dach von übergreifenden Aspekten zu stellen, ergibt sich ein *»spiraliger« Aufbau*: Grundlegende Inhalte werden schon frühzeitig vorgestellt und tauchen dann später auf anderen Ebenen wieder auf – in differenzierterer Form oder in neuem Kontext. Wer also trotz vieler neuer Inhalte immer noch die »roten Fäden« sieht, die sich durch alles hindurchziehen, hat so gelesen, wie wir es uns vorstellen.

Das Buch ist unseres Erachtens geeignet
- als eine *Einführung* für Interessenten, die sich selbstständig mit Psychologie beschäftigen wollen;
- als *Studienbegleitung*, die man nutzt, um Inhalte aus verschiedenen Büchern und Seminaren unter übergreifenden Gesichtspunkten zu ordnen und zu integrieren;
- als *Seminarlektüre*, die abschnittsweise durchgearbeitet wird.

Weiterführende Werke zu einzelnen Inhalten und Lehrbücher zu größeren Themenbereichen nennen wir an passenden Textstellen. Darüber hinaus seien hier vorweg zwei Informationsquellen erwähnt, die die gesamte Psychologie betreffen: die aus vielen Bänden bestehende »Enzyklopädie der Psychologie« (Hogrefe Verlag) sowie das Internet (eine Anleitung dazu geben Krüger & Funke 1998).

Der Kreis der Psychologie-Lernenden ist recht groß. Er reicht über Studierende des Diplomstudienganges Psychologie weit hinaus. Für viele Lernende an Hochschulen, Fachschulen, Fachoberschulen etc. ist Psychologie Teil ihres Lehrplans; andere Interessierte besuchen Kurse in der Volkshochschule oder der gymnasialen Oberstufe. Das Buch ist so abgefasst, dass es für all diese Personenkreise verständlich ist und im Sinne der genannten Zielsetzungen verwendet werden kann. Die Literaturhinweise nennen ebenfalls häufig Werke, die auch für Anfänger geeignet sind. Des weiteren haben wir uns bemüht, zwischen »naiver«, vorwissenschaftlicher und wissenschaftlicher Psychologie Verbindungen herzustellen, indem wir an vielen Stellen typisches Alltagsdenken aufgegriffen und wissenschaftlich orientierten Denkweisen gegenübergestellt haben.

Lesehinweise

Über grundlegende Inhalte informieren:

- Kapitel 1: Was sind »psychologische« Fragen?
- Kapitel 3: Grundlegende Aspekte des psychischen Systems
  Dieses Kapitel ist zugleich eine Basis für die Kapitel 4 bis 6
- Kapitel 7: Grundlegende »Tätigkeiten« im Umgang mit psychologischen Fragen

Orientierung zu einzelnen Schwerpunkten geben:

- Kapitel 4: Systembezogene Betrachtungsweisen (»Grundlagengebiete«)
- Kapitel 5: Praxisbezogene Betrachtungsweisen (»Anwendungsgebiete«)
- Kapitel 6: Theoriegeleitete Betrachtungsweisen (»Richtungen«)

Diese drei Kapitel sind nicht dafür gedacht, sie nacheinander durchzulesen. Sinnvoller ist eine interessengeleitete Auswahl. Sie könnte durchaus mit den Theorierichtungen (Kapitel 6) statt mit Gebieten (Kapitel 4 und 5) beginnen. Fast jede der »Betrachtungsweisen« enthält Bezüge zu den anderen, zu vorangehenden wie späteren.

Zum Lernen und Verwenden von Psychologie-Kenntnissen leiten an:

- Kapitel 2: Ordnung in der Vielfalt – für Übersicht und Wissensverwendung
- Kapitel 8: Übertragung von Grundlagenwissen
- Kapitel 9: Regeln zum sinnvollen Lernen von Psychologie

Kapitel 1
Was sind »psychologische« Fragen?

Was sind Fragen, mit denen sich die Psychologie beschäftigt? Wann und wodurch ergeben sie sich? Worin unterscheiden sie sich von denen anderer Wissenschaften?

1. Psychisch – psychologisch – Psychologie

»Psychologie« ist zwar kein Fremdwort mehr, und Psychologen werden in unserer Gesellschaft kaum noch wie Exemplare einer exotischen Gattung betrachtet, denn viele Menschen kommen mit ihnen in Beratungsstellen, sozialen Diensten, Kliniken, in Volkshochschulkursen usw. in Kontakt. Auch ist die Verwendung des Wortes »psychologisch« durchaus geläufig (z.b. »das psychologisch wichtige Tor vor Ende der ersten Halbzeit«). Dennoch würde es den meisten Menschen schwer fallen zu sagen, was »psychisch«, »psychologisch« oder »Psychologie« bedeutet.

Geht man vom Wort »Psychologie« aus, dann bezeichnet es die Lehre von der »Seele« oder »Psyche«. Beide Begriffe werden in der Psychologie kaum noch verwendet. Einmal, weil sie traditionell durch andere Wissenschaften begrifflich vorbelastet sind (Philosophie, Theologie). Vor allem aber deshalb, weil durch diese Begriffe suggeriert wird, es gäbe eine Substanz, eine Art »seelisches Organ«, eben die »Seele«. Ob dies so ist, lässt sich wissenschaftlich nicht überprüfen. Was man dagegen beobachten und damit der wissenschaftlichen Analyse unterziehen kann, ist menschliches »Erleben« und »Verhalten«.

Vom *Erleben*, verstanden als unmittelbare innere Erfahrung, können Menschen berichten; sie können z.b. ihre Gefühle, Vorstellungen, Wünsche mitteilen. Außenstehende können das Erleben anderer Menschen nicht direkt beobachten. Sie sehen nur körperliche Reaktionen, die man mit dem Erleben in Zusammenhang bringen kann: Weint jemand, könnte man schließen, er sei traurig; denkbar wären aber auch Schmerz oder Freude. Man sieht hier schon eine grundsätzliche Schwierigkeit: Eindeutige Schlüsse vom Verhalten auf das Erleben anderer Personen sind nicht möglich.

Das *Verhalten* ist der Selbstbeobachtung *und* der Fremdbeobachtung zugänglich. Es umfasst zuerst einmal die für jedermann sichtbaren körperlichen

Bewegungen (z.B. ein Kind wirft sich vor Wut auf den Boden; ein Junge lächelt ein Mädchen an; ein Mann tanzt mit einer Frau). In der Regel geht es dabei um komplexere körperliche Äußerungen (Sprechen, Mimik, manuelle Tätigkeiten etc.). Es können aber auch einzelne Reaktionen (Atmung, Herzschlag, Reflexe etc.) Gegenstand psychologischer Forschung sein. Stoffwechselvorgänge in der Zelle zählen hingegen nicht mehr zum »Verhalten«.

Je nach wissenschaftlichem Standort werden in der psychologischen Analyse eher Erlebnis- oder Verhaltensaspekte oder auch beide untersucht (s. Tafel 1). Von manchen Autoren wird der Verhaltensbegriff als Oberbegriff für alle psychischen Vorgänge benutzt, der dann das Erleben mit einschließt. Wir halten einen solchen Wortgebrauch aber für verwirrend und wenig sinnvoll.

Kommt man aber mit den Begriffen »Verhalten« und »Erleben« überhaupt aus, um den Gegenstand der Psychologie zu benennen? Gehören zum psychischen Geschehen nicht auch »unbewusste« Vorgänge, die nicht eigentlich »erlebt« werden? Zweifellos: Die Sinnesorgane nehmen manche Informationen »unbemerkt« auf; viele alltägliche Aktivitäten laufen als Routine ab, d.h. ohne bewusste Kontrolle, und das Handeln kann von Motiven bestimmt werden, die dem Menschen selbst nicht klar sind. Einige Psychologen, vor allem psychoanalytisch orientierte, nehmen sogar eine eigene, abgegrenzte Region psychischer Vorgänge an, die als das »Unbewusste« bezeichnet wird. Andere sehen zwischen »bewusst« und »unbewusst« fließende Übergänge, ein Mehr oder Weniger an »Bewusstheit«. Wie dem auch sei: Da nicht oder nicht klar bewusste psychische Vorgänge für die Psychologie nur soweit von Interesse sind, als sie das Erleben und Verhalten bestimmen, kann man es bei diesen beiden Begriffen belassen, um ihren Gegenstand zu benennen; denn als erklärender »Hintergrund« sind die nichtbewussten Prozesse indirekt mit einbezogen. Vorsichtshalber werden wir allerdings in diesem Buch oftmals von »inneren psychischen Prozessen« statt von »Erleben« sprechen, um dem Missverständnis vorzubeugen, dass mit der »Innenwelt« nur klar bewusste Vorgänge gemeint seien.

Da Menschen sich nicht *nicht* verhalten können und ständig innere psychische Prozesse ablaufen, haben alle Sachverhalte, an denen Menschen beteiligt sind, immer auch einen *psychischen Aspekt*. Ob der psychische Aspekt allerdings bei der Betrachtung und Analyse des Sachverhaltes berücksichtigt wird, ist eine andere Frage. So können physiologische Vorgänge im Körper (z.B. Herzschlag, Blutdruck, Muskelanspannung) einerseits vollkommen unabhängig vom psychischen Geschehen betrachtet werden, andererseits in Zusammenhang mit ihm, wie in der Biologischen Psychologie (s. S. 122).

Manche Sachverhalte werden durch die *Art der Beobachtung* zu Sachverhalten mit psychischem Aspekt. Das Haus, das in sich zusammenstürzt, der Apfel, der vom Baum fällt – diese Sachverhalte sind zunächst materieller Art. Aber: Der Hausbesitzer, der weinend vor dem zusammengestürzten Haus steht, das

Wie man Psychologie verstehen kann

Ebbinghaus (1919; zit. nach Laucken, Schick & Höge 1996, S. 8) definiert Psychologie vom Erleben her: »Die Psychologie ist die Wissenschaft von den Inhalten und Vorgängen des geistigen Lebens oder, wie man sagt, ›Die Wissenschaft von den Bewusstseinszuständen und den Bewusstseinsvorgängen‹. (...) Wir haben Empfindungen von Farben, Tönen oder Temperaturen, haben Gedanken, Erinnerungen und Phantasiebilder, Erkenntnisse, Zweifel und Irrtümer, Gefühle der Lust und Unlust, Stimmungen wie Verdrießlichkeit und Heiterkeit und Affekte, wie Furcht und Zorn, dazu Begehrungen, Wünsche, Vorsätze, Ideale usw. Wir erleben ferner an diesen Gebilden ein unablässiges Kommen und Gehen, ein Hervortreten und Zurücktreten, wechselseitige Störungen und Förderungen. Mit alledem befasst sich die Psychologie. (...) Die Psychologie hat es, wenn man dies kurz ausdrückt, mit den Gegenständen der Innenwelt zu tun, im Gegensatz zur Physik im weitesten Sinne als der Wissenschaft von den Gegenständen der räumlichen und materiellen Außenwelt.«

Hilgard (1962; zit. nach Laucken, Schick & Höge 1996, S. 9), der angloamerikanischen Tradition des Behaviorismus folgend (s. S. 159ff.), stellt das *Verhalten* in den Vordergrund: »Die Psychologie mag als jene Wissenschaft definiert werden, die das Verhalten der Menschen oder anderer Lebewesen erforscht.«

Zimbardo (1995, S. 4) berücksichtigt sowohl *Erleben* als auch *Verhalten* in seiner Gegenstandsbestimmung: »Gegenstand der Psychologie sind Verhalten, Erleben und Bewusstsein des Menschen, deren Entwicklung über die Lebensspanne und deren innere (im Individuum angesiedelte) und äußere (in der Umwelt lokalisierte) Bedingungen und Ursachen.«

Ulich (1993, S. 30ff.) versteht Psychologie als eine »*Einrichtung*«: »Die Psychologie ist eine Einrichtung zur systematischen und kontrollierten Gewinnung, Vermittlung und Anwendung von Kenntnissen. über Erlebens- und Verhaltensweisen, deren Zusammenhänge, Bedingungen und Folgen sowie eine Einrichtung zur Entwicklung und Anwendung von Verfahren zur Erfassung und Veränderung der genannten Sachverhalte.«

Tafel 1: Beispiele für Definitionen der Psychologie

Kind, das den Apfel vom Baum fallen sieht – diese Sachverhalte enthalten psychisches Geschehen. Rückt dieses psychische Geschehen ins Blickfeld eines Beobachters, nimmt er eine *psychologische Perspektive* ein. Ihn interessiert, was die beobachteten Personen erleben und wie sie sich verhalten. Welche Sachverhalte in psychologischer Perspektive betrachtet werden, hängt offensichtlich zum Teil auch mit dem theoretischen Vorverständnis des Beobachtenden zusammen. So werden nicht alle Menschen auf die Idee kommen – wie in der Astrologie –, Sternbewegungen mit psychischem Geschehen in Verbindung zu bringen!

Beispiel: Ein Vater schlägt sein Kind	
Perspektive	*Mögliche Fragen*
Psychologisch:	Aus welcher Motivation schlägt der Vater? Hat das Schlagen Auswirkungen auf das Selbstwertgefühl des Kindes? Übt der Vater eine Vorbildfunktion aus?
Juristisch:	Hat der Vater ein Recht, sein Kind zu schlagen? Wann handelt es sich um eine strafbare Handlung?
Theologisch:	Ist es mit den Vorstellungen von einer christlichen Erziehung zu vereinbaren, dass der Vater sein Kind züchtigt?
Soziologisch:	Ist das Verhalten des Vaters typisch für Erziehungs- bzw. Bestrafungspraktiken bestimmter gesellschaftlicher Milieus/ Schichten etc.?

Tafel 2: Ein psychischer Sachverhalt (Verhalten) kann unter psychologischen, aber auch unter anderen Perspektiven betrachtet werden

Zusammenfassend können wir also feststellen: Haben Sachverhalte psychische Aspekte, sind Erlebens- und Verhaltensprozesse beteiligt, können sie immer unter psychologischer Perspektive betrachtet, also mit Hilfe psychologischer Begriffe und Theorien analysiert werden. Sobald Menschen über psychisches Geschehen nachdenken, es zu verstehen und zu erklären versuchen, so tun sie etwas Psychologisches – Laien wie Psychologen.

Die psychologische Perspektive ist aber nicht die einzige. Psychische Sachverhalte können *auch* unter anderen Perspektiven betrachtet werden, so wie sich umgekehrt wirtschaftliche, juristische und andere Sachverhalte psychologisch, also hinsichtlich der psychischen Aspekte betrachten lassen (s. Tafel 2).

2. Warum stellen Menschen psychologische Fragen?

Wie kommen nun aber Menschen überhaupt dazu, sich psychologische Fragen zu stellen oder psychologische Aussagen zu machen. Nach Traxel (1974) deshalb, weil wir Menschen in unserem Erleben *Diskrepanzerfahrungen* machen: Wir erkennen, daß unsere Eindrücke der erlebten Wirklichkeit keine getreuen Abbilder sind. Es muß eine subjektive »Verarbeitung« bzw. »Konstruktion« der Wirklichkeit stattgefunden haben. Offenkundig ist dies z.B. bei den so genannten optischen Täuschungen (s. Tafel 53, S. 163). Auch stellen wir manchmal fest, wie unterschiedlich objektiv gleiche Situationen wahrgenommen werden; Zeugenaussagen vor Gericht belegen dies immer wieder. Oder: Kinder werden sich im Laufe der Entwicklung des eigenen Sehens bewusst; sie lernen, »Wachen« und »Träumen« zu unterscheiden. In diesen Erfahrungen, die uns Menschen darüber belehren, dass wir selbst die Eindrücke der Wirklichkeit wesentlich mitgestalten, liegt wahrscheinlich die Wurzel aller psychologischen Überlegungen und Fragen.

Darüber hinaus geben *Veränderungen* im Erleben und Verhalten, sei es bei uns selbst oder anderen Menschen, Anlass zum Nachdenken: »Was ist nur mit ihm los?«; »Wieso kann ich mich neuerdings so schlecht konzentrieren?«. Dies sind Fragen, die sich dann stellen, wenn die Alltagsroutine unterbrochen ist, wenn sich andere Entwicklungen oder Ereignisse als die erwarteten einstellen, wenn also etwas »auffällig« wird. Ansonsten hinterfragen wir den Alltag selten psychologisch. Dazu besteht auch kein Anlass, solange das Leben »funktioniert« und keine Störungen oder Probleme auftreten. Da wir aber alle in unserem alltäglichen Leben mit Diskrepanzerfahrungen und erklärungsbedürftigen Auffälligkeiten konfrontiert werden, werden wir auch angeregt, »psychologisch zu denken«. Wir denken dabei »naiv-psychologisch«, denn wir greifen auf unsere alltagspsychologischen Erfahrungen zurück.

Diese Wissensbestände sind unsystematisch, sehr individuell und nicht gezielt überprüft. Sie sind überdies oft so »in Fleisch und Blut« übergegangen, dass sie kaum bewusst reflektiert werden können. Der Laie kann deshalb über dieses »Wissen« in der Regel nur selten Rechenschaft geben. Erst wenn ein »Problem« entsteht, beginnt möglicherweise ein bewusstes Nachdenken über psychologische Zusammenhänge. Und wenn sie aus dem alltagspsychologischen Fundus nicht beantwortet werden können, wird vielfach die wissenschaftlich fundierte Psychologie um Rat gefragt.

In der wissenschaftlichen Psychologie werden psychologische Fragen immer im Licht bestimmter Theorien formuliert. Sie liefern erst den Bezugsrahmen, die jeweilige psychologische »Sprache«, in der die psychischen Phänomene analysiert werden können. Solche theoriebezogenen Betrachtungsweisen werden in Kapitel 6 vorgestellt. Die Annahmen und Begriffe, die solche Betrachtungsweisen charakterisieren, sind der Kritik und Überprüfung durch wissenschaftlich akzeptierte Methoden ausgesetzt. Sie ermöglichen dadurch eine Diskussion und Weiterentwicklung der bisherigen Kenntnisse auf rationaler ›Grundlage‹.

Welcher theoretischen Betrachtungsweise ein forschender oder praktisch tätiger Psychologe den Vorzug gibt, hängt von seiner persönlichen Neigung, von seiner Ausbildung und von den augenblicklichen wissenschaftlichen Trends und Moden ab. Da Psychologie als Wissenschaft und ausgeübte Berufstätigkeit in gesellschaftlich-politische Zusammenhänge eingebettet ist, werden psychologische Fragen und ihre Bearbeitung auch von gesellschaftlichen Entwicklungen, dem Wandel von Interessen und Anschauungen mitbestimmt. So regt etwa die Diskussion über Drogenmissbrauch bei Jugendlichen, Jugendarbeitslosigkeit, Gewalt von Jugendlichen etc. psychologische Forschungen über das Jugendalter an. Auch aus der gesellschaftlichen Lebenspraxis (z.B. Erziehung, Arbeit, Gesundheit/Krankheit) ergeben sich psychologische Fragestellungen: Es sind praktische Anforderungen an die Psychologie. Sie machen das Feld der »Angewandten Psychologie« aus (s. Kapitel 5).

Kapitel 2
Ordnung in der Vielfalt –
für Übersicht und Wissensverwendung

In diesem Kapitel möchten wir das Motto »Ordnung ist das halbe Lernen« ein wenig erläutern. Die Erläuterungen sind einerseits didaktischer Art; sie betreffen die Frage: Wie geht man am besten mit der Fülle psychologischer Lehrinhalte um, wenn man das Ziel hat, über Kernpunkte den Überblick zu behalten? Andererseits geben wir inhaltliche Erläuterungen, die eben diesem didaktischen Anliegen dienlich sind: Wir stellen in Kurzform die roten Fäden vor, die sich durch alle Inhalte hindurchziehen und somit die Organisierung des Wissens erleichtern können.

1. Ist Psychologie unübersichtlich?
Zur Fülle der Themen, Gebiete, Theorien

Wer sich mit Psychologie befasst, kann angesichts der Vielfalt von Buch- und Seminartiteln leicht den Eindruck gewinnen, dieses Fach sei wohl uferlos. Und in gewisser Weise stimmt das natürlich. Unter anderem zeigt es sich darin, dass – wie bei anderen Wissenschaften – kaum ein Vertreter dieses Faches sich als Experte für die »ganze« Psychologie versteht; alle spezialisieren sich in gewissem Grade auf bestimmte Problemfelder. Das ist normal und unvermeidlich.

Aber es geht nicht nur um die *Menge* der Wissensinhalte. Viele Studierende klagen, Psychologie sei so *unübersichtlich*, und meinen damit nicht, es sei unmöglich, alle Einzelheiten aus Seminaren und Büchern zu behalten. Nein, sie finden es schwierig, auch nur die Themen dieser Seminare und Bücher in einen sinnvollen *Zusammenhang* zu bringen. Von wenigen Querverbindungen abgesehen, scheint jedes Seminar und jedes Buch für sich zu stehen, sodass daraus eine lockere Sammlung dieser und jener Kenntnisse entsteht, das Gesamtwissen aber keine klare Ordnung erhält.

Die kann auch kaum entstehen, wenn man sich lediglich an behandelten *Themen* orientiert. »Themen« gibt es in beliebiger Form und mit beliebigen Inhalten. Sie können sich auf ein Riesengebiet beziehen (»Die psychische Entwicklung des Menschen«) oder auf eine ganz spezifische Frage (»Der Einfluss von Alkohol auf die Rechenleistung«). Jedes einzelne Thema kann in sich klar

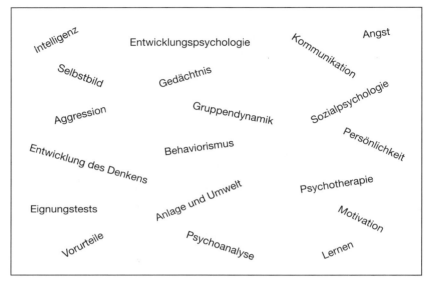

Tafel 3: Wie bekommt man da Ordnung rein?

geordnet sein. Doch mehrere Themen können kreuz und quer zueinander liegen, können in eher zufälliger Beziehung zueinander stehen.
Anders ist es schon, wenn es um »*Gebiete*« geht. Zwar kann der Ausdruck »Gebiet« ähnlich unbestimmt verwendet werden wie »Thema«. Aber es gibt auch Standard-Gebiete, die auf Einteilungskonventionen beruhen. Solche Gebiete (oder Teildisziplinen) beziehen sich auf umfassende Schwerpunkte. Zu nennen sind insbesondere:

- Allgemeine Psychologie, Entwicklungs-, Persönlichkeits- und Sozialpsychologie als »Grundlagengebiete«;
- Klinische Psychologie, Pädagogische Psychologie, Arbeits- und Organisationspsychologie u.a. als »Anwendungsgebiete«.

In beiden Fällen gibt es ein Ordnungskriterium: Die Grundlagengebiete ergeben sich aus dem Gegenstand selbst, aus Aspekten des psychischen Systems. Anwendungsgebiete hingegen ergeben sich aus Praxisbezügen, in denen die Psychologie zur Geltung kommt. Gemeinsamer Kern sind stets Grundprozesse wie Lernen, Wahrnehmen, Denken, Emotion, Motivation und Verhalten, wenngleich unter wechselnden Blickwinkeln.

Manchmal kann man Aufzählungen wie diese lesen: ... Persönlichkeitspsychologie – Entwicklungspsychologie – Tiefenpsychologie ...« Für Laien ist auf den ersten Blick kaum zu erkennen, dass hier unversehens das Kriterium gewechselt wird, wenn man die »Tiefenpsychologie« unter die »Gebiete« einreiht. Denn bei ihr handelt es sich um eine theoretische Strömung innerhalb der Psychologie, nicht eigentlich um einen anderen Gegenstandsbereich. Es ist etwa so, als würde man Autos einteilen in: Pkw, Lkw und Mercedes.

Bei solchen *Theorierichtungen* ist das Kriterium nicht der Gegenstand, sondern die Auffassung der Forscher, die Theorie zu diesem Gegenstand. Man kann z.B. die Persönlichkeit ebenso wie die Entwicklung tiefenpsychologisch *deuten* – allerdings auch ganz anders. Diese Konkurrenz verschiedener Richtungen ist vielen Laien weniger bekannt. Manche setzen sogar die Tiefenpsychologie mit Psychologie schlechthin gleich und wissen nicht, dass in der Psychologie, wie sie heute an den Hochschulen gewöhnlich gelehrt wird, andere Richtungen wie der Kognitivismus oder Behaviorismus meist eine bedeutendere Rolle spielen (hierzu mehr in Kap. 6). Sie alle sind allerdings breite Strömungen mit verschiedenen Spielarten. Darüber hinaus gibt es zahllose Theorien zu einzelnen Fragestellungen (z.b. Wahrnehmungstheorien, Lerntheorien). Oftmals sind sie »Ableger« der Grundgedanken einer theoretischen Strömung.

Kennt man Standardgebiete und Theorierichtungen, so kann man Themen und psychologische Ansichten mehr oder minder gut »einordnen« und hat damit eine gewisse Orientierung in der Fülle der Inhalte. Möglich ist hierdurch ein »sortierendes« Ordnen, ein Lokalisieren in der Landkarte der Psychologie (»A gehört hierhin, B gehört dorthin«). Ungelöst bleibt damit aber ein ganz anderes Ordnungsproblem, das man *»Zusammenhaltsproblem«* nennen könnte. Dazu zwei (authentische) Beispiele:
- Eine Studentin hat im Seminar etwas zur Psychologie der Hilfeleistung (prosoziales Verhalten) gehört und Interesse gewonnen, hieraus ein Prüfungsthema zu machen. Doch sie hat Bedenken, denn bislang hatte sie »Aggression« ins Auge gefasst und findet, dass da »die Hilfeleistung ja doch ein ganz neues Thema für mich ist«.
- Ein Student hat für die (Lehramts-)Prüfung unter anderem »Lernpsychologie« und »Gruppenprozesse« gewählt und kann über beides gut Auskunft geben. Die Frage jedoch, ob Gruppenprozesse auch etwas mit Lernen zu tun haben, verwirrt ihn offensichtlich, und er verneint sie.

Die zwei Beispiele stehen für viele: *Häufig haben Lernende das Gefühl, mit einem neuen Thema beginne gewissermaßen eine »neue« Psychologie.* Dieser Eindruck wird durch das (tatsächlich oder scheinbar) beziehungslose Nebeneinander von Büchern und Seminaren zu unterschiedlichen Themen auch zweifellos oft bestätigt. So passiert es eben, dass das in Seminaren und Büchern nach Gebieten und Themen aufgeteilte Wissen auch im Kopf von Lernenden ebenso aufgeteilt bleibt und zu wenig gesehen wird, wie die Dinge zusammengehören: hier »Aggression« – dort »Hilfeleistung«, hier Lernprozesse – dort Gruppenprozesse, hier Begriffsbildung – dort Vorurteile, usw. usw. Wenn man diese Inhalte jeweils als separate »Themen« kennen gelernt hat oder wenn das eine zum Gebiet der »Allgemeinen Psychologie«, das andere zum Gebiet der »Sozialpsychologie« zu gehören scheint, so kommt dann heraus, dass man viele kleine Psychologien (»Lernpsychologie«, »Gruppenpsychologie« usw.) wie Stücke auf der Wäscheleine nebeneinander aufreiht und der innere Zusammenhalt verloren geht.

Den *muss* es aber geben, denn schließlich sind es dieselben Menschen, die ganz unterschiedliche Dinge tun, ist es dasselbe »psychische System«, das aggressives wie helfendes Verhalten, Arbeiten wie Spielen, individuelle wie kollektive Aktivitäten ermöglicht. Lernt man somit in der Psychologie der Aggression nicht auch Gesichtspunkte, die ebenso für die Psychologie der Hilfeleistung von Interesse sind, die man vielleicht sogar immer verwenden kann, wenn man menschliches Verhalten betrachtet?

In der Tat gibt es einige *übergeordnete Aspekte*, die sich als rote Fäden durch alle denkbaren Inhalte hindurchziehen. Sie betreffen (1) den Gegenstand der Psychologie: das psychische System, und (2) den »Umgang« mit diesem Gegenstand: die psychologischen »Tätigkeiten«. Bevor wir sie skizzieren, möchten wir aber die Gründe für die geschilderten Schwierigkeiten noch näher beleuchten und zugleich erläutern, was mit der »Organisierung« des Wissens gemeint ist, für die dann die roten Fäden benötigt werden.

2. Das Wissen für Zusammenhalt und Übertragbarkeit organisieren

Verständlicherweise organisiert man sein Wissen gerne so, wie man es vorfindet. Und was allen Lernenden auf Schritt und Tritt begegnet, sind eben »Gebiete«, »Themen«, »Themenbereiche«. An den Standardgebieten (oder engeren Bereichen davon) orientieren sich viele Titel von Seminaren und Büchern, die Ordnung in den Bibliotheksregalen, die Bezeichnung von Lehrstühlen und die Formulierung von Prüfungsanforderungen. Da derartige Untergliederungen nicht nur selbstverständlich, sondern in gewisser Weise auch unvermeidlich und sinnvoll sind, ist nicht leicht zu erkennen, dass in ihnen auch ein gewaltiger Pferdefuß steckt: Sie sind wenig geeignet für die Organisation des Wissens über psychisches Geschehen! Und dies aus zwei Gründen:
1. Der sachliche Grund: Nach Gebieten und Themen organisiertes Wissen *ist dem Gegenstand »psychisches System« nicht angemessen.* Denn psychisches Geschehen gliedert sich natürlich nicht in Themen und Gebiete (!), sondern

bildet eben ein zusammenhängendes »System«. Zwar lässt es sich nach verschiedenen Prozessen und Funktionsbereichen (»Subsystemen«) differenzieren, doch zugleich muss man ihre Wechselwirkung und Vernetztheit im Blick behalten. Das gilt ganz besonders, wenn man es mit Praxisproblemen (mit »ganzen Menschen«) zu tun hat. Hier muss man vielfältige Aspekte miteinander verbinden, die in Forschung und Lehre gewöhnlich separat erörtert werden.

Ausdrücke wie »Gebiet« und »Themenbereich« suggerieren schon vom Wort her eine Flächenvorstellung, ein Nebeneinander von Arealen (s. Tafel 4); und da auch die Literatur und die Lehrveranstaltungen so gegliedert sind, erwächst daraus unversehens ein kognitives Muster für die Einordnung psychologischer Sachverhalte (»In welches Gebiet gehört dieses Problem?«). Das Verhältnis dieser Gebiete zueinander sowie die verbindenden Aspekte, die sich durch alle Gebiete hindurchziehen, gehen dabei allzu leicht verloren. Es ist etwa so, wie wenn ein Mediziner sich mit der Niere, der Atmung, der Leber usw. beschäftigt, aber nicht mit dem Stoffwechsel als übergreifendem System.

2. Der lernpsychologische Grund: Nach Gebieten und Themen organisiertes Wissen *ist nicht flexibel übertragbar.* Wenn das Verbindende fehlt, passiert es leicht (wie in den vorher geschilderten Beispielen), dass man Wissen zu einem bestimmten »Thema« nicht auf ein anderes »Thema« übertragen kann, obwohl beide gemeinsame Aspekte enthalten. Durch die thematische Einbettung gerät nämlich aus dem Blick, welche Aspekte »überthematisch« und damit an sich übertragbar sind. Das Wissen wird aktiviert, wenn das vertraute Thema dran ist, nicht aber, wenn es anders lautet – ein typischer Fall von »trägem Wissen« (vgl. Renkl 1996).

Was ist nun die Konsequenz? Wie kann man beim Wissenserwerb dafür sorgen, dass Zusammengehöriges zusammengehalten und Übertragbares als übertragbar erkannt wird? Die Antwort lautet: Man sollte sich bei der Organisierung des Wissens *nicht* vorrangig an der Strukturierung des *Wissenschaftsfeldes* (Psychologie) orientieren, sondern an der – angenommenen – Struktur des *Gegenstandes*, also des psychischen Systems!

Tut man dies, so werden Themen und Gebiete zwar nicht verschwinden (denn Einteilungen und Spezialisierungen bleiben unvermeidlich), aber sie gewinnen einen anderen Charakter: Statt eines Areals sind sie *Betrachtungsweisen*, sind sie Blickwinkel (s. Tafel 4). Vor allem die folgenden kommen häufig vor:

- Man betrachtet vertiefend bestimmte Ausschnitte aus dem System (z.B. Wahrnehmung oder Denken).
- Man betrachtet natürliche, immanente Aspekte des Systems wie »Entwicklung« oder »individuelle Unterschiede« (Wie entwickelt sich Denken? Wie unterscheiden sich Menschen in ihrer Denkfähigkeit?).

Nicht sachgerecht und überdies hinderlich für die Integration und den Transfer von Wissen: Themen und Gebiete werden gedacht als ein Nebeneinander (evtl. mit Überschneidungen) von Sachbereichen

Angemessen: Themen, Gebiete und Theorierichtungen werden verstanden als Betrachtung des Systems (oder Teilen davon) aus unterschiedlichen Blickwinkeln

Zusätzlich erforderlich für gut integriertes und transferierbares Wissen: eine hierarchische Organisation. Ein grobes Gefüge (Makrostruktur) aus grundlegenden Aspekten des psychischen Systems steht über allen Wissensinhalten und hält sie zusammen.

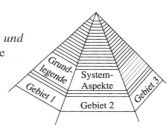

Tafel 4: Formen der Organisation psychologischen Wissens. Die Zielrichtung des vorliegenden Buches ist es, ein Wissensgefüge um eine Struktur aus grundlegenden Aspekten (»roten Fäden«) herum aufzubauen.

- Man betrachtet das psychische System aus bestimmten Praxis-Perspektiven (Was ist besonders relevant für Erziehung, Psychotherapie, Fahrtüchtigkeit usw.?).
- Man betrachtet es aus bestimmten theoretischen Sichtweisen (wie Psychoanalyse, Behaviorismus usw. oder spezielleren Theorien).

Was man als »Thema« bezeichnet, ist meist eine Problemstellung unter einem oder mehreren dieser Spezialisierungskriterien (z.B. psychoanalytische Theorie der Motivationsentwicklung). Sofern man nicht primär bestimmte Teile des Systems sozusagen mikroskopieren will, beleuchtet ein Thema in der Regel das Gesamtsystem (»ganze Menschen«) *in Hinblick* auf eine bestimmte Fragestellung (dass Menschen schlecht lernen, andere Menschen angreifen usw.). Nun könnte es auch bei einem Denken in »Betrachtungsweisen« dennoch passieren, dass man bei der Beschäftigung mit Gebieten und Richtungen wiederum in erster Linie deren Unterschiede (!) wahrnimmt und das Gemeinsame verblasst. Deshalb sollte man auch die umgekehrte Blickrichtung wählen, also die Themen, Gebiete, Richtungen *vom gemeinsamen Kern* aus betrachten. Mehr noch: Um beim Lernen von Psychologie für Übertragbarkeit und Zusammenhalt zu sorgen, sollte der gemeinsame Kern einen übergeordneten Platz einnehmen, eine Art Dach bilden, dem alle weiteren Wissensbestände untergeordnet werden. Das Wissen wäre mithin *hierarchisch* zu organisieren – mit dem gemeinsamen Kern an der Spitze der Hierarchie (s. Tafel 4). Er sollte

- aus Inhalten bestehen, die *grundlegende* Bedeutung haben, die also immer zu beachtende Aspekte psychischen Geschehens betreffen,
- keine additive Sammlung sein, sondern ein *integriertes Gefüge*, eine Struktur, die in grober Form das »ganze psychische System« abbildet.

Solche Gefüge aus »großen«, übergreifend bedeutsamen Inhalten – sozusagen das »Grundgerüst« eines komplexen Wissensbestandes – werden in der kognitiven Psychologie häufig als »Makrostrukturen« bezeichnet und als wesentlich für das Verstehen, Behalten und Übertragen angesehen (vgl. etwa Ballstaedt 1997). Das detailliertere Wissen zu den allgemeinen Inhalten der Makrostrukturen heißt dann »Mikrostruktur«. Es sind dies allerdings relative Begriffe: Eine Mikrostruktur ist selbst wiederum eine Makrostruktur für eine noch tiefere Ebene. Und es gibt auch nicht nur *eine* mögliche Hierarchie von Wissensinhalten, sondern verschiedene Möglichkeiten der Gliederung, unter anderem nach Gebieten und Untergebieten oder nach Theorierichtungen und deren Verzweigungen.

Uns interessiert hier die oberste Ebene, die in jedem Falle »makro«, sozusagen »supermakro« ist. Welche Inhalte gehören da hinein? Es gibt ja bekanntlich zwischen den Vertretern der verschiedenen Theorierichtungen durchaus Differenzen darüber, was »grundlegende« Aspekte sind. In der klassischen Psychoanalyse etwa wäre hier sicherlich das Gefüge aus Es, Ich und Überich zu nennen, während ein strenger Behaviorist Reiz-Reaktions-Verbindungen als grundlegend ansehen würde. Die *Makrostruktur vom psychischen System* sollte daher noch grundlegender sein. Sie sollte nicht nur Themen, sondern auch Theorien übergreifen, kurz: *Sie sollte themen- und theorieneutral sein.*

Das entscheidende Lernprinzip ist nun, das Wissen um diese Makrostruktur herum anzusiedeln, das heißt, neue Inhalte stets auf sie zu beziehen – etwa indem man diese Inhalte als Vertiefung eines Systemaspektes oder als neuen

Blickwinkel zum Gesamtsystem versteht. (Zur theoretischen Begründung s. Bruner 1970, Ausubel, Novak & Hanasian 1980, Nolting 1985.)

Der Aufbau des Buches folgt diesem Prinzip. Nach Art einer Spirale kehrt bereits Bekanntes auf anderen Ebenen wieder – differenzierter oder in neuem Zusammenhang. Systematisch geschieht dies von Kapitel 3 bis Kapitel 6. Wir skizzieren den »roten Faden« zum psychischen System aber jetzt schon kurz, damit Sie als Leser/in sich besser vorstellen können, worauf diese didaktischen Gedankengänge hinauslaufen. Den zweiten roten Faden, der die psychologischen »Tätigkeiten« betrifft, schließen wir gleich an; ausführlich geht dann erst Kapitel 7 darauf ein.

3. Erster roter Faden: Grundlegende Aspekte des psychischen Systems

Der Gegenstand der Psychologie wurde ganz allgemein mit »Verhalten und Erleben« bzw. mit »Verhalten und innere psychische Prozesse« umschrieben (s. Kapitel 1). Wir möchten das jetzt ein wenig ergänzen.

Psychisches Geschehen gehört zum Leben des Menschen in seiner Umwelt. Mit den psychischen Prozessen »verarbeiten« Menschen ihre Umwelt (Wahrnehmen, Verstehen usw.) und wirken auf sie ein (Motivation, Handeln usw.). Psychisches Geschehen spielt sich mithin nicht in einem »luftleeren Raum« ab, sondern in konkreten Menschen und konkreten Situationen (= momentane Umwelt). Das heißt aber auch: Psychisches Geschehen ist unterschiedlich je nach der konkreten Situation, in der sich der Mensch befindet. Und es ist außerdem von der jeweiligen Person abhängig, denn Menschen unterscheiden sich darin, zu welchen psychischen Prozessen sie »neigen«. Die Person selbst wiederum ist nichts Statisches, sondern verändert sich im Laufe des Lebens; Menschen entwickeln sich nicht nur biologisch, sondern auch psychisch.

Aus diesen Tatbeständen ergeben sich vier grundlegende Aspekte für eine Makrostruktur des psychischen Systems:
- aktuelle Prozesse (innere Prozesse und Verhalten),
- Unterschiede je nach Situation,
- Unterschiede je nach Person,
- Entwicklung der Person.

Der Begriff »System« impliziert unter anderem, dass alle Aspekte »zusammengehören«. Die einzelnen Systemaspekte sowie ihre Beziehung zueinander – die Struktur – werden von Kapitel 3 an ausführlicher erörtert.

Für das Lernen von Psychologie ist es nun hilfreich zu wissen, dass sich die vier Aspekte wie ein roter Faden gewissermaßen durch alle Themen hindurchziehen, auch wenn die Texte und Vorträge zum jeweiligen Thema dies nicht ausdrücklich so darlegen. Menschen stehen immer in einer »Situation«, sie bringen in diese Situation immer individuelle Personmerkmale (Dispositionen) mit, und sie befinden sich immer in Entwicklung. Grundlegend sind auch die Prozesse, die sich dabei in ihnen abspielen, wie etwa Wahrnehmen, Denken, Motivation. Ob es um das Verhalten eines Patienten, eines Käufers oder einer Lehrerin, ob es um Schulschwänzen, Autofahren oder Gewalttätigkeiten geht – jedes Verhaltens ist irgendwie »motiviert«, in jedem Fall nimmt der betreffende Mensch eine Situation wahr usw. Dies sind also Aspekte, die beliebig übertragbar sind und auf die man stets zu achten hat, wenn man psychologische Sachverhalte beschreiben, erklären und ggf. verändern will. Dass bestimmte Erscheinungen in bestimmten Kontexten zusätzlich spezielle Fragen aufwerfen – z.B. *welche* Motivation typischerweise zu Schulschwänzen, Gewaltanwendung oder Tablettenmissbrauch führt oder mit *welchen* Theorien man Motivationsphänomene am besten erklären kann –, das alles wird dabei nicht übersehen. Doch stehen diese speziellen »Themen« nicht gleichrangig neben den allgemeinen Aspekten, sondern sind ihnen zuzuordnen.

Die grundlegenden Systemaspekte spielen somit auch in allen sog. Gebieten der Psychologie eine Rolle, wenngleich bestimmte Gebiete (z.B. Entwicklungspsychologie) ihren Schwerpunkt auf einen der Aspekte setzen. Des Weiteren sind die Aspekte theorieneutral: Es gibt keine Richtung, die behauptet, der eine oder andere Aspekt sei psychologisch bedeutungslos, wenngleich es über ihre Gewichtung und inhaltliche Ausfüllung durchaus Kontroversen gibt.

Man könnte allerdings fragen, was man mit so allgemeinen Gesichtspunkten überhaupt anfangen kann, ob sie nicht trivial und unnütz seien. Trivial sind sie, aber nicht unnütz. Wie noch ausführlich gezeigt wird, können sie als gemeinsamer Bezugspunkt für alle möglichen Inhalte, Fragestellungen und Theorien dienen und somit für Ordnung und Zusammenhalt in der Wissensvielfalt sorgen. Außerdem geben sie Hinweise für die Aufschlüsselung eines beliebigen Themas oder Praxisbeispiels. Selbst wenn man mit einem Thema gar nicht vertraut ist, kann man stets fragen:
– Um welches Verhalten und welche inneren Prozesse geht es hier?
– Welche Rolle spielen Situationsfaktoren?
– Welche Rolle spielen individuelle Personmerkmale?
– Auf welchen Entwicklungsbedingungen beruhen die Personmerkmale?

Solche Fragen können sehr ergiebig sein: Sie geben *Suchbereiche* an für das, was man vielleicht noch erkunden müsste. Sie geben Anhaltspunkte für die *Strukturierung* eines Themas. Sie machen ggf. darauf aufmerksam, dass das anstehende Thema den einen Aspekt betont und andere ausklammert.

Jedes Thema läßt sich nach diesen Systemaspekten – wenn auch nicht *nur* nach diesen! – aufschlüsseln, *sofern* es psychisches Geschehen zum Gegenstand hat. Diese Einschränkung klingt überflüssig, ist es aber nicht. Denn es gibt Themen, die sich weniger mit dem psychischen Geschehen selbst befassen als primär mit den Wegen, hierüber Erkenntnisse zu gewinnen, also etwa mit Forschungsmethoden und Diagnostik. Damit kommen wir bereits zum zweiten roten Faden.

4. Zweiter roter Faden: Grundlegende »Tätigkeiten«

Kenntnisse über psychisches Geschehen sind die eine Sache. Doch wie man solche Kenntnisse gewinnt und benutzt, darüber braucht man ebenfalls Kenntnisse. Diese beziehen sich also auf das, was Forscher wie auch Laien *tun*, wenn sie sich mit psychologischen Fragen auseinander setzen.

Es lassen sich mehrere grundlegende Tätigkeiten unterscheiden, die in Lehrbüchern manchmal unter »Aufgaben der Psychologie« zu finden sind, nämlich:
- Beschreiben (Wie verhält sich Kind X gegenüber seinen Mitschülern? Worin unterscheiden sich die Leistungen der Bewerber A und B?)
- Erklären (Welchen Einfluss hat hier die elterliche Erziehung? Beruhen diese Leistungen auf mangelnden Fähigkeiten?)
- Vorhersagen (Wird Y es schaffen, sich das Rauchen abzugewöhnen? Wird Kind Z auf dem Gymnasium erfolgreich sein?)
- Beeinflussen/Verändern (Was kann man tun, um die Prüfungsangst zu vermindern? Gibt es ein »Intelligenztraining«?)
- Bewerten (Ist das Verhalten von X »unangemessen«? Soll Tüchtigkeit oder Zufriedenheit das vorrangige Erziehungsziel sein?)

Diese Aktivitäten haben gewissermaßen universellen Charakter. Sie liegen wiederum jenseits aller Themen, Gebiete und Theorierichtungen. Und es ist unmöglich, mit psychologischen Fragen umzugehen, ohne eine dieser Tätigkeiten auszuüben. Allerdings müssen nicht in jedem Fall alle zugleich zum Zuge kommen. Beschreiben und Erklären kommen wohl am häufigsten vor und bilden auch die Basis für die anderen Aktivitäten.

Einschränkend ist zu sagen, dass das »Bewerten« gewöhnlich nicht explizit als wissenschaftliche Tätigkeit gilt. Wir fügen es aber hinzu, weil es unvermeidlich ausgeübt wird, z.B. schon dann, wenn man einen wissenschaftlichen Erklärungsversuch für »angemessen« oder eine Methode für »ungeeignet« erachtet. Das Bewerten ist also gewöhnlich mit den übrigen Tätigkeiten verbunden.

Andere Aktivitäten lassen sich einer der Grundtätigkeiten zuordnen oder als Kombination aus mehreren von ihnen verstehen. Pädagogische Förderung oder die Therapie einer Störung würden unter die Rubrik »Beeinflussen/Verändern« fallen. Die »Diagnose« als Tätigkeit (Diagnostizieren) ist meist eine

Mischung aus dem Beschreiben von Sachverhalten (»X beteiligt sich nicht an Gesprächen mit Kollegen«) und dem Erklären (»X hat Angst vor Kritik«). Und »Forschung« kann sich aus allen genannten Tätigkeiten zusammensetzen.

Alles in allem können die fünf Tätigkeiten eine zweite Makrostruktur bilden, unter die man andere Aktivitäten subsumieren kann und die – ebenso wie die grundlegenden Aspekte des psychischen Systems – wiederum eine *Leitlinie* zum Umgang mit Fallbeispielen oder unbekannten Themen bieten. So wird es bei einem Problemfall in der Praxis meist sinnvoll sein, von einer Beschreibung des Problems auszugehen, dann nach Erklärungen zu suchen und daraus eventuelle Veränderungsmaßnahmen abzuleiten. Eine ähnliche Abfolge findet man häufig bei der Behandlung eines Themas in Büchern oder Vorträgen: Das Beschreiben schlägt sich hier in einem Abschnitt über relevante Begriffsbestimmungen nieder (»Was ist Angst?«), es folgen häufig Erklärungen bzw. Theorien und dann ggf. Möglichkeiten der Veränderung.

In Kapitel 7 werden diese Tätigkeiten ausführlicher besprochen. Sie stecken aber auch schon unvermeidlich in den »inhaltlichen« Kapiteln über das psychische System, über die Gebiete und die Richtungen.

5. Zwei Fälle von Wissensnutzung: Unbekannte Themen und Praxisprobleme

Wozu lernt man wissenschaftliche Psychologie? Um den Umgang mit psychologischen Fragen zu verbessern, und zwar nicht nur mit einer bestimmten, sondern mit vielfältigen Fragen, denen man begegnen mag. Man könnte dieses Lernziel auch mit *übertragbare psychologische Denkfertigkeiten* umschreiben, jedenfalls soweit es um das Lernen aus Büchern und Seminaren geht (Handlungsfertigkeiten erfordern darüber hinaus praktische Übung). Mit den »Tätigkeiten« lässt sich spezifizieren, was zu diesem »Umgang« bzw. diesen Denkfertigkeiten gehört: Beschreiben, Erklären, Vorhersagen, Verändern und Bewerten; und zwar »besser« – das heißt begründeter, differenzierter und ggf. auch vorsichtiger – als man dies in »naiver« Weise tun würde. Dazu braucht man erstens Sachkenntnis und Übung in diesen Tätigkeiten und zweitens übertragbares Wissen zum psychischen Geschehen; denn *was* man beschreibt, zur Erklärung oder Veränderung heranzieht, wird von diesem Wissen bestimmt.

Die selbstständige Übertragung auf neuartige Aufgaben muss allerdings noch ein wenig präzisiert werden, da in gewissem Ausmaß sowieso bei jeder Aufgabe vorhandenes Wissen zur Geltung kommt. Sehr nützlich für diese Präzisierung ist die bekannte »Lernziel-Taxonomie« von Bloom u.a. (1972). Danach lassen sich sechs Ebenen kognitiver Leistung unterscheiden: 1. Wissen, 2. Verstehen, 3. Anwenden, 4. Analyse, 5. Synthese und 6. Bewertung (Evaluation), wobei jede Ebene die tieferen Ebenen mit einschließt.

Beim Lernen aus Büchern und Seminaren dürften vorwiegend Leistungen der unteren drei Ebenen erworben werden:
(1) *Wissen* im einfachsten Sinne: das Erinnern von Fakten, Termini, Prinzipien, Methoden usw.
(2) *Verstehen:* Es verlangt zwar schon eine gewisse Neuorganisation des Wissens, gilt aber in der Einteilung noch als »niedrigste Ebene des Begreifens«. Typische Beispiele: das Interpretieren von Begriffen oder Thesen, das Zusammenfassen von Texten, das Ableiten unmittelbarer Schlüsse.
(3) *Anwenden:* In der Einteilung wird es verstanden als der selbstständige Gebrauch von Abstraktionen (Begriffen, Prinzipien und dergleichen) in besonderen und konkreten Fällen.

Das »Anwenden« in diesem Sinne entspricht, obwohl es auf den ersten Blick anders aussehen mag, noch nicht den angestrebten »übertragbaren Denkfertigkeiten«. Denn man findet es schon bei der typischen Studieraufgabe, ein Prinzip, das im Seminar oder Buch vermittelt wurde, auf eigene oder vorgegebene Beispiele zu übertragen. Bei solchen Übungen – so sinnvoll sie auch sind – lässt sich schon ahnen, *welches* Wissen anzuwenden ist, weil eben das entsprechende Thema gerade »durchgenommen« wurde. »Neu« mögen in solchen Fällen die Beispiele sein – doch welche Begriffe, Prinzipien usw. angewandt werden sollen, das ist aus dem Lernkontext mehr oder minder ersichtlich.

Was aber, wenn »irgendeine« Aufgabe drankommt – eine, auf die man nicht unmittelbar vorbereitet ist? Wegen der uferlosen Zahl psychologischer Fragestellungen ist es doch sicher realistisch, sich darauf einzustellen, dass man mit »unbekannten Aufgaben« konfrontiert wird – mit Aufgaben, für die man spezifisches Wissen gar nicht besitzt oder bei denen man erst herausfinden muss (!), welche Teile des eigenen Wissensbestandes hier besonders gut genutzt werden können. Konkreter formuliert:
– Was mache ich, wenn ich zu einem Thema etwas sagen möchte, das ich noch nicht »gehabt« habe?
– Und was mache ich mit Praxisfällen, die ja meist in großer Variationsbreite vorkommen (jeder Fall ist »anders«)?

Eben hier haben sich übertragbare Denkfertigkeiten zu bewähren. Und dabei reichen »Wissen«, »Verstehen« und »Anwenden« nicht aus. Vielmehr müssen hier die höheren kognitiven Ebenen zum Zuge kommen, insbesondere die »Analyse« und »Synthese«.

Nehmen wir zunächst ein *unbekanntes Thema*. Stellen Sie sich vor, Sie stoßen beispielsweise auf die Frage, warum Menschen anderen helfen oder nicht helfen. Weder wollen Sie gleich das Denken aufgeben, weil Sie sich mit der Psychologie der Hilfeleistung noch nicht eigens beschäftigt haben, noch wollen Sie locker vom Hocker daherschwatzen, als hätten Sie niemals halbwegs systematisch Psychologie betrieben. Ohne den Anspruch, für alles und jedes als Experte auftreten zu können, müsste es doch immerhin möglich sein, einigermaßen geordnete und nützliche Überlegungen oder Fragen vorzutragen. Dazu müssten Sie das Thema erst mal »auseinander nehmen«, und dies entspräche der Ebene der

(4) *Analyse:* Hierzu gehören (nach Bloom u.a.) die »Auflösung des Materials in seine wesentlichen Teile« sowie das Entdecken »von Beziehungen zwischen den Teilen«. Beispiele: die Trennung von Tatsachen und Hypothesen in einer Aussage oder das Zerlegen globaler Sachverhalte (»Hilfeleistung«, »Erziehungsstil«, »Gesprächsführung«) in einzelne Komponenten.

Bei der Analyse könnten Sie nun auf jene roten Fäden zurückgreifen, von denen vorher die Rede war; denn sie sind auf beliebige Themen übertragbar. So wäre es wohl sinnvoll, dass Sie erst einmal beschreiben, um welche Sachverhalte es bei der globalen Überschrift »Hilfeleistung« überhaupt geht, und dann prüfen, welche Faktoren welche Phänomene erklären könnten. Dabei würden Sie einige Regeln beachten, die Sie über seriöses Beschreiben und Erklären gelernt haben (hiervon handelt das Kapitel 7). Als inhaltliche Suchbereiche könnten Ihnen dabei die Aspekte »Verhalten und innere Prozesse«, »Situation« usw. dienen. (In Kapitel 8 wird gezeigt, wie dies konkret aussehen könnte.)

Damit Ihre Überlegungen nicht schon beim Aufgliedern enden, sondern in ein vorläufiges »Bild« von dem fraglichen Problem münden, muss die Analyse ergänzt werden durch die

(5) *Synthese:* Sie wird verstanden als das »Zusammenfügen von Elementen und Teilen zu einem Ganzen«, das Herstellen einer »Struktur«, die vorher nicht klar vorhanden war. Beispiele: eine Systematik oder ein Erklärungsmodell entwerfen, einen Plan für eine Untersuchung oder eine Behandlung aufstellen.

Sowohl die zerlegende Analyse als auch die konstruierende Synthese sind natürlich Formen des »Anwendens« von Wissen, allerdings weit komplexere als auf der Ebene 3. – Nachzutragen bleibt, was mit der sechsten Ebene gemeint ist:

(6) *Bewertung (oder Evaluation)* bezieht sich auf das »Bewerten von Ideen, Arbeiten, Lösungen, Materialien« usw. in Hinblick auf Folgerichtigkeit, Zweckmäßigkeit oder andere Gütekriterien. Beispiele: eine Behauptung auf ihre »Stichhaltigkeit« prüfen; die Nützlichkeit einer schematischen Darstellung beurteilen.

Bewertungen stehen sicher nicht immer am Schluss der beschriebenen Aktivitäten, in intuitiver Form sogar oft am Anfang. Gut begründete Bewertungen werden sich aber auf eine sorgfältige Analyse und Synthese stützen.

Was eben über den Umgang mit unbekannten Themen gesagt wurde, gilt größtenteils auch für Denkfertigkeiten bei konkreten *Praxisproblemen* (z.B.

die »Schüchternheit« der 10-jährigen Anja, die schlechte Kooperation zwischen Herrn X und Herrn Y). Auf einige Unterschiede sei jedoch hingewiesen (s. auch Tafel 5).

Bei der Behandlung eines »Themas« kann man hypothetisch alle Gesichtspunkte zusammentragen, die bedeutsam sein *könnten*. Und man spricht über *Kategorien* von Prozessen (Gedanken, Gefühlen usw.), Kategorien von Personen (z.B. »Ängstliche«) und Kategorien von Situationen (z.B. »unter Zeitdruck«). Denn ein Lehrbuch oder Vortrag zu einem »Thema« muss beispielsweise Hilfeleistung, Angst, Aggression usw. so behandeln, dass viele denkbare Fälle abgedeckt werden. Geht es hingegen um einen konkreten Fall von Hilfeleistung, Angst oder Aggression, so muss man herausfinden, welche Aspekte in *diesem* Fall tatsächlich besonders relevant und welche weniger relevant sind, und man muss über konkrete Gedanken, Gefühle, Absichten, über konkrete Personen und und konkrete Situationen etwas sagen. Themen können sich außerdem auf Subsysteme, auf bestimmte Komponenten des psychischen Gesamtsystems richten (z.b. auf Gedächtnisvorgänge oder auf die Sprache). In der Praxis hingegen hat man es immer mit »*ganzen Menschen*« zu tun. Keine Komponente des psychischen Systems kommt für sich allein vor, und nur aus dem Zusammenwirken mehrerer Komponenten entsteht das fragliche Problem. Anders als bei der Behandlung von Themen in Forschung und Studium werden bei Praxisproblemen meistens auch *Veränderungen* angestrebt. Pla-

Bearbeitung eines »Themas«	*Bearbeitung eines »Praxisfalls«*
Viele potentiell bedeutsame (»Thema-relevante«) Gesichtspunkte sind anzusprechen.	Zu erkunden ist, welche Gesichtspunkte im konkreten Fall besonders bedeutsam sind und welche weniger.
Es sind Aussagen zu machen über Kategorien von Prozessen, Personen, Situationen usw.	Es sind Aussagen zu machen über konkrete Prozesse, Personen, Situationen usw.
Sowohl das psychische Gesamtsystem als auch System-Ausschnitte können zum Thema werden.	Man hat es immer mit »ganzen Menschen«, insofern immer mit dem Gesamtsystem zu tun.
Beschreiben und Erklären stehen meist im Vordergrund. Das Beeinflussen ist oft nicht Thema.	Es stellt sich meist auch die Frage nach dem Beeinflussen/Verändern (»Was kann man tun?«).

Tafel 5: Die Anforderungen bei der Bearbeitung eines Themas und eines Praxisfalls sind in mancher Hinsicht verschieden. Doch in beiden Fällen können übertragbare psychologische Denkfertigkeiten zur Geltung kommen.

nungsfertigkeit, eine typische Synthese-Leistung, hat sich daher zum Gutteil bei Handlungsentwürfen für pädagogische oder therapeutische Maßnahmen zu bewähren.

Fazit: Unbekannte Themen sowie Praxisprobleme sind typische Anforderungen, an denen sich übertragbare Denkfertigkeiten zu bewähren haben. Das Beschreiben, Erklären usw. hat sich hier auf dem komplexen Niveau der Analyse und Synthese abzuspielen. Inhaltliche Leitlinien liefern dabei solche Wissensbestände, die auf Übertragbarkeit hin organisiert sind.

Kapitel 3
Grundlegende Aspekte des psychischen Systems

Dieses Kapitel befasst sich mit dem ersten roten Faden: mit den grundlegenden Aspekten des psychischen Systems, die einzelne Themen und Theorien übergreifen.

1. Verschiedene Seiten einer Verhaltenserklärung – ein Grundmodell

Als Einstieg in das »System« gehen wir von einem Beispiel beobachtbaren Verhaltens aus und stellen dann systematisch Fragen über sein Zustandekommen. Denn sichtbares Verhalten ist eine ziemlich eindeutige, theoriefreie Ausgangsbasis, von der aus man sich in den Bereich innerer Vorgänge und ihrer Bedingungen begeben kann. Diese sind natürlich das »eigentlich Interessante«, unterliegen aber auch vielfältigen Vermutungen und kontroversen Auffassungen.

Vier Aspekte: Aktuelle Prozesse – Situation – Person – Entwicklung

Das Ausgangsbeispiel sei ein relativ alltägliches Verhalten: etwas schenken. Stellen Sie sich vor, Sie sind bei einem Bekannten und seiner Familie zu Besuch und beobachten, wie Ihr Bekannter nach der Arbeit mit einem großen Blumenstrauß nach Hause kommt und ihn mit den Worten »Schatz, das ist für dich« seiner Frau überreicht. Wie würden Sie dieses Verhalten erklären (auch wenn es Ihnen nicht besonders erklärungsbedürftig erscheinen sollte)?

Bei diesem und jedem anderen Beispiel lassen sich die Aussagen folgenden vier Typen zuordnen, die den im »ersten roten Faden« skizzierten »grundlegenden Aspekten« entsprechen:
- Aussagen darüber, was sich in der Person abspielt, während sie das Verhalten zeigt, also Aussagen über *aktuelle innere Prozesse und Zustände*. In unserem Fall könnten sie z.B. lauten: »Er ist gut gelaunt«, »er möchte ihr eine Freude machen«, »er möchte ihr danken, dass sie sich mit dem Besuch so viel Arbeit macht«, »er möchte vor seinem Freund einen guten Eindruck

machen«, »er hat sicher ein schlechtes Gewissen wegen irgendeiner Sache« usw. – Dieses innere Geschehen und das mit ihm verbundene äußere Verhalten bezeichnen wir zusammen als »*aktuelle Prozesse*«.

- Aussagen über die *Situation*, in der die Person dieses Verhalten zeigt, das heißt über momentane Einflüsse anwesender Mitmenschen, über materielle, räumliche, zeitliche und andere äußere Bedingungen. Beispiele: »So großzügig ist er nur gegenüber seiner Frau«, »wenn sein Gehalt angekommen ist, muss er gleich was ausgeben«, »macht er, weil Besuch da ist«, »ein festes Wochenendritual« usw.
- Aussagen über »Eigenschaften« der Person (»Persönlichkeit«, »Charakter« usw.), also über relativ konstante oder typische *Personmerkmale* bzw. *Dispositionen* zu bestimmten Verhaltensweisen. Beispiele: »Der Karl ist eben durch und durch ein Kavalier«, »er ist einfühlsam, ... großzügig, ... immer ein bisschen protzig« usw. oder auch »typisch Karls Methode, Konflikte zu lösen«.
- Aussagen über den »Hintergrund« dieser Personmerkmale, das heißt über die *Entwicklungsbedingungen* der Person, insbesondere über die vergangenen Erfahrungen, evtl. auch über die Erbanlagen. In unserem Fall etwa: »Das hat er von seinem Vater« (womit das väterliche Vorbild oder gar »Vererbung« gemeint sein mag), »mit so was hat er immer beste Erfahrungen gemacht« oder »das hat ihm seine Frau im Laufe der Jahre beigebracht.«

Bei beliebigen anderen Verhaltensbeispielen – die Tür zuknallen, Widerspruch äußern, ein Lied vorsingen usw. – lassen sich die denkbaren Erklärungen in gleicher Weise aufgliedern.

Die verschiedenen Erklärungsaspekte stehen nicht zusammenhanglos nebeneinander, sondern in einer bestimmten Relation *zueinander*. Sie lassen sich zu einem Strukturbild zusammenfügen, das hier als Grundmodell einer Verhaltenserklärung bezeichnet sei (s. Tafel 6). Die vier Erklärungstypen sind dort drei Ebenen zugeordnet, wobei die zweite aus den situativen *und* den personalen Aspekten besteht. Jede Ebene geht sozusagen eine Stufe tiefer als die anderen.

Die *erste Erklärungsebene* enthält die aktuellen *inneren Prozesse*, die »hinter« dem fraglichen Verhalten vermutet werden: Wahrnehmungen, Gedanken, Gefühle, Absichten und dergleichen. Diese Prozesse werden oft als »Erleben« zusammengefasst. Da wir offen lassen möchten, ob sie alle bewusst erlebbar oder zum Teil auch »unbewusst« sind, bevorzugen wir den Ausdruck »innere Prozesse«.

Die Gesamtheit der aktuellen Prozesse kann man in verschiedener Weise unterteilen. Ein bedeutsamer Gesichtspunkt ist der, dass die Prozesse einerseits die Situation (die aktuelle Umwelt) »aufnehmen« und »verarbeiten« und andererseits an die Situation etwas »abgeben«, auf sie »einwirken«. Um diese

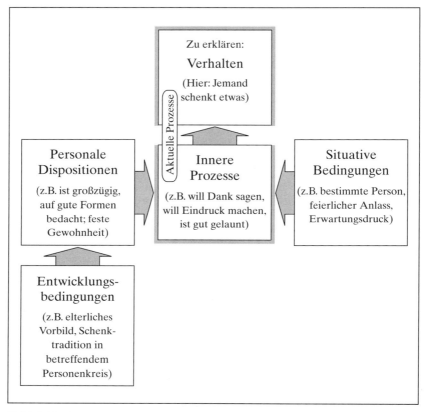

Tafel 6: Ein Grundmodell der Verhaltenserklärung in mehreren Ebenen: Welche innere Prozesse spielen sich »hinter« dem Verhalten ab (erste Ebene)? Von welchen situativen und welchen personalen Faktoren (Dispositionen) werden diese Prozesse bestimmt (zweite Ebene)? Aus welchen Entwicklungsbedingungen sind wiederum die Dispositionen der Person entstanden (dritte Ebene)?

beiden Funktionen darzustellen, kann man den Kasten der aktuellen Prozesse mit zwei Strängen versehen und dabei das Verhalten an die »Ausgangsseite« legen (s. Tafel 7). »Aufnehmende« und »einwirkende« Prozesse werden später noch ausführlich zur Sprache kommen.

Zunächst aber noch eine Ergänzung zum Grundmodell von Tafel 6. Das *Verhalten* ist dort »gegeben« und bildet insofern den Startpunkt für die Abfolge der Erklärungsebenen. Die unmittelbarste Erklärung für das Verhalten liefern dann die aktuellen inneren Prozesse. Aber: Prinzipiell könnte es auch an-

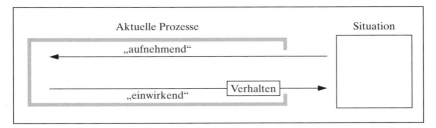

Tafel 7: Die aktuellen Prozesse (innere Prozesse und Verhalten) erfüllen »aufnehmende« und »einwirkende« Funktionen

dersherum gehen: Verhalten kann auch innere Prozesse hervorrufen (Beispiel: Spielen »macht« Spaß, Reden »verschafft« Erleichterung)! Allgemeiner gesagt: Je nachdem, was man als »das zu Erklärende« betrachtet, wechseln die Aspekte, die »erklären«, und es ist durchaus möglich, dass sie sich gegenseitig erklären. (Von solchen »Interaktionen« wird noch mehrfach die Rede sein). Da in Tafel 6 das Verhalten der zu erklärende Sachverhalt ist, scheint es sinnvoll, die »dahinter« vermuteten inneren Prozesse als erste Erklärungsebene anzusehen.

Eine Erklärung mit inneren Prozessen mag in vielen Fällen auch durchaus genügen, beispielsweise, wenn man zum Verhalten eines Menschen erfährt, dass er etwas »falsch verstanden« habe, dass er »müde« sei usw. In anderen Fällen hingegen – insbesondere bei »auffälligem« Verhalten – erscheinen solche Erklärungen ganz unzureichend. Dann will man wissen, warum sich gerade diese und keine anderen Gedanken, Gefühle, Absichten usw. in dem Menschen abspielen.

Dies führt zur *zweiten Erklärungsebene,* die zwei Bereiche der Gesamtstruktur umfasst: Die aktuellen Prozesse (innere Prozesse und Verhalten) sind einerseits aus der aktuellen *Situation* zu erklären und andererseits aus den *Dispositionen,* die die Person in die Situation mitbringt. Situationsfaktoren und Dispositionen (Personfaktoren) wirken zusammen. Diese Aussage ähnelt der altbekannten Formel von Kurt Lewin (1936), nach der Verhalten eine Funktion der Person und der Umwelt ist: $V = f(P,U)$.

Die Tatsache, dass dieselben Menschen sich in verschiedenen Situationen unterschiedlich verhalten, weist auf den Einfluss der Situation hin. Jemand kann in bestimmten Situationen (z.B. in Gegenwart bestimmter Menschen) »ängstlich« oder »aggressiv« sein, in anderen hingegen »risikofreudig« bzw. »liebenswürdig«.

Andererseits müssen sich Menschen in ihren personalen Merkmalen (Dispositionen) unterscheiden, denn (a) in derselben Situation verhalten sich verschiedene Menschen unterschiedlich, (b) derselbe Mensch zeigt über verschiedene Situationen hinweg eine gewisse Konstanz, (c) derselbe Mensch zeigt auch über die Zeit hinweg eine gewisse Stabilität (»bleibt sich gleich«).

Die *dritte Ebene* bietet wiederum eine Erklärung für die Existenz der personalen Dispositionen (Persönlichkeitserklärung). Ein Mensch hat zu einem gegebenen Lebenszeitpunkt eben die Merkmale, die sich im Laufe seiner Lebensgeschichte »entwickelt« haben; man kann sie mithin aus den *Entwicklungsbedingungen* erklären. Die darin enthaltene Zeitperspektive – Vergangenes erklärt Gegenwärtiges – ist in Tafel 6 als vertikale Achse dargestellt. Fragt man genauer nach den Faktoren, die die Entwicklung bedingen, so geht es vor allem um die Rolle der biologischen Reifung und des Lernens bzw. um den Einfluss von Anlage und Umwelt. (Sie sind in der Abbildung nicht eingezeichnet.) »Umwelt« ist dabei als die Vielfalt vergangener Situationen zu denken, die der Mensch erlebt hat und die bei ihm Lernprozesse in Gang gesetzt haben. Erfahrungen aus der momentanen Situation fließen wiederum in die künftige Entwicklung ein.

Selbstverständlich gibt es außer den genannten noch weitere Erklärungsebenen. Man kann fragen, warum ein Mensch vornehmlich einer bestimmten Art von Situationen ausgesetzt war oder warum er bestimmte Erbanlagen besitzt (z.B. Zugehörigkeit zu einer bestimmten Sozialschicht, Ahnenreihe usw.), und man kann für diese Erklärungen wiederum weitere Erklärungen suchen und so fort – letztlich bis zur Frage nach der Entstehung der Welt. Doch muss man sich dann notwendigerweise in andere Fachgebiete begeben (Soziologie, Kulturanthropologie, Geschichtswissenschaft, Biologie usw.). Das Strukturbild enthält lediglich jenen Wirklichkeitsausschnitt, der Gegenstand der Psychologie ist!

An diesem Grundmodell lässt sich bereits erläutern, womit sich einige Teildisziplinen der Psychologie, nämlich die wichtigsten Grundlagengebiete, vorzugsweise befassen. Die Allgemeine Psychologie untersucht die Prozesse als solche. Die Persönlichkeitspsychologie legt den Schwerpunkt auf die individuellen Unterschiede (die personalen Dispositionen). Die Entwicklungspsychologie befasst sich primär mit den Veränderungen von Personmerkmalen im Lebenslauf. Auf Situationseinflüssen, die von »anderen Menschen« ausgehen, liegt der Schwerpunkt der Sozialpsychologie, auf materiellen Situationseinflüssen der Schwerpunkt der Umweltpsychologie.

Wo unterschiedliche Sichtweisen beginnen

Der eigentliche Gegenstand der Forschung und der wissenschaftlichen Kontroversen sind nicht die vorgestellten grundlegenden Aspekte als solche, sondern ihre inhaltliche Ausfüllung und Gewichtung. Beispiele:

- Was genau spielt sich bei aktuellen Prozessen wie Denken oder Motivation ab?
- Haben »bewusste«, gedankliche Prozesse für das Verhalten und das Erleben großes Gewicht, oder sind die entscheidenden Prozesse »unbewusst«?
- Wie sollen wir uns Dispositionen vorstellen, z.b. als umfassende »Eigenschaften« eines Menschen oder besser als Vielzahl von spezifischen Gewohnheiten, Kenntnissen, Vorlieben, Abneigungen usw.?
- Wird das aktuelle Geschehen primär von personalen Dispositionen oder primär von Situationsfaktoren bestimmt? Liegt der »Motor« des Geschehens mehr innen oder außen?
- Welchen Anteil haben Erbanlagen bzw. Umwelteinflüsse an der psychischen Entwicklung?
- Wird das aktuelle Verhalten und Erleben eines Menschen entscheidend von frühen Erfahrungen geprägt oder doch eher von der Gegenwart?

Um solche und andere Fragen also geht es in der wissenschaftlichen Auseinandersetzung. In den Antworten auf solche Fragen unterscheiden sich auch die *theoretischen Grundströmungen* wie Tiefenpsychologie (Psychoanalyse u.a.), Behaviorismus und Kognitivismus (Näheres später, insbesondere in Kapitel 6). So legt die Psychoanalyse mehr Gewicht auf die Person und ihre Entwicklungsgeschichte als auf die Situation, der Behaviorismus ist demgegenüber stark situationszentriert, und der Kognitivismus nimmt eine Mittelstellung ein.

Auch eine typische Tendenz der *Alltagspsychologie* lässt sich diesem einfachen Grundmodell zuordnen: Menschen neigen dazu, das aktuelle Verhalten anderer Menschen vornehmlich aus ihrer »Person«, aus ihren »Eigenschaften«, zu erklären und Situationseinflüsse zu übersehen oder wenig zu beachten (im Überblick Ross & Nisbett 1991). Das heißt: Sie bevorzugen subjektive Erklärungen (Attributionen) wie »X ist egoistisch«, »Y ist hilfsbereit« usw. – selbst dort, wo Zeitdruck, Anweisungen, finanzielle Anreize und andere situative Faktoren »eigentlich« offensichtlich sind und, wie Experimente zeigen, das Verhalten tatsächlich weit stärker steuern als die individuellen Dispositionen.

Ein Grund für diese Personzentrierung der Alltagspsychologie ist offenbar die Wahrnehmungsperspektive: Als Betrachter schaut man auf die handelnde Person, sie ist der Akteur und zieht die Aufmerksamkeit auf sich. Die Situation, das Umfeld, bildet da lediglich einen Hintergrund. Wie selbstverständlich scheint das, was die Person aktuell tut und was sich in ihr abspielt, aus ihr selbst zu entspingen. Unterstützt wird diese Verschmelzung noch durch die Tatsache, dass für das Verhalten und für die Disposition gewöhnlich dieselben Adjektive verwendet werden. Man sagt: »X *verhält* sich dominant ..., feindselig ..., unterwürfig ...«, und ebenso: »X *ist* feindselig ..., dominant ..., unterwürfig ...«. Nur selten gibt es sprachliche Differenzierungen wie im Falle von »Angst« (= aktueller Prozess) und »Ängstlichkeit« (= Disposition).

Wenn die Wahrnehmungsperspektive eine Rolle spielt, dann sollten die subjektiven Erklärungen weniger personzentriert sein, sobald es um das *eigene* Verhalten geht. Denn uns selbst haben wir weniger im Blick. Stattdessen schauen wir sozusagen von innen auf die Situation. Tatsächlich werden beim eigenen Verhalten Situationsfaktoren eher beachtet, häufig sogar vorrangig. So gaben Studierende als Gründe für die Wahl ihres Faches vorrangig dessen Vorzüge an, während Außenstehende, nämlich Freunde dieser Studierenden, eher Aspekte der Studierenden nannten (deren Vorlieben, Fähigkeiten usw.). In einer anderen Untersuchung begründeten Studierende ihren Einsatz oder Nicht-Einsatz bei der Vorbereitung einer Uni-Veranstaltung vornehmlich mit der guten bzw. schlechten Bezahlung – weit häufiger als Außenstehende, die eher auf Unterschiede in der Einsatzfreudigkeit verwiesen (vgl. Ross & Nisbett 1991, S. 140f.).

Die Wahrnehmungsperspektive ist allerdings nicht allein entscheidend. So spielt auch die soziale Wertung des Verhaltens eine wichtige Rolle bei der Art der Attribution, besonders wenn es um das eigene Verhalten geht. Während man eigenes Fehlverhalten natürlich besonders gerne mit der Situation »entschuldigt«, können umgekehrt positive Handlungen durchaus den eigenen Einstellungen und anderen Personfaktoren gutgeschrieben werden. In schönem Psychologen-Deutsch heißt dies: Menschen bevorzugen Erklärungen, die »selbstwertdienlich« sind. Der andere Faktor, der Einfluss der Wahrnehmungsperspektive, tritt daher am deutlichsten bei Fragen hervor, bei denen die Selbstwertdienlichkeit keine Rolle spielt (wie in dem zuvor genannten Beispiel mit der Studienwahl).

Auf jeden Fall: Person und Situation sind fundamentale Begriffe für den Vergleich unterschiedlicher psychologischer Erklärungen, von den Attributionen bei alltäglichen Verhaltensweisen bis hin zu den Fundamentaldebatten unter den theoretischen Strömungen.

2. Psychische Grundprozesse I: Aktuelle Prozesse (innere Prozesse und Verhalten)

Nachdem wir soeben die Struktur des Ganzen mit den vier Grundaspekten grob skizziert haben, sollen nun nacheinander einzelne Ausschnitte genauer betrachtet werden. Zunächst richtet sich der Blick auf das, was sich – bildlich gesprochen – in der horizontalen Achse abspielt, also auf das aktuelle psychische Geschehen.

Menschen »verarbeiten« ihre Umwelt und wirken auf sie ein

Psychische Prozesse dienen einerseits dazu, die momentane Umwelt (Situation) aufzunehmen, zu »verarbeiten«, andererseits dazu, auf sie einzuwirken, sich in ihr zu »verhalten«. Wir stellen dies schematisch durch zwei Stränge dar, denen wir jeweils drei Typen von Prozessen zuordnen (s. Tafel 8), nämlich
- als *aufnehmend, verarbeitend:* Wahrnehmung – Denken (erfassend) – Emotion,
- als *abgebend, einwirkend:* Motivation – Denken (planend) – Verhalten.

Das Schema vereinfacht in mancher Hinsicht (wie es Schemata so an sich haben), und wir möchten von vornherein vor einigen Missverständnissen warnen!
1. *Die Aufgliederung psychischer Prozesse ist in der Psychologie nicht verbindlich festgelegt.* Aufgliederungen sind in gewissem Maße von Fragestellungen und theoretischen Auffassungen abhängig. Das heißt allerdings nicht, dass die Einteilungen beliebig sind. Unterschiede zwischen den psychischen Prozessen sind zum Teil deutlich erlebbar, auch wenn sie sich überschneiden und verweben und dadurch das Einteilen erschweren. »Niemand verwechselt Wahrnehmungen mit Willenserlebnissen, Gefühle mit Denkprozessen, Triebe mit Erinnerungen.« (Rohracher 1971, S. 69) In dem Schema haben wir versucht, jene Phänomene, von denen in der Allgemeinen Psychologie viel die Rede ist, aufzunehmen und in eine Ordnung zu bringen, mit der man ganz gut arbeiten kann (Hinweis: »Lernen« erscheint bei uns später unter Entwicklungsprozessen). Wir verstehen das Schema aber nicht als eigene »Theorie«.

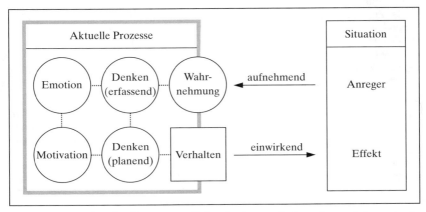

Tafel 8: Schema aktueller Prozesse, gegliedert in einen aufnehmenden und einen einwirkenden Strang

2. *Das Schema besagt nicht, dass immer alle Prozesse beteiligt sind.* Planendes Denken etwa spielt kaum eine Rolle bei einem Verhalten, das auf eingefahrenen Gewohnheiten oder impulsiven Affekten beruht. Es gibt sogar »Kurzschlüsse« von der Wahrnehmung zum Verhalten, nämlich beim Reflex. Darüber hinaus ist es wiederum auch von der theoretischen Orientierung abhängig, welchen Prozessen man eine zentrale Stellung im psychischen Geschehen einräumt und welche man für untergeordnet hält.

3. *Das Schema besagt auch nicht, dass die Prozesse kettenartig aufeinander folgen.* So muss nicht die Wahrnehmung »am Anfang« stehen. Sicher wird auf eine Wahrnehmung (z.b. einer dunklen Gestalt) eine gedankliche Interpretation und dann eine Emotion folgen können; aber umgekehrt kann auch eine bereits vorhandene Emotion (z.b. eine ängstliche Stimmung) die Wahrnehmung beeinflussen. Das Schema lässt also unterschiedliche Anfänge und Abfolgen zu, und es lässt auch zu, dass die in ihm enthaltenen Komponenten lediglich verschiedene Aspekte *eines* Geschehens sind (s. Tafel 9).

Insgesamt ist das Schema also inhaltlich bei weitem nicht so festgelegt, wie die graphische Darstellungsweise es nahe legen könnte.

Psychisches Geschehen – eine Ganzheit, verschieden akzentuierbar?

»Viele Unterscheidungen und Zuordnungen von Phänomenen und Begriffen erscheinen willkürlich. In der Tat gibt es *keine natürliche Ordnung* psychischer Phänomene. Die Benennung und Klassifikation hängt von unserem Standpunkt von den Fragen ab, die wir an Psychisches herantragen. Unsere *Interessen* an bestimmten Fragen und Problemen lassen bestimmte Person-Umwelt-Beziehungen, psychische Zustände und Vorgänge besonders hervortreten und andere eher im Hintergrund bleiben. Fragen wir z.b. nach subjektiven Zuständlichkeiten, dann »erkennen« wir Emotionen. Fragen wir nach Handlungsabsichten, dann ›erkennen‹ wir Motive. Fragen wir nach Informationsverarbeitung, dann ›erkennen‹ wir Strategien des Lernens. Jede Wissenschaft, so auch die Psychologie, geht notwendigerweise ausschnitthaft vor. [...]

Dieselbe Situation und momentane psychische Lage können wir unter verschiedenen Blickwinkeln betrachten und so zu Aussagen über unterschiedliche psychische Vorgänge und Zustände gelangen. Beispiel: Sie sehen in der Bibliothek einen Mann am Tisch sitzen und gelegentlich aus dem Fenster schauen. ›Der Mann ist traurig‹ sagt etwas über den Gefühlszustand aus; ›Der Mann denkt an seine Frau zu Hause‹ weist auf einen Gedankeninhalt hin; ›Der Mann möchte zu seiner Frau‹ betont die motivationale Komponente. Wir sehen: Psychologische Begriffe akzentuieren lediglich das, wonach wir fragen, also verschiedene Komponenten des Erlebens und Handelns in einem ansonsten ganzheitlichen Geschehen.«

Tafel 9: Zur Frage der Aufgliederung psychischer Phänomene (aus: Ulich 1993, S. 13ff.)

Notwendig ist auch eine Ergänzung zu dem selbstverständlichen Tatbestand, dass Menschen ihre »Umwelt« verarbeiten und auf sie einwirken. Sie können nämlich *auch sich selbst* wahrnehmen, über sich nachdenken, sich zu verändern suchen usw. Und wenn sie dies tun, wenn sie z.b. ihren Körper, ihr Verhalten oder ihre Empfindungen betrachten, sind diese dann für ihr »Ich«, für ihr Bewusstsein schon »Umwelt«? Man kann es so oder so definieren, da der Umweltbegriff hier nicht scharf und eindeutig ist.

Die folgenden Ausführungen zu den einzelnen Prozessen sind weitgehend nach dem Schema der zwei Stränge gegliedert, wenn auch nicht ganz streng. So werden »erfassendes« und »planendes« Denken gemeinsam unter »Denken« abgehandelt, und »Kommunikation« kommt als Sonderphänomen hinzu. Insgesamt sind es Überschriften, wie sie in Lehrbüchern zur Allgemeinen Psychologie oft zu finden sind.

Wahrnehmung

Die Wahrnehmung bildet sozusagen die »Eingangsseite« des Individuums. Über verschiedene Sinnesorgane werden Lichtwellen, Schallwellen, Temperaturen usw. aufgenommen, weitergeleitet, im Gehirn verarbeitet – und dann eventuell »erlebt«. Die psychische Qualität, die zu einer Sinnesart gehört, bezeichnet man häufig als »Empfindung«: z.b. Helligkeit und Farbe, Lautheit und Tonhöhe, Wärme, Geschmack usw. Die »Wahrnehmung« hingegen schließt das Erkennen von Gegenständen, Figuren, Personen usw. ein. »Weiß« ist in diesem Sinne eine Empfindung, ein »weißes Blatt Papier« eine Wahrnehmung.

Wahrnehmung als Erkennen (»Ich sehe ein Pferd«) macht aus physikalischen Reizen eine Sache mit »Bedeutung«, und dies ist nur möglich, wenn in die Wahrnehmung ein schon vorhandenes »Bedeutungswissen« einfließt (Schönpflug & Schönpflug 1995). Manchmal mag das Bedeutungswissen allerdings unzureichend sein, etwa bei einem ahnungslosen Betrachter vor einem Objekt moderner Kunst. Auch gibt es eine seltene Erkrankung des Gehirns (sog. Agnosie), bei der die sensorische Wahrnehmung nicht zugleich eine erkennende ist; der Patient »sieht« z.b. einen Schlüssel mit den Augen, ohne ihn als Instrument zum Öffnen von Türen zu erkennen (vgl. »Der Mann, der seine Frau mit einem Hut verwechselte« von Oliver Sacks 1990).

Wenngleich man beim Begriff der Wahrnehmung in erster Linie an Informationen über unsere Umgebung denkt, sollte man doch nicht außer Acht lassen, dass Menschen auch sich selbst wahrnehmen: z.B. die eigene Körperlage, das Aussehen, körperliche Zustände (Erschöpfung, Hunger usw.) und auch den Ablauf psychischer Vorgänge (z.B. das Sprechen, aufsteigenden Ärger usw.).

Einerseits setzt die objektive Situation – die physikalischen Reize – einen Rahmen für das, was ein Mensch wahrnimmt. Sollte seine »Wahrnehmung« sich davon allzu weit entfernen, spricht man von »Halluzinationen«. Andererseits wird die Wahrnehmung nicht vollständig von den Reizen bestimmt, sonst müsste sie ein getreues Abbild der Realität liefern – was sie offensichtlich nicht tut. So kann dieselbe Umgebung von mehreren Personen mit gleich funktionstüchtigen Sinnesorganen sehr unterschiedlich wahrgenommen werden. Dies zeigt sich unter anderem oftmals bei Zeugenaussagen zu demselben Vorfall. Zum Gutteil ist die Wahrnehmung mithin ein »Machwerk« der wahrnehmenden Person, doch diese ist sich ihres aktiven Beitrages selten bewusst!

Zunächst einmal nehmen Menschen überhaupt nur einen Teil der objektiv vorhandenen Reize wahr. Ob wir durch einen Wald gehen oder in unserem Zimmer sitzen – nur wenige der vorhandenen Gegenstände, Bewegungen usw. gelangen zu einem gegebenen Zeitpunkt in unser Bewusstsein. Diesen Auswahlvorgang bezeichnet man als *Selektion*; und die Wahrnehmung ist immer selektiv. »Sie müssen auch die Klasse im Auge behalten«, wird z.b. einer Studentin in ihrem Schulpraktikum geraten. Aber wer kann schon »die« Klasse im Auge behalten – auch bei größtem Bemühen. Es kann nur selektiv gelingen.

Die entscheidende Frage ist also, *was* ausgewählt wird. Wichtig sind dabei die aktuellen Gedanken, Motivationen und Gefühle (bzw. entsprechende Dispositionen wie Vorwissen, Einstellungen usw.). Sie führen zu *Erwartungen*, dieses oder jenes wahrzunehmen. Ein Holzhändler »sieht« in einem Wald anderes als ein Förster oder ein Liebespaar; ein erfahrener Lehrer »bemerkt« im Unterricht Geschehnisse, die einem »naiven« Zuschauer völlig entgehen. Da eine Selektion unvermeidlich ist, kann man lediglich versuchen, sie zielgerichtet zu betreiben, also planmäßig genau das wahrzunehmen (zu »beobachten«), woran man besonders interessiert ist. Eigens für bestimmte Zwecke hergestellte Beobachtungskategorien können dabei eine Hilfe sein (vgl. Tafel 57, S. 173).

Weitere wichtige Verarbeitungsprozesse dienen der *Organisation* der Reize, das heißt dem Gliedern, Zusammenfügen, Gruppieren usw. Inhaltlich fließen auch hier wiederum Vorkenntnisse, Einstellungen, Bedürfnisse usw. ein. Was sieht ein Laie auf dem Röntgenbild? Helle und dunkle Flecken, vielleicht hier und da Konturen eines Knochens. Dem Mediziner erlauben seine Kenntnisse, das für Laien diffus und mehrdeutig erscheinende Reizangebot zu ordnen und als bedeutungshaltige Gebilde zu interpretieren. Ein anderes Beispiel: Innerhalb eines raschen Geschehens in einer Schulklasse fällt Schüler X plötzlich auf den Fußboden. Die Lehrerin »organisiert« das Geschehen so, dass der Schüler Y ihm den Stuhl weggezogen hat. Sie meint, es »gesehen« zu haben, auch wenn es vielleicht anders war – denn Schüler Y hat nun mal einen schlechten Ruf. In jedem Fall dient die Organisation in der Wahrnehmung unserer Orientierung in der Welt. Sie ist notwendig, damit aus der Vielzahl der

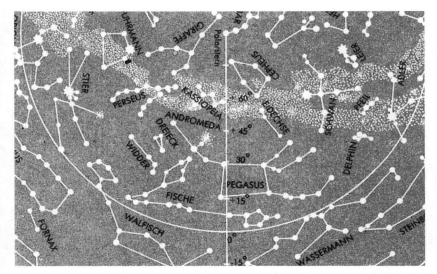

Tafel 10: Ein Beispiel für Organisation in der Wahrnehmung: Isolierte Punkte werden zu sinnvollen Figuren (Ausschnitt aus: Aschenbrenner 1962)

einströmenden Reize bedeutungshaltige Einheiten (Gegenstände, Vorgänge usw.) werden. (Zu Organisationsprozessen s. auch Tafel 10 sowie Tafel 53, S. 163)

Aus alledem wird deutlich, wie eng die Wahrnehmung mit den anderen Grundprozessen verbunden ist. Sie informiert nicht nur über die Welt, sondern dient auch der Fortbewegung und zielgerichteten Handlungen (vgl. Guski 1989). Sie wird dabei inhaltlich bestimmt von aktuellen Motivationen, vermischt sich mit relevanten Erinnerungen und koordiniert sich mit äußeren Bewegungen (man denke auch an Tätigkeiten wie das Schreiben). Zuweilen ist die Motivation sogar darauf gerichtet, bestimmte Reize *nicht* wahrzunehmen, sei es durch bewusstes Wegschauen, sei es durch nichtbewusste Verzerrungen; hier spricht man gelegentlich von Wahrnehmungsabwehr.

Was ein Mensch *typischerweise* sieht und übersieht, ist Indikator seiner Dispositionen. Interessen, Ängstlichkeit, soziale Einstellungen usw. drücken sich unter anderem in »Wahrnehmungsgewohnheiten« aus. Dass die Wahrnehmung überdies eine Frage der persönlichen Kompetenz ist, machen die Beispiele mit dem sachkundigen »Blick« des Arztes, des Pädagogen, des Försters usw. deutlich; es handelt sich hier sozusagen um »Fertigkeiten« des Sehens, Hörens usw.

Abschließend möchten wir darauf aufmerksam machen, dass der Begriff der Wahrnehmung manchmal in einem sehr *weiten Sinne* gebraucht wird, der über das sinnliche Erkennen hinausgeht. Beispiel: »Ich habe den Konflikt so wahrgenommen, dass Karl keine Lust hatte und deshalb ...« Hier wird vieles geäußert, was man nicht mehr sehen oder hören, sondern nur interpretieren und folgern kann, und dies gehört bereits zum erfassenden Denken. Eine solch weite Bedeutung hat auch der Begriff der *Personenwahrnehmung*, der in der Sozialpsychologie recht gebräuchlich ist. Er bezieht sich nicht nur auf das Wahrnehmen während der aktuellen Interaktion, sondern ebenso auf Person-Beurteilungen, auf das »Bild« von anderen Menschen oder von sich selbst (vgl. etwa Forgas 1995, Bierhoff 1998). Insofern handelt es sich dabei in erster Linie um Denken (über Personen) und nicht um Wahrnehmung, in die gedankliche Leistungen lediglich mit einfließen.

Denken

Lässt sich etwas im aktuellen Moment *nicht* mit den Sinnesorganen wahrnehmen und ist dennoch im Kopf präsent, so spricht man von Denken. Das Denken kann zwar durch eine Wahrnehmung angestoßen werden, führt jedoch darüber hinaus. Beispiel: Man sieht ein Buch im Schaufenster (= Wahrnehmung) und überlegt, ob das wohl als Geschenk für Tante Frieda geeignet wäre (= Denken).

»Was tun wir, wenn wir ›denken‹?«, fragt Graumann (1965, S. 16). Zunächst einmal lassen sich schon vom Alltagsverständnis her vielfältige Erscheinungsformen nennen: verstehen, begreifen, beurteilen, meinen, schlussfolgern, abstrahieren, sich erinnern, vorhersehen, planen, wählen, entscheiden, grübeln, phantasieren, tagträumen u.a.m. Das Gemeinsame ist die innere Vergegenwärtigung: »Nichtgegenwärtiges – sei es Vergangenes oder Zukünftiges oder rein Mögliches – stellen wir innerlich vor uns hin, stellen es uns vor.« (Graumann 1965, S. 19)

Während die Wahrnehmung uns über das Hier und Jetzt informiert, ist die innere Vergegenwärtigung, so Graumann, zugleich eine »Entgegenwärtigung«: Denken macht uns unabhängig von Raum und Zeit. Man könnte es auch so sagen: Das Denken ist im Prinzip weniger durch die objektive Situation bestimmt als die Wahrnehmung (»Die Gedanken sind frei«). Je nach Einzelfall kann dies allerdings sehr unterschiedlich sein. Bei einer technischen Panne z.B. ist der Denkablauf stärker situationsgesteuert als beim Abfassen eines philosophischen Aufsatzes.

Daneben sehen viele Autoren eine weitere wichtige Funktion des Denkens in seiner Ordungsleistung (z.B. Aebli 1993/94, Graumann 1965). Im Denken stellen wir Zusammenhänge her. Wir erkennen Gemeinsames und Unterscheidendes (Abstraktionen, Begriffe etc.) oder stellen funktionale und logische Verbindungen her (z.B. Folgerungen, Problemlösungen). Schon bei der Organisation der Wahrnehmung wirken, wie erwähnt, ordnende Einflüsse aus dem Vorwissen mit.

In dem allgemeinen Prozessmodell (S. 43) ist das Denken sowohl dem (informations-) *aufnehmenden* als auch dem *einwirkenden* Strang zugeordnet. Einerseits verarbeitet es Wahrnehmungen weiter, verschafft Orientierung in der Welt und dient so dem »Kampf gegen die Ungewissheit« (Schönpflug & Schönpflug 1997, S. 182). Andererseits ist das Denken auch eine Grundlage für zielgerichtetes Handeln (schon Freud sprach vom Denken als »Probehandeln«).

- Dem »aufnehmenden« Strang lassen sich schwerpunktmäßig Erscheinungen zuordnen wie: erfassen, verstehen, interpretieren, klassifizieren, folgern, attribuieren etc.
- Auf der »einwirkenden« Seite stehen Erscheinungen wie: planen, problemlösen, entscheiden, sich steuern.

Als Kurzbezeichnungen für die beiden Seiten haben wir »erfassendes« Denken und »planendes« Denken gewählt, ohne dass die Vielfalt der Erscheinungen sich damit voll ausdrücken ließe. Betont sei weiterhin, dass im realen psychischen Geschehen, etwa bei der Bewältigung eines praktischen Problems, natür-

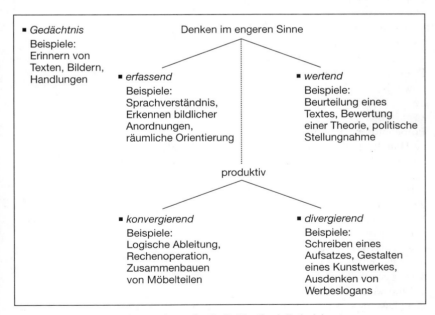

Tafel 11: Typen von Denkoperationen (nach Guilford) mit Beispielen

lich beide Stränge zusammenwirken und beispielsweise auch Begriffe das Handeln mitsteuern können.

Neben der Zuordnung zum aufnehmenden oder einwirkenden Strang gibt es viele weitere Differenzierungen von Denkleistungen. Recht bekannt ist eine Systematik von Guilford (1964), die auf umfangreichen Untersuchungen zur Intelligenz beruht. Es werden fünf Typen von Denkoperationen unterschieden und in der abgebildeten Form geordnet (s. Tafel 11, deutsche Bezeichnungen nach Graumann 1965): (1) »Gedächtnis« meint reproduktive Leistungen wie das Erinnern von sprachlichem oder optischem Material. (2) »Erfassendes Denken« bezieht sich auf das Erkennen und Wiedererkennen von Informationen (»verstehen«, »begreifen«, »identifizieren« usw.). (3) »Konvergierend-produktives Denken« meint problemlösendes Denken, das auf das Finden einer einzigen richtigen Lösung ausgerichtet ist. (4) »Divergierend-produktives Denken« meint problemlösendes Denken, das in verschiedene Richtungen mit unterschiedlichen Lösungen verläuft, und gilt als Musterfall des »kreativen« Denkens. (5) »Bewertendes Denken« meint die Beurteilung von etwas Erfasstem oder Produziertem nach bestimmten Gütekriterien (Eignung, Folgerichtigkeit, »Angemessenheit« usw.).

Die zuvor beschriebene Unterscheidung der zwei Stränge steht nicht in Widerspruch zu Guilfords Systematik. Das »erfassende« Denken haben wir als Oberbegriff übernommen. Und das produktive Denken (konvergierend wie divergierend) ist deutlich dem »einwirkenden«, handlungsbezogenen Strang zuzuordnen – als zielgerichtetes Problemlösen. Allerdings ist nicht jede Handlung »produktiv«; es ist auch möglich, Handlungspläne ganz »reproduktiv« aus dem Gedächtnis abzurufen (unser Oberbegriff »planendes Denken« soll beides umfassen). Was das bewertende Denken anbelangt, so ist es wohl primär auch als »aufnehmende« Tätigkeit anzusehen, wenngleich mit etwas anderen Akzenten als das reine Erfassen.

Wilhelm Busch über
Kreativität

Begeistert blickt er in die Höh:
»Willkommen, herrliche Idee!«
(Balduin Bählamm)

Eine weitere Systematisierung von Denkleistungen sind die sechs Lernzielebenen nach Bloom u.a. (1972). Als Gliederungskriterium gilt dort der angenommene Komplexitätsgrad und danach werden unterschieden: 1. Wissen, 2. Verstehen, 3. Anwenden, 4. Analyse, 5. Synthese, 6. Evaluation (Bewertung). Diese Ebenen wurden bereits ausführlich in ihrer Bedeutung für das Lernen von Psychologie erläutert (vgl. S. 31).

Alle Einteilungen enthalten eine Aktivierung von Gedächtnisinhalten (von »Wissen«), aber auch andere Leistungen, bei denen Wissen benutzt und/oder neues Wissen erzeugt wird. Ganz besonders gilt dies für das *problemlösende (produktive) Denken*, das sich auf die Bewältigung von neuartigen Aufgaben bezieht (vgl. hierzu Dörner 1987, Arbinger 1997). Ein »Problem« liegt ja dann vor, wenn man keine fertige Lösung aus seinem Wissensbestand abrufen kann. Wenn man sie nicht weiß, kann man aber doch wissen, auf welchen Wegen man eine Lösung finden kann. Solche Vorgehensweisen werden als *Strategien* oder heuristische Methoden (»Finderegeln«) bezeichnet. Recht bekannt wurden z.b. die von Duncker (1935/1966) beschriebenen Strategien der »Zielanalyse« (Was will ich genau? Was ist gefordert? Was nicht?), »Konfliktanalyse« (Warum geht es nicht?) und »Materialanalyse« (Was kann ich gebrauchen?). Weitere Beispiele sind die Ideenfindung durch Analogien (Wo kommt Ähnliches vor?) oder durch sog. »Brainstorming«: Man sammelt zunächst wahllos und unkritisch Einfälle und bewertet sie erst in einem späteren Schritt auf ihre Brauchbarkeit.

Von großer Bedeutung für die Qualität von Denkleistungen sind offenbar Prozesse, die unter dem Begriff der *Metakognition* zusammengefasst werden. Es geht dabei im Wesentlichen um so etwas wie mentale Selbstüberwachung, um Vorgänge, mit denen Denkende sozusagen in den eigenen Kopf hineinschauen: Denken über das eigene Denken, Wissen über das eigene Wissen und dergleichen. Metakognition umfasst dabei den aufnehmenden ebenso wie den einwirkenden Prozess-Strang, das Erkennen ebenso wie das Steuern eigener geistiger Aktivitäten. Eine differenzierte Aufgliederung metakognitiver Aktivitäten (nach Hasselhorn 1998) zeigt Tafel 12.

Nicht alle erwähnten Phänomene sind gleichermaßen Gegenstand der Teildisziplin *Denkpsychologie*. Im Vordergrund stehen heute das Schlussfolgern und vor allem das Problemlösen, im Wesentlichen also »das Verarbeiten von Informationen im Sinne ihrer zielbezogenen (Neu-)Verknüpfung« (Hussy 1993, S. 18). Hingegen werden bloße Erinnerungsprozesse (Abruf von Fachwissen, von Bildern usw.) vorrangig in der *Gedächtnispsychologie* behandelt, und diese bildet zum Gutteil einen eigenen Forschungsbereich neben der Denkpsychologie.

Allerdings wird *Kognition* vielfach als Sammelbegriff verwendet, der sowohl Denken als auch Gedächtnisprozesse (und oft auch Wahrnehmung) umfasst, also alle Prozesse, die mit Erkennen und Wissensverwendung bzw. mit der Verarbeitung von Informationen zu tun haben. In manchen Büchern ist das Wort »Denken« schon fast verschwunden und durch »Kognition« oder »kognitive Prozesse« ersetzt worden.

Metakognition – der Blick in den eigenen Kopf
• Wissen über eigene Denkfähigkeiten, Strategien usw. (System-Wissen) Beispiel: »Texte mit Schaubildern kann ich leichter behalten« • Wissen über das eigene Wissen Beispiel: »In Prozentrechnung habe ich noch Lücken« • Lenkung des eigenen Denkens und Lernens Beispiel: »Ich notiere erst meine Ideen und bewerte sie später« • Gespür für Gelegenheiten zur Wissensnutzung (bewusst oder »intuitiv«) Beispiel: »Das hier könnte ich doch gut in einer Tabelle ordnen« • Kognitive Empfindungen Beispiel: »Diese Beweisführung verwirrt mich«

Tafel 12: Durch metakognitive Aktivitäten erkennen, überwachen und steuern Menschen das eigene Denken (orientiert an der Einteilung von Hasselhorn 1998)

Gedankliche bzw. kognitive Prozesse wie das Erwarten oder Entscheiden sind kaum unter Denkpsychologie, sondern vornehmlich unter Motivationspsychologie zu finden. Erneut zeigt sich hier die enge Verflochtenheit von psychischen Prozessen, die gewöhnlich unter verschiedenen Kapitelüberschriften zu finden sind. Zugleich wird damit deutlich, dass Denken nicht nur Werkzeugfunktionen hat, sondern auch eine Komponente von »psychischen Kräften« (vgl. S. 83) sein kann.

Auf diese zwei Seiten stößt man auch, wenn man das Denken von Menschen nicht auf der Ebene von Prozessen, sondern von *personalen Dispositionen* betrachtet. Einerseits unterscheiden sich Menschen in ihren intellektuellen Fähigkeiten, Fertigkeiten und Kenntnissen, also ihren »Kompetenzen«. Zwei globale Dispositionsbegriffe in dieser Richtung sind Intelligenz und Kreativität. Andererseits gibt es denkerische Dispositionen mit dynamischem Charakter, mit einer inhaltlichen Ausrichtung auf bestimmte Ziele und Objekte. Denk-Begriffe mit dieser Bedeutung sind z.B. »Gesinnung«, »Überzeugung«, »Einstellung«, »politisches Bewusstsein« usw.

Emotion

Neben Wahrnehmen und Denken sind auch Emotionen (Gefühle) zweifellos Grundprozesse des psychischen Haushalts: Wir »fühlen« eigentlich immer. Wir fühlen uns »gut« oder »schlecht«; wir fühlen Ärger, Stolz, Angst oder Langeweile, wir fühlen selbst dann etwas, wenn wir sagen: »Ich fühle mich ganz leer.« Allerdings werden manche Menschen dabei eher von »Zuständen« als von »Prozessen« sprechen. Beides scheint sinnvoll. Emotionen kann man als prozesshaftes Geschehen erleben (ein Gefühl »kommt auf«), aber auch als Zustand, der eine gewisse Zeit verharrt. Unser Oberbegriff »Grundprozesse« soll Zustände mit einschließen.

Was sind typische Kennzeichen von Emotionen? Was ist das Gemeinsame z.B. von Angst, Freude, Trauer oder Stolz? Erstens: Emotionen sind ein »leibseelisches« Geschehen bzw. Befinden. Körperlich wie psychisch füllen sie gewissermaßen den ganzen Menschen aus (während man Denken und Wahrnehmen im Kopf lokalisieren würde). Zweitens: Gefühle sind »Formen des Berührtseins« (Ulich & Mayring 1992). Sie zeigen an, dass man ein Ereignis auf sich selbst bezieht. Stehen wir einem Geschehen »unbeteiligt« gegenüber, ärgern wir uns nicht und freuen wir uns nicht. Drittens ist typisch, dass wir Emotionen passiv erleben, als ein Geschehen, das uns »überkommt«. Während man fragen kann »Was tun wir, wenn wir denken?« (vgl. S. 48), wäre es merkwürdig zu fragen: »Was tun wir, wenn wir fühlen?«. Wir »tun« nichts, »es« tut etwas mit uns; Emotionen sind ein »Angemutetwerden«. Viertens gehört zu Emotionen eine leichte bis starke Erregung bzw. Aktivierung. Dabei lässt das Wort »Emotion« wohl eher an starke Erregung denken als »Gefühl« (»in der Sitzung prallten die Emotionen aufeinander«). Zumindest in der deutschsprachigen Psychologie werden die Begriffe aber meist synonym verwendet.

Innerhalb des Gefüges der aktuellen Prozesse sind Emotionen primär dem aufnehmenden, verarbeitenden Strang zuzurechnen, nicht dem einwirkenden (vgl. Tafel 8, S. 43). Sie sind Vorgänge bzw. Zustände, die durch eine vorangehende Situation »ausgelöst« werden, und sind insofern etwas Reaktives. Dies gilt allerdings nicht für »endogene«, etwa durch Biorhythmen oder Krankheiten begründete Stimmungen.

Um Kernpunkte des Wesens und der Entstehung von Emotionen konkurrieren in der Psychologie verschiedene *Emotionstheorien*. So betonen evolutionsbiologische Ansätze, dass bestimmte Emotionen bestimmte Funktionen für das Leben und Überleben erfüllen (z.B. Angst kann warnen und schützen), und stellen Kataloge relevanter »Basisemotionen« auf. Psychophysiologische Theorien konzentrieren sich auf das Verhältnis von körperlichen und psychischen Vorgängen beim Auftreten einer Emotion: Was »bewirkt« was? Was ist das Hauptgeschehen und was nur Begleitphänomen? Kognitivistische Theorien messen der Interpretation und Bewertung von Ereignissen eine zentrale Rolle für das Entstehen bestimmter Emotionen bei; sie untersuchen mithin die Frage nach dem Zusammenhang von Denken und Fühlen. »Personzentrierte« Auffassungen verstehen Gefühle als besondere Art des Person-Umwelt-Bezuges, als besonderes Verhältnis eines Menschen zur Welt (Ulich & Mayring 1992).

Zahlreich sind die Versuche, eine *Ordnung* in die Vielfalt von Emotionen zu bringen. Dazu gehören die – recht unterschiedlich ausgefallenen – Listen

> **Beispiel: Stolz, Scham, Billigung und Zorn als »Attributions-Emotionen«**
>
> Die Attribution liegt in der Zuschreibung von Urheberschaft/Verantwortlichkeit.
>
> Die vier Emotionen bedeuten eine (positive oder negative) »Bewertung des Tuns und Lassens von Urhebern in Bezug auf Normen/Rechte/Standards« (Mees):
>
> | | | |
> |---|---|---|
> | *Stolz* | Selbst als Urheber | Bewertung positiv |
> | *Scham* | Selbst als Urheber | Bewertung negativ |
> | *Billigung* | Andere als Urheber | Bewertung positiv |
> | *Zorn* | Andere als Urheber | Bewertung negativ |

Tafel 13: Eine Möglichkeit der Klassifikation von Emotionen: Die Einordnung nach ihrer »psycho-logischen« Bedeutung (modifizierter Ausschnitt aus Mees 1991, S. 54ff.)

biologisch begründeter Basisemotionen. Andere Klassifikationen ordnen die Emotionen phänomenologisch, wobei die Dimension »angenehm – unangenehm« und der Grad der »Aktivierung« (Ruhe – Erregung) besonders häufig genannt werden. Relativ neu ist die Systematisierung von Emotionen nach ihrem inhaltlichen Bedeutungsgehalt, nach ihrem Platz in einer »psycho–logischen« Ordnung (Ortony, Clore & Collins 1988, Mees 1991). Nach diesem kognitivistischen Ansatz unterscheidet man unter anderem Wohlergehens-Emotionen wie Freude und Trauer, Erwartungs-Emotionen wie Hoffnung und Furcht oder Attraktivitäts-Emotionen wie Liebe und Hass (die selbst wiederum als Unterklasse von Beziehungs-Emotionen gelten). Tafel 13 gibt die Ordnung von »Attributions-Emotionen« wieder.

Die Emotionspsychologie führte lange Zeit ein Schattendasein als Unteraspekt der Motivationspsychologie und ist erst in den letzten Jahrzehnten wieder eine eigene Teildisziplin geworden. Auf jeden Fall sind Emotion und Motivation eng verbunden, wie nachfolgend näher erläutert wird.

Motivation und Wille

Fragt man nach dem »Warum« eines Verhaltens, z.B. bei der Erklärung einer Straftat oder eines unbändiges Fleißes, so empfindet man Aussagen zur Motivation als besonders informativ. Schließlich geht es hier schon vom lateinischen Ursprung des Wortes her um die »Beweggründe«. Von Motivationen ist beispielsweise die Rede, wenn man ein Verhalten mit einem »Bedürfnis nach Anerkennung«, mit »Interesse« oder mit »Geldgier« erklärt. Allerdings könnte man auch Erklärungen wie »aus Angst«, »aus Abneigung« oder »aus Freude«

akzeptieren – alles Begriffe für Emotionen. Wenn also auch sie Verhalten »motivieren« können, wo ist dann der Unterschied zwischen Emotion und Motivation? Der Tendenz nach lassen sie sich etwa so gegenüberstellen:
- *Emotion:* Befindlichkeit   Momentane Erlebnislage   Ist-Wert
- *Motivation:* Antrieb   Anstreben einer Ziellage   Soll-Wert

So definiert Rheinberg (1995, S. 13) den gemeinsamen Kern von Motivationsphänomenen als »aktivierende Ausrichtung eines momentanen Lebensvollzuges auf einen positiv bewerteten Zielzustand«.

Emotion und Motivation lassen sich zwar begrifflich unterscheiden, doch sind sie damit nicht separate Prozesse. Nützlich erscheint uns die Ansicht vieler Autoren (etwa Thomae 1965; Schmalt 1983), es handele sich um zwei Seiten eines Prozesses – wie zwei Seiten einer Münze. Derselbe psychische Vorgang hat danach sowohl eine Befindlichkeitsseite als auch eine Antriebs- bzw. Zielseite; und je nachdem, welche Seite man betonen will, spricht man von Emotion/Gefühl bzw. von Motivation. Angst, Ärger, Hunger, Interesse, Heimweh usw. kann man zugleich als Befindlichkeiten und als Antriebe zum Handeln erleben. Auch das deutsche Wort »Lust« enthält beide Bedeutungen: »Lust empfinden« als Gefühl, »Lust haben auf... (z.B. Tennis)« als Motivation (engl. interessanterweise »I feel like playing tennis«). Allerdings ist es möglich, dass im Erleben manchmal der Gefühlszustand stärker zu spüren ist als die Antriebsseite (z.B. bei Langeweile, Angst, Freude), während in anderen Fällen umgekehrt die Zielspannung über die Befindlichkeit dominiert (z.B. bei Neugier oder Leistungsmotivation).

Im Prinzip aber gehen wohl beide Aspekte Hand in Hand, verändern sich miteinander: Während das Gefühl auch zu etwas motiviert, ist die Erfüllung der Motivation zugleich mit einem neuen Gefühl, einer »Befriedigung«, verbunden, die Nichterfüllung mit einem anderen, etwa einer »Enttäuschung«. So könnte man Motivation auch als die Spannung zwischen einem momentanen und einem angestrebten Gefühl verstehen. Spätestens an dieser Stelle zeigt sich allerdings erneut, dass schon der Versuch einer begrifflichen Ordnung in gewissem Grade auf Theorien über die Natur der Prozesse hinausläuft.

Trotz der engen Zusammenhänge kann man sein Augenmerk vorrangig entweder auf die emotionale oder auf die motivationale Seite richten. Und so bietet die psychologische Literatur meist entweder Bücher zur »Emotion« oder zur »Motivation« an. Nach dem Gesagten ist es aber nicht verwunderlich, dass hier wie dort zuweilen die gleichen Phänomene (z.B. Angst, Ärger, Interesse) behandelt werden. Dennoch verlieren manche Werke kein Wort über die Beziehungen zwischen beiden Begriffen und erschweren dadurch das fürs Lernen so wichtige begriffliche Ordnung.

In diesem Zusammenhang noch eine Ergänzung. Da die körperlich-seelische Erregung, die prinzipiell zu jedem motivational-emotionalen Prozess gehört, zuweilen so heftig sein kann, dass zielgerichtetes Handeln beeinträchtigt wird (z.b. bei Angst oder Wut), haben manche Autoren die Emotion geradezu in einen Gegensatz zur Motivation gestellt: Motivation als etwas zielgerichtet Organisierendes, Emotion als etwas »Desorganisierendes« (im Überblick Schönpflug & Schönpflug 1997). Hier bedeutet dann Emotion nicht mehr dasselbe wie »Gefühl«, bedeutet nicht mehr die momentane Befindlichkeit, sondern lediglich die Erregung, den starken Affekt. Wir möchten auf diese terminologische Möglichkeit nur hinweisen, ohne uns ihr anzuschließen.

Im Gesamtgefüge aktueller Prozesse (s. Schema S. 43) gehört die Motivation zum einwirkenden, handlungsbezogenen Strang. Sie kann zwar durch die Situation angeregt werden – durch die Gelegenheit, hier die angestrebten Effekte zu erreichen –, doch in ihrem eigentlichen Gehalt ist die Motivation auf die Veränderung der Situation gerichtet, ist also nicht reaktiv, sondern aktiv und zukunftsbezogen.

Welche Motivationsprozesse im konkreten Fall auftreten, hängt außer von der Situation natürlich von den Dispositionen ab, die ein Mensch in die Situation mitbringt. Die Disposition zu einer bestimmten Motivation, also die individuelle Ausprägung eines »Strebens«, »Bedürfnisses« usw. wird häufig als *Motiv* bezeichnet. Es ist sozusagen die »Ansprechbarkeit« für bestimmte Anreger. Zusammen mit dem Anreger führt das Motiv zum Prozess der aktuellen Motivation (s. Beispiele in Tafel 14). »Der Begriff Motiv wird verwendet im Hinblick auf die Disposition, nach eher allgemeinen Zielzuständen, Arten von Befriedigung oder Effekten zu streben«; »der Begriff Motivation bezieht sich auf die Aktivierung einer Handlungstendenz zur Erzielung eines oder mehrerer Effekte« (Atkinson, zit. nach Keller 1981, S. 24; ähnlich Heckhausen 1980/1989). Allerdings werden die Begriffe Motiv und Motivation nicht durchgehend in dieser Weise unterschieden! Oft liest man von Motivation auch im Sinne einer Disposition (»Ein Schüler mit hoher Leistungsmotivation«) oder von Motiv im Sinne eines aktuellen Prozesses.

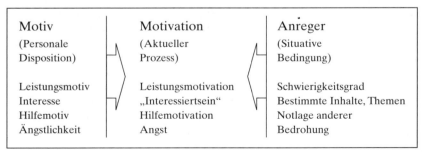

Tafel 14: Beispiele für Motive und zugehörige Anreger. Ihr Zusammenwirken ergibt die aktuelle Motivation.

Eine gewisse Verwandtschaft besteht zwischen den Begriffen »Motiv« und »Einstellung«. Beide kann man als Wertungsdispositionen verstehen. Bei der Einstellung, die vor allem in der Sozialpsychologie eine wichtige Rolle spielt, liegt der Akzent aber nicht auf dem Zielbezug, sondern auf dem Objektbezug (Einstellung »gegenüber« ...).
Nicht nur die begriffliche Ordnung, auch die *Theorien* über Motivationsphänomene sind kein handlicher Lernstoff. Allgemein formuliert unterscheiden sie sich darin, wie sie das Entstehen einer aktuellen Motivation und einer motivationalen Disposition (eines Motives) erklären. Dabei geht es um Fragen wie diese: Ist eine Motivation primär ein Druck- oder eine Zug-Phänomen (»push« oder »pull«?); ist sie etwa hauptsächlich ein Ausdruck drängender Triebe oder ein Ergebnis von Anreizen und Erwartungen? Damit verbunden: Sind die entscheidenden Kräfte »unbewusst« (wie es tiefenpsychologische Ansätze annehmen), oder sind gedankliche Prozesse wie Wertungen, Erwartungen und Attributionen das zentrale Geschehen (wie es bei »Kognitivisten« zu lesen ist)? Wie bedeutsam für die Bildung einer konkreten Motivation sind die individuellen Motivausprägungen (Dispositionen), wie bedeutsam die Anreger der Situation? Inwieweit sind Dispositionen im Organismus angelegt, inwieweit sind sie erlernt und auf welche Weise?

Sicherlich werden heute ganz einseitige Positionen kaum noch vertreten. So scheint es vielen Forschern sinnvoll, körpernahe Mangelbedürfnisse (Hunger, Schlaf u.a.) als Druck-Phänomene, »höhere« Bedürfnisse wie etwa die Leistungs-, die Macht- oder die Hilfe-Motivation als Zug-Phänomene zu verstehen. In der empirischen Psychologie liegt das Schwergewicht auf der Erforschung der höheren Motivationen, wobei meist angenommen wird, dass die entsprechenden Motive (Dispositionen) im Wesentlichen erlernt sind und dass die aktuelle Motivation maßgeblich auf kognitiven Prozessen innerhalb einer Person-Situation-Interaktion beruht.

Teil der theoretischen Auseinandersetzung sind auch die Versuche, die Vielfalt der Motive einzuteilen. Lange Zeit spielten Kataloge der »grundlegenden« Triebe, Instinkte oder Bedürfnisse eine wichtige Rolle, ohne dass eine Liste sich allgemein eingebürgert hätte. Eher konsensfähig sind Einteilungen in größere Gruppen, so etwa die von Maslow (1954/1981) vorgeschlagene Unterscheidung von Mangelbedürfnissen (Hunger, Schlaf, physische Sicherheit u.a.) versus höheren Wachstumsbedürfnissen (Selbsterweiterung u.a.; s. hierzu S. 166f) oder das Kriterium Annäherung versus Meidung, also »hin zu« (gilt für die meisten Motivationen) versus »weg von« (wie bei Angst und Ekel). Die Forschung ist heute vorrangig daran interessiert, einzelne Motivationen inhaltlich nach der Art des angestrebten Zielzustandes abzugrenzen und sie sozusagen psychologisch zu »mikroskopieren« (z.B. Leistungsstreben, Machtstreben, Angst, Hilfemotivation, Aggressionsmotivation).

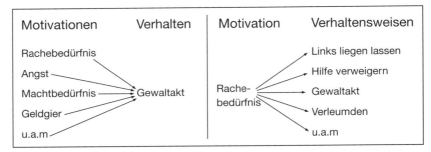

Tafel 15: Ein Verhalten – viele mögliche Motivationen; eine Motivation – viele mögliche Verhaltensweisen

Da von allen inneren Prozessen die Motivation als besonders aussagekräftige Erklärung eines Verhaltens gilt, möchten wir noch auf das *Verhältnis zwischen Motivation und Verhalten* eingehen. Klar ist: Einer bestimmten Art des Verhaltens kann man nicht einfach eine bestimmte Art der Motivation zuordnen (s. Tafel 15). So kann sich dieselbe Motivation in sehr unterschiedlichem Verhalten ausdrücken. Was kann man beispielsweise nicht alles tun, weil man Angst hat oder weil man Anerkennung erlangen möchte?! Umgekehrt können unterschiedlichste Motivationen zu demselben Verhalten führen. So steckt etwa hinter Leistungseifer nicht immer Leistungsmotivation (sondern z.B. Angst vor Strafe), hinter aggressivem Verhalten steckt nicht immer ein Aggressionsbedürfnis (sondern z.B. Bedürfnis nach Beachtung). Zu einem bestimmten Verhalten gehört also nicht automatisch eine Motivation gleichen Namens.

In diesem Zusammenhang stößt man häufig auf die Unterscheidung von »intrinsischer« und »extrinsischer« Motivation. Vom Wort her geht es irgendwie um »innen« und »außen«, doch ist nicht verbindlich festgelegt, worauf genau sich »innen« beziehen soll: »Mal ist es die Tätigkeit, mal die Thematik der Handlung und mal die Person bzw. ihr Selbst« (Rheinberg 1995, S. 140). So kann beispielsweise, je nach Begriffsverständnis, eine sportliche Aktivität als »intrinsisch motiviert« gelten, wenn (a) die Tätigkeit selber »Spaß macht« oder wenn (b) die Folgen des Sports, z.B. der »Marktwert«, derselben Motivation dienen wie der Sport selbst (Bestätigung eigener Tüchtigkeit als gemeinsames »Thema«) oder wenn (c) das sportliche Tun ganz autonom und selbstbestimmt betrieben wird.

Wilhelm Busch über

Appetenz-Aversions-Konflikte

»Transpirierend und beklommen
ist er vor die Tür gekommen,
oh, sein Herze klopft so sehr,
doch am Ende klopft auch er.«

(Tobias Knopp)

Selbstverständlich können hinter einem bestimmten Verhalten gleichzeitig mehrere Motivationen wirksam sein. Sie können alle in dieselbe Richtung gehen (z.b. Lernen aus Interesse und zugleich für beruflichen Erfolg). Sie können einander aber auch entgegenlaufen; in diesem Fall spricht man von einem inneren *Konflikt*. Dabei unterscheidet man im Allgemeinen drei Typen: (1) den Annäherungs-Annäherungs- bzw. Appetenz-Appetenz-Konflikt, bei dem zwei Entscheidungen gleich verlockend erscheinen. (Beispiel: die Wahl zwischen zwei Reisezielen); (2) den Vermeidungs-Vermeidungs- bzw. Aversions-Aversions-Konflikt, bei dem es nur die Wahl zwischen zwei Übeln gibt (Beispiel: Schularbeiten machen oder bestraft werden); (3) den Annäherungs-Vermeidungs- bzw. Appetenz-Aversions-Konflikt, bei dem ein Ziel zugleich anziehend und abstoßend erlebt wird (Beispiel: Wunsch nach menschlicher Nähe und zugleich Angst davor). Darüber hinaus kann ein innerer Konflikt erlebt werden, wenn zwar die Motivation, also der angestrebte Zielzustand, klar ist, nicht aber, mit welchen von mehreren Mitteln man ihn am besten erreichen kann.

Die Möglichkeit von Konflikten zeigt erneut, dass eine bestimmte Motivation vorhanden sein kann, ohne sich im Verhalten zu manifestieren, weil nämlich eine gegenläufige Motivation dies verhindert. Die Frage ist also, welche Motivation sich letztlich in Verhalten durchsetzt. Sich nicht zu verhalten ist unmöglich.

Um handlungsfähig zu bleiben, wird eine Person in den meisten Fällen irgendwann *entscheiden*, welches Ziel sie auf welchem Wege tatsächlich verfolgen will. Und dann muss sie dafür sorgen, dass ihr Handeln auf Zielkurs bleibt – zuweilen auch gegen aversive Umstände, gegen Angst, Ekel oder Unbequemlichkeiten. Diese Phänomene, die jenseits der eigentlichen Motivation liegen, die vielmehr auf die Realisierung eines ausgewählten Zieles gerichtet

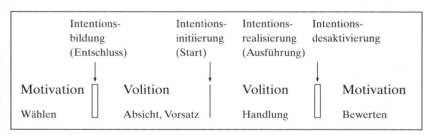

Tafel 16: Jenseits der Motivation: die Willensprozesse (Volition). Die Motivationsphase endet mit dem Entschluss. Die Intention wird nicht immer sogleich verwirklicht, vielmehr zunächst als Absicht und (konkreter) als Vorsatz gespeichert. Der Start der Handlung erfordert zuweilen Selbstüberwindung, ihre Ausführung eine Abschirmung gegen ablenkende Einflüsse. Mit dem Ende der Handlung beginnt wieder eine Motivationsphase (modifiziert nach Rheinberg 1995, S. 170).

sind, fallen unter die Begriffe *Wille, Wollen* oder *Volition*. Die Volitionsphase beginnt, sobald aus der Motivation (bzw. verschiedenen Motivationen) kraft eines Entschlusses eine Intention geworden ist (s. Tafel 16). Der Wechsel von der Phase der Motivation zur Volition ist offenbar mit einem scharfen Einschnitt im Bewusstsein verbunden. Während vor der Entscheidung das »neutrale« Abwägen dominiert, ist nach der Entscheidung das Denken und Tun ganz »parteiisch« und einseitig auf die Erreichung des angepeilten Zieles ausgerichtet (Heckhausen 1987). Ein Entschluss wird nicht immer sofort in Handeln umgesetzt, sondern häufig erst einmal »abgespeichert«. Gollwitzer & Malzacher (1996) unterscheiden dabei zwei Arten der Intention, nämlich Absichten und Vorsätze. Absichten verstehen sie als Zielintentionen, die den inneren Konflikt beenden, Vorsätze dagegen als Realisierungsintentionen, die bereits Vorstellungen vom Wann, Wo und Wie des Handelns, also auch von passenden Situationen, enthalten. Insofern bereiten Vorsätze die tatsächliche Umsetzung stärker vor als Absichten. Bei unangenehmen Tätigkeiten wird es auch Selbstüberwindung, den bekannten »inneren Ruck«, erfordern, sie zu beginnen. Um eine Handlung auf Kurs zu halten, schirmt sich nach Kuhl (1987) das Individuum gegen alle Einflüssse ab, die das zielgerichtete Handeln stören könnten, z.b. durch das Abwenden der Aufmerksamkeit von gegenläufigen Informationen.

Bewegung – Verhalten – Handlung

Bewegungen bilden die »Ausgangsseite« des aktuellen psychischen Geschehens. Durch sie wirken Lebewesen auf ihre aktuelle Umwelt ein. Ausschließlich diese motorischen Äußerungsformen (oder deren Produkte, wie z.B. Schriftstücke), nicht aber die inneren Prozesse, kann man bei anderen Menschen direkt wahrnehmen. Letztlich sind es immer irgendwelche Formen von Bewegung, die man gewöhnlich als »Verhalten« bezeichnet, insbesondere Erscheinungen wie
– Sprechen,
– Ausdrucksverhalten (Mimik, Gestik, Körperhaltung und dergleichen),
– manuelle Tätigkeiten (Schreiben, Werken usw.),
– Bewegungen im Raum (Gehen, Laufen usw.).

In sehr weitem Sinne wird »Verhalten« zuweilen als Oberbegriff für alle psychischen Aktivitäten einschließlich innerer Prozesse gebraucht (Denken usw. als »internales Verhalten«). Begrifflich ist dies wohl etwas irreführend. Allerdings ist das rein motorische Verhalten – ohne die inneren Prozesse – psychologisch meistens nicht interessant. Man will ja wissen, was das äußere Verhalten »bedeutet«, was sich »dahinter« abspielt. In manchen Fällen kann das motorische Geschehen aber auch unabhängig von Wahrnehmung, Denken, Emotion und Motivation von Interesse sein. Besonders deutlich wird dies, wenn man motorische Fähigkeiten und Fertigkeiten im Kontext sportlicher oder künstlerischer Leistungen (Zeichnen usw.) betrachtet. Doch auch im sozialen Verhalten eines Menschen, beispielsweise im Sprechen oder der Mimik, können motorische Eigenheiten mitspielen, die sozusagen für sich stehen und eigentlich nichts »Tieferes« bedeuten.

In diesem Zusammenhang ist eine häufig anzutreffende Unterscheidung von *Verhalten* und *Handeln* zu erwähnen. Danach ist lediglich solches Verhalten als Handeln zu bezeichnen, das »zielgerichtet, bewusst, geplant, beabsichtigt« ist (v. Cranach u.a. 1980, S. 78). Unwillkürliche reflektorische oder automatisierte Bewegungen wären danach zwar auch Verhalten, aber kein Handeln. So gesehen, ist Verhalten der Oberbegriff, Handeln ein bestimmter Typ des Verhaltens. Man könnte grob unterscheiden:

Verhalten
- Handlungen und Teilhandlungen
- Automatismen, Ausführungsgewohnheiten
- Einzelne Bewegungen, reflexartige Reaktionen

Der Begriff der Handlung umfasst neben dem äußeren Verhalten auch die inneren Grundlagen, von denen es gesteuert wird. So liegt denn auch der Akzent der sog. Handlungstheorien vor allem auf kognitiven Vorgängen wie den Zielvorstellungen und Erwartungen, dem planenden Denken und dem Überprüfen des Handlungsergebnisses (einführend dazu: Schönpflug & Schönpflug 1995, Dörner 1996). In dieser Bedeutung kann »Handeln« als ein integrativer Begriff angesehen werden, der die gesamten aktuellen Prozesse einschließt. Naturgemäß ist eine solche Sichtweise vor allem in der Theorierichtung des Kognitivismus zu finden (vgl. S. 162ff.).

Sucht man Beispiele für Handlungen im beschriebenen Sinne, so denkt man meist an relativ umfassende Verhaltensabläufe (z.B. einkaufen), die selber aus verschiedenen Teilhandlungen zusammengesetzt sind (aus dem Hause gehen, bezahlen usw.) und diese wiederum aus kleinen motorischen Einheiten, die man nicht mehr als Handlungen bezeichnet (v. Cranach u.a. 1980, Hacker 1998). Es sind die großen Verhaltenseinheiten, die von Motivationen und Denkprozessen gesteuert werden und sich flexibel an die Situationsanforderungen anpassen. Je kleiner die Einheiten, desto eher sind sie ziemlich starre, automatisierte Ausführungsgewohnheiten (z.B. Eigenheiten des Gehens, der Autobedienung, des Blickkontaktes, des Sprechens, der Schrift usw.).

Da hier die bewusste Steuerung gering ist, hat es nicht an Versuchen gefehlt, aus individuellen Eigenarten bei kleinen Verhaltenseinheiten weitreichende diagnostische Schlüsse über die »Persönlichkeit« (den »Charakter«) eines Menschen zu ziehen. Beispiele dafür sind die Graphologie oder volkstümliche Anleitungen zur »Menschenkenntnis«, nach denen bestimmte Gewohnheiten der Mimik, der Gestik oder des Ganges bestimmte Persönlichkeitszüge verraten. Solche Versuche sind sehr umstritten. Ergiebiger für die praktische Anwendung ist wohl die Erkenntnis, dass die *Veränderung* des eigenen Verhaltens und Erlebens nicht nur auf der Ebene bewusster Zielsetzungen und Handlungsplanungen ansetzen kann (vgl. Preiser 1989), sondern auch auf der Ebene kleiner, eingeschliffener Verhaltenseinheiten. So kann es etwa im Rahmen eines Lehrtrainings, Partnerschafts- oder Selbstsicherheitstrainings zuweilen sinnvoll sein, spezifische Verhaltensweisen wie das Äußern von Wünschen wiederholt in kurzen Szenen zu üben – einschießlich des Blickkontaktes, der Körperhaltung oder der Stimmlage (vgl. Pfingsten & Hinsch 1991).

Exkurs: Aktuelle Prozesse als Kommunikation

Die etwas umständliche Überschrift (statt einfach »Kommunikation«) soll ausdrücken, dass die Kommunikation an sich kein Grundprozess wie die vorangehenden ist, sondern sich aus verschiedenen Vorgängen von der Aufnahme bis zur Abgabe von Informationen zusammensetzt. Sie schließt daher Prozesse des Wahrnehmens, des Denkens, der Emotion und Motivation sowie der sprachlichen und nichtsprachlichen Motorik ein. In der Kommunikation geht es jedoch weniger um diese Prozesse als solche, sondern darum, dass *die Prozesse verschiedener Personen aufeinander bezogen sind* und dabei Entsprechungen oder Diskrepanzen aufweisen. Hierin liegen Probleme eigener Art.

Wenn die Kommunikation in diesem Kapitel mit angesprochen wird, so einfach deshalb, weil sie zumindest in allen *zwischenmenschlichen* Situationen ein grundlegendes Geschehen ist – und »zwischenmenschlich« sind die meisten Situationen des täglichen Lebens sowie der beruflichen Praxisfelder, in denen die Psychologie von besonderer Bedeutung ist (Erziehung, soziale Arbeit, Psychotherapie usw.).

Nun ließe sich beim zwischenmenschlichen Verhalten ebenso von sozialer Interaktion wie von Kommunikation sprechen. Die Begriffe werden zuweilen synonym verstanden und zuweilen explizit unterschieden; nicht selten findet man sie auch als Wortpaar (»Interaktion und Kommunikation«) ohne Erläuterung ihrer Relation. Wenn sie unterschieden werden, so vor allem in zweierlei Weise. Erstens soll »Interaktion« häufig die *Wechselseitigkeit* betonen, während »Kommunikation« prinzipiell auch in einer Richtung verlaufen kann (Einweg-Kommunikation wie bei den Massenmedien). Zweitens ist folgende Differenzierung möglich:
- *Soziale Interaktion:* Verhalten »zueinander«; interpersonale Bezogenheit und Beeinflussung.

- *Kommunikation:* Der Austausch von Bedeutungen (Botschaften, Informationen), die in der Interaktion »drinstecken«.

Bei dieser Unterscheidung ist die Kommunikation ein bestimmter *Aspekt* der sozialen Interaktion. Ob man von Interaktion oder von Kommunikation spricht, hängt davon ab, worüber man Aussagen machen will – über das interpersonale Verhalten oder über die Bedeutungsvermittlung. In diesem Sinne unterscheiden sich faktisch auch die Schwerpunkte von Publikationen über »Interaktion« oder über »Kommunikation«.

Man kann beispielsweise beobachten, dass die Handbewegungen einer Person am Straßenrand mit den Fahrzeugbewegungen in einer Parklücke regelhaft zusammenhängen oder dass ein Ehemann zu reden aufhört, sobald seine Frau die Stirn runzelt. In diesen Fällen bewegt man sich auf der Ebene des sichtbaren Verhaltens zueinander, also der Interaktion. Diese kann man nun weiter unter verschiedenen Aspekten betrachten, z.B. unter kulturellen (halten Menschen in Kultur A mehr körperliche Distanz als in Kultur B?) oder unter moralischen (ist das Verhalten »unanständig«?) – oder eben unter dem Aspekt der Informationsvermittlung, der Kommunikation. Er geht über das sichtbare Verhalten hinaus und richtet sich auf die Prozesse des Mitteilens und Verstehens, impliziert also Vorgänge, die sich in den Köpfen der Beteiligten abspielen. Diese Vorgänge liefern zugleich ein Stück *Erklärung* für die sichtbaren Verhaltenszusammenhänge: Die Handbewegung, das Stirnrunzeln usw. *bedeuten* für die andere Person etwas, und deshalb reagiert sie darauf so und so. Da die Bedeutungsvermittlung den Verhaltenszusammenhang verständlich macht, ist die Beschäftigung mit ihr so überaus nützlich, nicht zuletzt bei Praxisproblemen.

Genau besehen herrscht allerdings keine Einigkeit darüber, ob *jede* Bedeutungsvermittlung als Kommunikation verstanden werden soll oder nur jede *intendierte*. Nur im ersten Fall gilt der Satz: »Man kann nicht *nicht* kommunizieren« (Watzlawick u.a. 1969); dann kommuniziert selbst ein schlafender Mensch (z.B. die Botschaft: »Stör mich nicht«). Nach der engeren Begriffsbestimmung hingegen läge in dem Beispiel keine Kommunikation vor, weil der Schläfer keine Übermittlung intendiert, die »Bedeutung« vielmehr ausschließlich im Kopf des Betrachters existiert.

In der Literatur zur Kommunikation geht es im Wesentlichen um drei Aspekte: die Mittel, die Prozesse und die Inhalte der Kommunikation.

Die *Mittel/Medien*, mit denen man etwas übermittelt, werden gewöhnlich Zeichen oder Signale genannt. Am häufigsten wird dabei zwischen verbaler und nichtverbaler Kommunikation unterschieden. Zur verbalen zählen schriftliche wie mündliche Sprache, zur nichtverbalen primär das Ausdrucksverhalten (Mimik, Gestik usw.), im weiten Sinne auch das sichtbare Handeln (z.B. den Raum verlassen, etwas schenken) (im Überblick Forgas 1995).

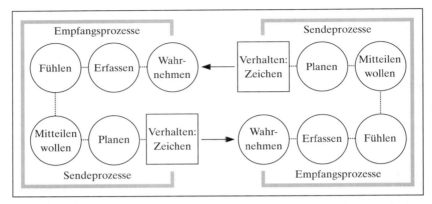

Tafel 17: Kommunikation als Geschehen, an dem (mindestens) zwei Menschen mit allen aktuellen Prozessen beteiligt sind

Was gehört zu den *Prozessen* der Kommunikation? Allgemein gesprochen werden in der Kommunikation innere Vorgänge einer Person A (ihre Gedanken, Gefühle usw.) über äußere Signale wiederum zu inneren Vorgängen einer anderen Person B. Dies erfordert auf der einen Seite die Umsetzung einer gemeinten Nachricht in Zeichen (Enkodierung oder Verschlüsselung), auf der anderen Seite die Umsetzung der Zeichen in eine Nachricht (Dekodierung oder Entschlüsselung). Schon die gröbste Aufgliederung eines Kommunikationsprozesses verlangt daher mindestens drei Stufen:

Gemeintes	*Geäußertes*	*Verstandenes*
In Person A	Verhalten von A	In Person B
(Sender)	Signale/Zeichen	(Empfänger)

Die Person, die das Gemeinte ausdrückt, bezeichnet man häufig als Sender, die andere als Empfänger. Tatsächlich übt aber jede Person beide Funktionen gleichzeitig aus. Während die eine durch Reden etwas sendet, tut es die andere z.B. durch ihren Gesichtsausdruck; »Senden« und »Empfangen« können sich also immer nur auf einen einzelnen Mitteilungsakt beziehen.

Was in einer realen Kommunikation in den Menschen geschieht, ist natürlich mehr als Enkodieren und Dekodieren – sie sind als »ganze Menschen« beteiligt. Stellen wir daher die Kommunikationsprozesse etwas umfassender nach dem Muster unseres allgemeinen Prozessmodells dar, indem wir dieses drehsymmetrisch verdoppeln, so werden die aufnehmenden Prozesse zum Strang des »Empfangens«, die einwirkenden zum Strang des »Sendens« (s. Tafel 17).

Entscheidend für einen vollständigen Kommunikationsvorgang ist nun, wie die Sende- und Empfangsprozesse aufeinander bezogen sind. Eine Kommunikation gilt als »gelungen«, wenn das Verstandene mit dem Gemeinten übereinstimmt. Dies setzt gewöhnlich voraus, dass der Sender das Gemeinte durch Worte oder andere Signale ausdrückt, die in der jeweiligen Kultur, Berufsgruppe usw. »üblich« sind; andernfalls kann der Empfänger sie nicht verstehen, und die Kommunikation ist »gestört«. Es kommt allerdings vor, dass jemand das Gemeinte versteht, obwohl es auf den ersten Blick in ganz »unpassenden« Signalen ausgedrückt wurde. Dies ist möglich, wenn der Betreffende z.b. die andere Person besonders gut »kennt« oder wenn sie eine »Geheimsprache« vereinbart haben.

Nun zu den *Inhalten* der Kommunikation, zur Frage, *was* kommuniziert wird. Sie wird meist unter dem Begriff der »Nachricht« behandelt, womit die Botschaften, die Bedeutungsgehalte gemeint sind, die durch die Signale übermittelt werden. Im konkreten Fall kann dies natürlich unendlich viel sein. Aber man kann dennoch nach einer nützlichen Ordnung suchen und fragen, ob Nachrichten gemeinsame Aspekte aufweisen. Auf Darlegungen von Karl Bühler sowie Watzlawick et al. aufbauend, unterscheidet Schulz von Thun (1981) vier Aspekte einer Nachricht:
- einen Sachaspekt, d.h. eine Information über einen Sachverhalt (einen Hergang, eine Theorie usw.),
- einen Beziehungsaspekt, d.h. eine Haltung gegenüber dem Kommunikationspartner (Überlegenheit, Wertschätzung, Misstrauen usw.),
- einen Selbstkundgabeaspekt, d.h. eine Aussage über die eigenen Gefühle, Gedanken, Wünsche usw.,
- einen Appellaspekt, d.h. eine Aufforderung an den anderen, etwas zu tun oder zu unterlassen.

So kann die Bemerkung eines Schülers zu seinem Lehrer: »Mein Vater hat mich gestern verprügelt«, erstens einen Hergang benennen (Sachaspekt), zweitens Vertrauen zum Lehrer ausdrücken (Beziehungsaspekt), drittens Angst, Traurigkeit und andere Gefühle ausdrücken (Selbstkundgabe) und viertens auch eine Aufforderung zum Helfen, zum verständnisvollen Zuhören usw. sein (Appell).

Hierin liegt nun wieder ein ganzes Spektrum von Fehlerquellen. Denn neben Missverständnissen innerhalb einer Ebene kann es zwischen Sender und Empfänger auch zu einer Verschiebung der vorrangigen Nachrichtenseite kommen, so etwa, wenn eine Kritik »sachlich« gemeint ist, aber vom Empfänger primär als persönliche Abwertung (Beziehungsaspekt) empfunden wird.

3. Psychische Grundprozesse II: Entwicklungsprozesse

Ging es im vorangehenden Abschnitt um Prozesse, die zu einem gegebenen Zeitpunkt ablaufen (horizontale Achse in Tafel 6, S. 38), so sind nunmehr solche Vorgänge zu besprechen, die situationsüberdauernde Veränderungen mit sich bringen (vertikale Achse). Der Blick richtet sich also auf Veränderungen der Personmerkmale, der Dispositionen, welche ja neben der Situation bestimmen, dass die aktuellen Prozesse im konkreten Fall so und nicht anders ablaufen. Solche relativ andauernden Veränderungen der Person bezeichnet man bekanntlich als Entwicklung, und daher nennen wir die Prozesse, um die es hier geht, Entwicklungsprozesse.

Menschen befinden sich ständig in Entwicklung

Genau besehen wird der Begriff der Entwicklung in unterschiedlichen Bedeutungen verwendet. Im engeren Sinne beschränkt er sich auf Veränderungen, die üblicherweise mit dem Lebensalter eintreten; sie sind der typische Gegenstand der »Entwicklungspsychologie«. Daneben gibt es aber auch nichtalterstypische Veränderungen, beispielweise aufgrund bedeutsamer Erlebnisse (»dieses Ereignis hat Karl in seiner Entwicklung vorangebracht«) oder aufgrund von Berufserfahrungen, Therapie, Erziehung, Training und dergleichen. Um sie geht es unter anderem in der Klinischen und Pädagogischen Psychologie. Solche Veränderungen können ganz personspezifisch, ganz »individuell« sein und können mitunter schon in kurzen Zeiträumen eintreten. Wenn eine Unterrichtsstunde den Wissensbestand erweitert, wenn beruflicher Erfolg Schüchternheit verringert, wenn das Erlebnis eines Diebstahls neue Gewohnheiten zur Sicherung von Eigentum veranlasst, dann sind all dies Dispositionsveränderungen. Insofern entwickeln sich Menschen also ständig ein wenig weiter. Zusammengefasst:
- Entwicklung in enger Bedeutung: Veränderungen der Person mit dem Lebensalter.
- Entwicklung in weiter Bedeutung: Jegliche Veränderung personaler Dispositionen, sowohl alterstypisch wie persontypisch, sowohl langfristig wie relativ kurzfristig.

In diesem umfassenden Sinne, also für alle Dispositionsveränderungen, verstehen wir den Entwicklungsbegriff.

Reifen und Lernen

Zwei grundlegende Vorgänge treiben die Entwicklung voran: Reifen und Lernen. *Reifen* ist hier rein biologisch zu verstehen und nicht in einem wertenden Sinne (»Sie ist viel reifer und vernünftiger geworden«). Reifungsprozesse sind genetisch gesteuerte Organveränderungen (z.b. Wachsen von Nervenbahnen) und betreffen sowohl das allgemein-menschliche Genprogramm, das sich im Heranwachsen und Altern zeigt, als auch das individuelle Genprogramm, das zur Herausbildung personspezifischer Merkmale führt. Gewöhnlich wird der Ausdruck »Reifen« zwar eher im Kontext der alterstypischen Entwicklung verwendet und der Ausdruck »Anlage« eher im Kontext individueller Merkmale; dennoch: Beide Begriffe gehören zusammen. Etwas psychologischer formuliert könnte man sagen: Reifen ist die Veränderung personaler Dispositionen aufgrund der Entfaltung eines Genprogramms.

Es ist unumstritten, dass das körperliche Wachstum und die Ausbildung individueller Körpermerkmale (z.b. Körpergröße, Augenfarbe, Haarfarbe) ganz oder weitgehend genetisch bedingt sind. Was jedoch die psychische Entwicklung – das Verhalten und Erleben – anbelangt, so ist es eine ewige Streitfrage, welche Merkmale in welchem Ausmaß reifungs- oder lernabhängig sind. Dabei darf man sich übrigens nicht von Annahmen irreleiten lassen, die zuweilen in Alltagsbegriffen wie selbstverständlich enthalten sind. So sind das Laufen-»Lernen« und andere psychomotorische Entwicklungen der ersten Lebensjahre primär Reifungsergebnisse, während die sog. Schul-»Reife« sich auch als lernabhängig erwiesen hat und eher »Schulfähigkeit« und »Schulbereitschaft« heißen sollte (vgl. etwa Tent 1998).

Prinzipiell wirken Reifung und Lernen zusammen, und selbst dann, wenn das Lernen so gewichtig ist wie etwa bei Sprachfertigkeiten oder Sachkenntnissen kann es doch nur auf einem gewissen Reifungsniveau vonstatten gehen. Die organismischen Voraussetzungen zum Lernen – sowohl die altersgemäße Ausreifung von Nervenbahnen, Sinnesorganen usw. als auch die individuellen Lernpotentiale – müssen also in jedem Fall durch die Entfaltung der Anlagen bereitgestellt werden.

Im Vergleich zum Lernen nimmt das Reifen in der psychologischen Literatur einen relativ kleinen Raum ein, abgesehen vielleicht von entwicklungspsychologischen Kapiteln über die ersten Lebensjahre und die Pubertät. Der Grund ist leicht zu erkennen: Handelt es sich beim Reifen um ein biologisches Geschehen, so ist das Lernen ein idealer Gegenstand experimenteller Forschung und hat überdies eine überragende Bedeutung für Praxisfelder, in denen es um planmäßige Veränderung geht, wie etwa Erziehung, Unterricht, Beratung, Therapie, Werbung usw. Dies bedeutet nicht unbedingt, dass in der Psychologie dem Reifen generell geringe Bedeutung beigemessen wird. Wie gesagt, es ist evident, dass ohne Reifung kein Lernen möglich ist. Doch insge-

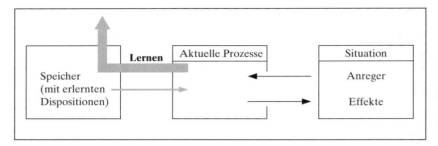

Tafel 18: Aktuelle Prozesse hinterlassen »Spuren« = Lernen. Umgekehrt wirkt früheres Lernen in die aktuellen Prozesse hinein.

samt wird die alterstypische Entwicklung heute viel stärker mit Lernvorgängen erklärt als vor einigen Jahrzehnten, als zumindest in der deutschsprachigen Psychologie reifungsorientierte Phasentheorien recht verbreitet waren.

Lernen umfasst in der Psychologie nicht allein die Aneignung von Kenntnissen und Fertigkeiten, sondern hat eine wesentlich breitere Bedeutung. Definiert wird es etwa als die relativ andauernde Veränderung von Verhalten und Erleben aufgrund von Erfahrungen (zur genaueren Abgrenzung wird häufig hinzugesetzt: also nicht aufgrund von Reifung, Verletzung, Ermüdung usw.). Auf unser Grundmodell bezogen kann man auch definieren: *Lernen ist die Veränderung personaler Dispositionen aufgrund von Erfahrungen.*

Lernen steht damit nicht in linearer Reihe neben den vorher besprochenen aktuellen Grundprozessen, sondern sozusagen quer dazu – als Prozess, der die aktuellen Prozesse verändert. Durch Lernen ist man anders »disponiert« wahrzunehmen, zu denken, zu fühlen, zu streben und sich zu verhalten. Die Veränderungen müssen situationsüberdauernd, eben Ausdruck von Dispositionsveränderungen, sein, damit man von Lernen sprechen kann. Einzig in einer Zeitperspektive – ein Vorgang wirkt in die Zukunft hinein – hat der Lernbegriff seine eigene Bedeutung. Wenn sich etwa lediglich die aktuelle Motivation verändert (z.B. durch eine Neugier weckende Aufgabe), ist dies noch kein Lernen. Wenn sich aber bei einem Menschen ein Motiv verändert, wenn er künftig zu anderen Zielsetzungen neigt, dann hat Lernen stattgefunden.

Das Lernen führt also dazu, dass bestimmte Prozesse künftig anders ablaufen. Umgekehrt ist das Lernen gewissermaßen die »Nachwirkung« der aktuellen Prozesse, die sich in bestimmten Situationen abspielen. Zwar bleiben viele Wahrnehmungen, Gedanken, Verhaltensweisen usw. ein rein momentanes, ein »flüchtiges« Geschehen. Zuweilen hinterlassen sie jedoch »Spuren« und werden als »Erfahrung« gespeichert – in diesem Fall haben sie zugleich einen Lernaspekt (s. Tafel 18).

Lernen ist nur möglich, wenn der Organismus die Fähigkeit zum »Speichern« besitzt. Hier drängt sich sofort der Begriff des *Gedächtnisses* auf. Die Begriffe Lernen und Gedächtnis gehören unmittelbar zusammen. Allerdings hat man bei »Lernen« eher das Aufnehmen im Auge, bei »Gedächtnis« eher das Behalten und Reproduzieren (wobei das Reproduzieren bzw. Erinnern zugleich aktuellen Denkprozessen zuzurechnen ist). Außerdem lässt »Gedächtnis« primär an das Speichern von bewusstem, mitteilbarem Wissen denken. Da aber auch Vorlieben, sportliche Fertigkeiten usw. gelernt werden können, muss es hierfür ebenfalls ein »Gedächtnis« geben, wenngleich es uns keine bewussten Erinnerungen liefert (man spricht auch von »implizitem Gedächtnis«). In jedem Fall ist, allgemein gesprochen, die *Speicherfähigkeit* des Organismus die Grundbedingung des Lernens.

Lernvorgänge verändern zum einen *Inhalte* und *Formen* des Verhaltens und Erlebens, wie etwa Wahrnehmungsgewohnheiten, Sachkenntnisse, Denkstrategien, Motive, motorische Fertigkeiten usw. Gelernt wird zum andern aber auch das *Wo und Wann ihres »Einsatzes«*, also bestimmte Situationsbezüge. Beispielsweise werden nicht nur sprachliche Wendungen gelernt, sondern auch, bei welchen Anlässen, gegenüber welchen Personen usw. sie zu gebrauchen sind (man denke etwa an Formen der Begrüßung). Selbst wenn manche Erscheinungen, z.b. mimischer Ausdruck oder das Schreien kleiner Kinder, gänzlich oder weitgehend durch Reifung möglich werden, kann es doch überwiegend vom Lernen abhängen, mit welcher Häufigkeit und bei welchen Gelegenheiten sie auftreten. Auch dies wird zum Bestandteil der »Dispositionen«.

Typen von Lernprozessen

Dass Lernen stattfindet, kann man nicht direkt beobachten, sondern nur aus geändertem Verhalten und Erleben erschließen. Die Annahmen über die Vorgänge, die den Veränderungen zugrunde liegen, sind Gegenstand zahlreicher Theorien und Untersuchungen. Eine einheitliche Erklärung für alle Lernphänomene – »die« Theorie »des« Lernens – wird heute kaum noch vertreten. Vielmehr geht man von unterschiedlichen Arten des Lernens aus. Die Einteilungen variieren allerdings und ebenso die Namen, unter denen eine Lernart geführt wird (beides ein häufiges Ärgernis für Studierende!).

Die folgende Einteilung in sechs Typen gibt die Lernarten wieder, die in Lehrbüchern besonders häufig erwähnt werden, wenngleich die Autoren mal hier, mal dort gröber oder feiner unterteilen (vgl. etwa Gagné 1980, Edelmann 1996, Gage & Berliner 1996). Die Typen unterscheiden sich darin, unter welchen Bedingungen der Lernvorgang zustande kommt, und darin, für welche Art von Disposition (Sachwissen, soziale Fertigkeiten usw.) sie besonders bedeutsam sind.

(1) Die sog. *klassische Konditionierung* (auch: Signallernen, respondente/reaktive Konditionierung, bedingter Reflex) gilt als die einfachste Lernart; man findet sie schon bei sehr niedrigen Organismen. Entdeckt wurde sie von dem russischen Physiologen Pawlow. Entgegen einem Eindruck, der durch die häufige Erwähnung seiner berühmten Experimente entstehen kann, geht es bei dieser Lernart aber keineswegs nur um Speichelreaktionen bei Hunden und ihre Auslösung durch einen Glockenton! Ihre Bedeutung liegt vielmehr generell im »Anbinden« von unwillkürlichen Reaktionen an bestimmte Reize, insbesondere im Erlernen neuer Auslöser für vegetative und affektive Reaktionen. Für die Menschen besonders wichtig ist vor allem das Lernen von Affektauslösern, also die Ausbildung emotionaler Reaktionen auf bestimmte situative oder auch innere Reize (z.B. Vorstellungen). Ein anschauliches und ebenfalls oft zitiertes Beispiel ist die Geschichte vom kleinen Albert, einem 10 Monate alten Jungen, dem Watson & Rayner (1920) eine Angstreaktion vor einer niedlichen weißen Ratte »ankonditionierten«, mit der das Kind zuvor zu spielen pflegte. Das Prinzip: Das Auftauchen der Ratte wurde mehrfach mit einem erschreckenden Geräusch gekoppelt und wurde so schließlich selbst zum Angstauslöser. Angstreaktionen sind sicher ein auffälliges und praktisch sehr bedeutsames Beispiel; man denke etwa an unfallbedingte Ängste, an Angst vor dem Vater oder anderen Autoritätspersonen, die mit Strafe assoziiert sind. Nach dem Prinzip der klassischen Konditionierung können sich aber auch positive Gefühlsreaktionen an bestimmte Reize binden, etwa an Gegenstände oder Orte, die mit angenehmen Erfahrungen verbunden waren.

Da durch klassische Konditionierung Reaktionen auf bestimmte Reize gelernt werden, hat sie sozusagen ihren Schwerpunkt auf dem »aufnehmenden Strang«, insbesondere auf direkten Verbindungen zwischen Anregern und Emotionen (vgl. Tafel 8, S. 43). Anders ist dies bei der nächsten Lernart.

(2) *Lernen am Effekt* (Lernen am Erfolg und Misserfolg, auch operante oder instrumentelle Konditionierung, Lernen durch Bekräftigung/Verstärkung): Bei dieser Lernart, die vor allem mit den Namen Thorndike und Skinner verbunden ist, liegt die entscheidende Bedingung in den Konsequenzen und »Rückmeldungen«, also in den Effekten, die durch eine Aktivität entstehen. Insofern geht es hier um den »einwirkenden Strang«. Dabei lassen sich fünf Typen von Effekten unterscheiden:
– Ein positives Ereignis tritt ein: Dies ist die »positive Bekräftigung« oder »Belohnung«. Beispiele: Erfolg des eigenen Tuns, Zuwendung durch andere.
– Ein negativer Zustand hört auf oder wird vermieden: Dieser Effekt heißt in der Lernpsychologie »negative Bekräftigung«, wird aber ebenfalls positiv erlebt, nämlich als »Erleichterung«. Beispiele: Abwehr einer Belästigung, Angstreduktion durch Ausweichen.

- Ein negatives Ereignis tritt ein: Dies ist die Bestrafung Typ I, die aversive Bestrafung. Beispiele: Selbstverletzung beim Hantieren, Tadel oder böse Blicke von anderen.
- Etwas Positives wird entzogen: Dies ist die Bestrafung Typ II, nämlich durch Verlust. Beispiele: Geldverlust, Entzug des Führerscheins.
- Das Verhalten bleibt ohne Konsequenzen: Man spricht hier von »Nichtbekräftigung« oder »Löschung«. Beispiel: Imponiergehabe wird nicht beachtet.

Wie die Beispiele zeigen, werden die Effekte in vielen Fällen durch andere Menschen »erteilt«; dies gilt etwa für Belohnungen und Bestrafungen in der Erziehung. In anderen Fällen führt das Individuum selber die Erfolge und Misserfolge herbei, z.B. bei sportlichen oder musikalischen Übungen oder auch bei der Erzeugung innerer Effekte wie Angstreduktion, Nervenkitzel, Selbstlob usw. Welche Effekte in welcher Weise wirken, hängt natürlich von der Motivation des betreffenden Menschen ab. Was für den einen eine positive Bekräftigung ist, kann für den anderen irrelevant sein oder gar als Strafe empfunden werden.

Wilhelm Busch über **Selbstbekräftigung**

Da sprach er mild und guten Mutes: »Ein guter Mensch kriegt auch was Gutes!«
(Maler Klecksel)

Damit ein Verhalten Effekte hervorrufen kann, muss es überhaupt erst einmal auftreten. Gelernt wird daher durch diese Lernart, streng genommen, nicht neuartiges Verhalten, sondern die Neigung, ein Verhalten auszuführen. Dass es überhaupt möglich ist, kann in der natürlichen Ausstattung des Individuums liegen, es kann auf der Nachahmung eines Vorbildes beruhen (Lernen am Modell, s.u.) oder auch auf eigenen Ideen (Problemlösen, S. 75). Erfolge können zustande kommen, indem das Individuum aus seinen Verhaltensmöglichkeiten dieses und jenes blind ausprobiert (»Versuch und Irrtum«) oder indem es planmäßig Erfolg versprechendes Verhalten einsetzt.

Das Lernen am Effekt hat einen außerordentlich breiten Geltungsbereich. Es entwickelt soziale, sprachliche, kognitive und motorische Gewohnheiten und Fertigkeiten sowie entsprechende Handlungstendenzen (Motive). Gelernt werden außerdem Bezüge zu Situationsmerkmalen (sog. Hinweisreizen), bei denen der Einsatz des gelernten Verhaltens sozusagen »passt«.

(3) Das *Lernen am Modell* (Lernen durch Beobachtung, Imitationslernen) hat einen ähnlich breiten Geltungsbereich wie das Lernen am Erfolg. Was

kann nicht alles erlernt werden, indem andere Menschen es vormachen: Redeweisen, Essmanieren, Tanzschritte, das Bedienen einer Maschine, Erziehungspraktiken, Umgang mit Andersdenkenden, Vorliebe für bestimmte Speisen

Klassische Konditionierung (Signallernen): Unwillkürliche Reaktionen, insbesondere affektive und vegetative, werden an einen bislang neutralen Reiz gebunden, weil dieser mit einem natürlichen Auslöser gekoppelt war. Besonders bedeutsam für das Lernen von neuen Affektauslösern (z.B. weißer Kittel als Angstauslöser).

Lernen am Effekt (Lernen am Erfolg/Misserfolg, instrumentelle Konditionierung): Aufgrund der – befriedigenden oder unbefriedigenden – Konsequenzen einer Aktivität treten bestimmte Verhaltensweisen künftig häufiger bzw. seltener auf (zumindest in bestimmten Situationen). Die Lernart hat einen sehr breiten Geltungsbereich; sie ist bedeutsam für die Entwicklung von sozialen, motorischen, mentalen Gewohnheiten und Fertigkeiten sowie von Motiven (Beispiele: Bedienen eines Gerätes, Gehorsam gegenüber den Eltern, Vorliebe für ein Schulfach usw.).

Lernen am Modell (Lernen durch Beobachtung): Erwerb neuer Verhaltensweisen aufgrund eines »Vorbildes«. Die Lernart hat einen ähnlich breiten Geltungsbereich wie das Lernen am Effekt (z.B. Lernen sozialer Umgangsformen). Über das Lernen am Modell lernt das Individuum aber wirklich etwas »Neues«, erweitert es sein »Repertoire«, während es aufgrund der Effekte lernt, Verhaltensweisen einzusetzen oder zu unterlassen.

Kognitiv-assoziatives Lernen: Mechanische Verknüpfung von Bewusstseinsinhalten, sei es beiläufig oder zielgerichtet (»auswendig lernen«). Ist bedeutsam für Bezeichnungen, einfachstes Faktenwissen, feste Wortketten (»Ludwig van ...«) u.a.m.

Kognitiv-sinnhaltiges Lernen: Lernen von Bedeutungen, Einsichten, Sinnzusammenhängen, die aus mehr oder minder vielfältigen und geordneten Verknüpfungen bestehen. Der Lerntyp ist in sich vielschichtig und differenzierbar und hat einen sehr breiten Geltungsbereich. Er betrifft den Erwerb von Wissen im Sinne von Begriffen und Begriffsverbindungen (Regeln) bis hin zu komplexem Tatsachenwissen, Theorien, Weltbildern usw., aber auch im Sinne von Handlungswissen (kognitive Fertigkeiten, Strategien usw.). Beispiele: Aus Texten Lehrsätze lernen, Erwerb von Schreibstrategien.

Problemlösen ist zugleich produktives Denken und entdeckendes Lernen: Die Person erzeugt selber sinnhaltiges Wissen, d.h. sie entdeckt eine neue Regel oder schafft andere Verknüpfungen, die bislang nicht zu ihrem Wissensbestand gehörten. Problemlösen kann praktisch in jedem Kontext stattfinden: Handwerken, Lesen, Schreiben, Wissenschaft, Kunst, menschliche Konflikte usw.

Tafel 19: Häufig genannte Lerntypen und ihre Funktionen im Überblick. Beim Lernen im Alltag sind oft mehrere Typen miteinander verbunden.

usw. usw. Das Lernen am Modell ist dabei häufig außerordentlich ökonomisch: Mit einem Schlage können relativ komplexe Verhaltensmuster erworben werden, wenngleich anfangs oft noch unvollkommen. Verglichen mit dem Lernen am Effekt, das immer auf bereits vorhandene Ansätze angewiesen ist und diese dann stabilisiert, fördert und verfeinert, kann man beim Lernen am Modell wirklich im strengen Sinne vom *Erwerb* neuer Verhaltensweisen, von einer Erweiterung der eigenen Verhaltensmöglichkeiten, sprechen (vgl. Bandura 1976). Es ist allerdings möglich, dass durch Modelle neues Verhalten gelernt, aber nicht wirklich imitiert wird. Viele Menschen kennen z.B. Tötungsmethoden, die ihnen im Fernsehkrimi vorgeführt wurden, ohne (zum Glück) davon jemals Gebrauch zu machen. Das eigentliche Lernen betrifft also nur die Aneignung, die Speicherung im Gedächtnis, nicht die sichtbare Ausführung. Diese hängt, wie jedes Verhalten, von vielen personalen und situativen Faktoren ab. Neben den erwarteten Konsequenzen können dazu wiederum Modelle gehören: Man tut das, was andere auch tun (z.B. sich an einer Warteschlange anstellen). Hier ist das Modell aber nur situativer Anreger für ein Verhalten, das man bereits gelernt hat, und insofern handelt es sich dann nicht um »Lernen« am Modell.

(4) *Kognitiv-assoziatives Lernen* bezieht sich auf die *mechanische* Verknüpfung von Bewusstseinsinhalten gedanklicher oder sprachlicher Art. Bekannte Beispiele sind das Erlernen von Namen (z.B. für Gegenstände, Tiere, Pflanzen), von festen Sprachmustern und anderen Wortketten oder von einfachem Faktenwissen (Berghöhen, Jahreszahlen usw.). Die Assoziation ist hergestellt, wenn das eine Glied der Verbindung das andere automatisch hervorruft, wenn etwa einem Menschen beim Sehen einer Pflanze der zugehörige Name einfällt.

Die genannten Beispiele werden nicht durchgängig unter demselben eingebürgerten Namen zusammengefasst. Doch wenn etwa von »mechanischem« Lernen (Ausubel u.a. 1980), von »Verknüpfungslernen« (Gage & Berliner 1996) oder vom Lernen sprachlicher Ketten (Gagné 1980) die Rede ist, so geht es praktisch um recht verwandte Sachverhalte, nämlich um die Herstellung einfacher Assoziationen im Bewusstsein. Stets spricht man auch von »auswendig lernen«, sofern man sich solche Verbindungen gezielt einprägt. Von Bedeutung ist solches Lernen dort, wo die Verbindung von mehreren Elementen willkürlicher – man kann auch sagen: zufälliger – Natur ist, also nicht durch Logik und Einsicht ableitbar (warum heißt ein Stuhl »Stuhl«?). Zuweilen erscheinen (!) dem Lernenden die Verbindungen allerdings nur willkürlich, so dass er mechanisch auswendig lernt, wo er Sinnzusammenhänge erwerben sollte. Eben hierin liegt auch der Unterschied zur folgenden Lernart.

(5) *Das kognitiv-sinnhaltige Lernen* bezieht sich auf Verbindungen, die nicht willkürlicher, zufälliger Art sind, sondern inhaltlich »verstanden« werden und somit den Charakter von Bedeutungen bzw. Sinnzusammenhängen haben. Das Lernergebnis nennt man gewöhnlich auch nicht Assoziation, sondern »kogniti-

ve Struktur«. Dabei sind Begriffe und Regeln besonders typische Formen, weshalb das sinnhaltige Lernen auch unter *Begriffs- und Regellernen* oder ähnlichen Bezeichnungen zu finden ist (vgl. Gagné 1980, Edelmann 1996). Begriffe (nicht bloße Wörter!) sind gedankliche Einheiten bzw. Bedeutungskomplexe, die eine Vielfalt von Erscheinungen ordnen und zusammenfassen. Unter Regeln kann man mit Gagné eine Verbindung mehrerer Begriffe zu einer sinnvollen Aussage verstehen. Mehrere Regeln bilden wiederum einen komplexeren Sinnzusammenhang. Zu denken ist also nicht nur an einzelne sinnhaltige Aussagen, sondern auch an komplexes Tatsachenwissen (z.B. Funktionsweise eines Motors) oder an abstrakte Theorien aus einem Gefüge von Lehrsätzen. Der größte Teil dessen, was man gewöhnlich unter »Wissen« versteht, ist sicher eher sinnhaltig als mechanisch.

Für den Erwerb von sinnhaltigem Wissen gelten zwei Vorgänge als besonders bedeutsam: die Elaboration und die Organisation. Elaboration meint die Verknüpfung mit dem eigenen Vorwissen und die dabei vollzogene subjektive Ausgestaltung des aufgenommenen Inhaltes. Organisation meint die innere Ordnung der hergestellten Verbindungen, meint die erkannten Beziehungen zwischen den Wissenselementen, wie etwa begriffliche Gemeinsamkeiten, Über- und Unterordnungen oder Ursache-Wirkungs-Verhältnisse (ausführlich Ausubel u.a. 1980; vgl. auch Kap. 2 und 9 über die Aneignung psychologischen Wissens). Der Grad der Sinnhaltigkeit des Wissens steigt mit der Zahl der Verknüpfungen wie auch mit ihrem Ordnungsgrad. Ein Experte wird zu einem Fachterminus nicht nur viele Einfälle haben, sondern diese auch mehr oder minder gut systematisieren können.

Solche kognitiven Strukturen beziehen sich nicht nur auf das Sachwissen, das im schulischen und akademischen Lernen vorherrscht, sondern beispielsweise auch auf Ideologien, Wertordnungen usw., an denen sich persönliche Stellungnahmen und Handlungen orientieren. Auch haben Begriffe oftmals nicht nur einen sachlichen Sinngehalt (sog. denotative Bedeutung), sondern zugleich einen emotional-wertenden Gehalt (sog. konnotative Bedeutung), der ihnen durch kulturelle, politische oder individuelle Lernprozesse verliehen wurde (vgl. Edelmann 1996). An Begriffen wie »Spinne«, »autoritär«, »pazifistisch« usw. oder sozialen Vorurteilen (Begriff »des« Deutschen, »des« Juden usw.) ist dies leicht nachzuvollziehen. Sinnhaltiges kognitives Lernen ist also nicht nur für intellektuelle Leistungen von Bedeutung, sondern ebenso für zwischenmenschliches, politisches und sonstiges Verhalten.

Des Weiteren bezieht es sich nicht nur auf Kenntnisse über Sachverhalte, sondern häufig auch auf Wissen über Vorgehensweisen. So kann man z.B. »mit Einsicht« Regeln bzw. Strategien für das Lösen von mathematischen Aufgaben, für das Schreiben von Texten oder das Führen eines Beratungsgespräches erlernen. Dieses Handlungswissen liefert dann eine Grundlage für »kognitive Fertigkeiten«, also für die Befähigung zur Umsetzung in sichtbares Tun.

(6) Das *Problemlösen* (verwandte Begriffe: produktives Denken, entdeckendes Lernen) gilt als die höchste Stufe des kognitiven Lernens und des Lernens überhaupt. Hier erzeugt ein Mensch selber aufgrund eigenen Erkennens subjektiv neues Wissen. Nötig ist dies immer dann, wenn man eine Aufgabe mit dem abrufbaren Wissen nicht lösen kann, wenn in diesem Sinne ein »Problem« vorliegt (vgl. Dörner 1987). Eine »blinde« Lösung durch Versuch und Irrtum (»Wenn man an dem Kabel wackelt, geht der Apparat wieder«) zählt allerdings nicht zu dieser Lernart (sondern nur zum Lernen am Erfolg); die Person muss vielmehr »Einsicht« in einen Zusammenhang gewinnen, damit von Problemlösen gesprochen werden kann.

Die gedankliche Herstellung des neuen Zusammenhangs wird häufig als »Umstrukturierung« bezeichnet, da sich das Zueinander der Situationselemente verändert. So wird z.b. ein bislang unbeachteter Gegenstand plötzlich zu einem Werkzeug für einen bestimmten Zweck; oder zwei Erscheinungen, die bisher nur »nebeneinander« gesehen wurden, werden in ein Verhältnis von Ursache und Wirkung gebracht. Sinnhaltiges Vorwissen spielt für Problemlösungen eine wichtige Rolle. Eine neuartige Lösung zu finden, wird weiterhin erleichtert, wenn man auf bestimmte Regeln des Vorgehens, auf sog. Problemlösestrategien zurückgreifen kann (vgl. auch S. 50f. zu produktivem Denken).

Wie die vorangehende Lernart ist auch das Problemlösen nicht nur für akademische, technische und ähnliche Sachprobleme von Bedeutung, sondern ebenso für soziales Verhalten (z.b. für Konfliktlösungen im Alltag) oder auch für die Veränderung des eigenen Verhaltens (vgl. etwa Preiser 1989). Probleme unterscheiden sich aber nicht nur inhaltlich, sondern auch darin, wie komplex sie sind (wenige Komponenten vs. unübersichtliches Netz) und wie »offen« sie sind, das heißt, ob sie eine bestimmte richtige Lösung oder eine individuelle Gestaltung verlangen (s. auch S. 49f. zur Unterscheidung von konvergentem und divergentem Denken).

Ob man die Lernprozesse in die vorgestellten sechs Typen oder etwas anders gliedert, gemeint sind in jedem Fall verschiedene Vorgänge und nicht etwa verschiedene Lern-»Methoden«. Sie sind generell bedeutsam für die Veränderung psychischer Dispositionen, für »normale« Entwicklungen ebenso wie für »Fehlentwicklungen«, für Lernen »durch das Leben« ebenso wie für Lernen durch Erziehung, Unterricht oder Therapie. Viele Produkte des Lernens beruhen dabei auf dem Zusammenwirken mehrerer Lerntypen (hierzu lebensnahe Beispiele bei Steiner 1996).

Insbesondere die letzten drei Lernarten legen nahe, das Verhältnis zu anderen Begriffen klarzustellen: zu Gedächtnis, Wissenserwerb und Denken.

So ist in vielen Lehrbüchern das assoziative und sinnhaltige kognitive Lernen unter der Überschrift *Gedächtnis* zu finden. Dabei geht es dann ganz überwiegend um das Langzeitgedächtnis. Dieses wird unterschieden vom Kurzzeitgedächtnis, mit dem man z.b. die Wörter eines längeren Satzes gleichzeitig im Bewusstsein halten und so zu einer Aussage verknüpfen kann. Dieses Sekundengedächtnis ist eher ein Aspekt des aktuellen Denkens als des überdauernden Lernens.

Weiterhin findet man einen ähnlichen Themenkreis unter der Überschrift *Wissenserwerb*. Beim Wissen geht es um die Inhalte des Gedächtnisses. Dabei wird häufig deklaratives und prozedurales Wissen unterschieden. Deklaratives Wissen ist Wissen über Sachverhalte (»wissen, dass ...«), sei es sinnarm-assoziativ (erworben nach Lernart 4), sei es sinnhaltig und komplex (nachvollziehend erworben nach Lernart 5 oder durch eigenes Entdecken nach Lernart 6). Prozedurales Wissen ist Wissen über Vorgehensweisen (»wissen, wie ...«) und bezieht sich auf Fertigkeiten, Strategien usw. Es meint aber nicht nur mitteilbares Handlungswissen, sondern zum Teil einfach ein »Können«, manchmal ein »in Fleisch und Blut übergegangenes« Können. Erworben wird es über verschiedene Lernarten, vor allem über das Lernen am Modell, Lernen am Erfolg, sinnhaltiges Regellernen und Problemlösen.

Auch den Querbezug zu *Denken* möchten wir vorsichtshalber noch mal ansprechen. Denn Stichworte wie »Begriff« und »Problemlösen« (s. Lernarten 5 und 6) sind in der Literatur sowohl unter der Rubrik (kognitives) »Lernen« als auch unter »Denken« zu finden. Beides ist gut begründbar. Meint man den *aktuellen* Vorgang, bei dem kognitive Strukturen wie Begriffe oder Lösungsprinzipien aktiviert werden, so handelt es sich um »Denken«. Meint man hingegen die *Veränderung* solcher Strukturen, etwa als Folge einer Belehrung oder einer selbstständig gewonnenen Einsicht, so wäre dies »Lernen«. Allerdings gibt es auch Lernen ohne Denken; insbesondere die klassische Konditionierung und das Lernen am Erfolg/Misserfolg, zum Gutteil wohl auch das Lernen am Modell, können sich ganz oder weitgehend »unbewusst« abspielen.

Lernübertragung

Lernen, so sagten wir, hat einen Zukunftsaspekt. Es sorgt dafür, dass Menschen für die Auseinandersetzung mit den Anforderungen einer Situation anders »disponiert« sind als ohne den jeweiligen Lernvorgang. Diese Funktion wäre allerdings schlecht erfüllt, wenn das Gelernte nur in solchen Situationen wirksam würde, die der ursprünglichen Lernsituation aufs Haar gleichen. Stellen Sie sich vor, ein Kind, das den Buchstaben »M« in schwarzer Schrift kennengelernt hat, würde ihn in roter Schrift nicht mehr wieder erkennen, oder wir müssten, wenn wir auf einem Pkw vom Typ A das Autofahren gelernt haben, bei einem Wagen vom Typ B von Grund auf alles noch mal lernen. Zum Glück übt früher Gelerntes auch in mehr oder weniger veränderten Situationen seinen Einfluss aus. Diese Erscheinung wird gewöhnlich als Lernübertragung oder Transfer bezeichnet. Sie ist keine eigene Lernart, sondern ein allgemeines Phänomen von Lernen schlechthin, egal um welche Lernart es geht.

So kann denn auch alles, was gelernt wurde, in gewissem Maße übertragen werden: nicht nur Wissen und Fertigkeiten, auch soziale Einstellungen, moralische Prinzipien, Weltbilder, Ideologien, Selbsteinschätzungen (»von Technik verstehe ich nichts«) oder emotionale Dispositionen (z.B. Ängstlichkeit gegenüber dem Vater überträgt sich auf andere Autoritätspersonen).

Wie diese Beispiele schon nahe legen, ist die Lernübertragung nicht in jedem Fall segensreich, sie kann auch flexibler Anpassung und schnellem Umlernen im Wege stehen. Je nachdem, ob sich das früher Gelernte bei neuen Anforderungen förderlich oder hinderlich auswirkt, spricht man von einem *positiven* oder einem *negativen* Transfer. Ein deutscher Schüler wird beim Lernen des englischen Wortes »book« vermutlich von der Kenntnis des deutschen Wortes »Buch« profitieren (positiver Transfer), während ihn die Bedeutung der deutschen Worte »wer« und »wo« beim Lernen der Bedeutung von »who« und »where« zu behindern pflegt (negativer Transfer). Oder: Wenn einer Person beim Problemlösen eine eingeübte Methode zum richtigen Einfall verhilft, ist dies ein positiver Transfer, behindert sie hingegen beim notwendigen Umdenken, ist es ein negativer. Und so sehr das erwähnte Fahrtraining auf Wagentyp A auch für andere Typen von Nutzen ist – gewisse Anteile von negativem Transfer können ebenfalls einfließen, wie jeder weiß, der bei einem neuen Wagen einen bestimmten Schalter aus alter Gewohnheit an der falschen Stelle sucht.

Mit welcher Reichweite wird transferiert? Dies kann sehr unterschiedlich sein. Der Transfer kann ganz *spezifisch* sein, wie etwa bei dem Beispiel »Buch – book« oder den Fertigkeiten der Autobedienung. Er kann aber auch ziemlich *unspezifisch* – genauer: inhaltsunspezifisch – sein, wenn man etwa Lern- und Denkstrategien auf unterschiedlichste Sachgebiete oder bestimmte Befürchtungen auf unterschiedlichste soziale Situationen überträgt. Dazwischen liegen Übertragungen mittlerer Spezifizität, wie z.B. bei mathematischen Regeln mit einer breiten Gültigkeit innerhalb des Inhaltsbereichs Mathematik.

Eine gewisse Lernübertragung ist, wie oben erwähnt, mit jedem Lernen zu erwarten – allerdings nicht immer genau mit der Reichweite, die sachgerecht und wünschenswert wäre. So sind z.B. manche Vorgehensweisen zur Analyse von Problemen, sachlich gesehen, auf viele Bereiche übertrag*bar*, doch stellt sich die *tatsächliche* Befähigung zu solch unspezifischem Transfer nicht von selbst ein. Es reicht nicht einmal, dass man die Prinzipien als allgemein gültig »verstanden« hat – das Transferieren selbst muss geübt werden, und zwar an verschiedenartigen Beispielen (vgl. Gage & Berliner 1996). Auf der anderen Seite gibt es auch Übertragungen, die zu weit gehen, die auf eine unangemessene Verallgemeinerung hinauslaufen. Vorurteile sind so ein Fall (s. auch die anderen erwähnten Beispiele für negativen Transfer). Hier ist dann nötig, differenzieren zu lernen. Dieser Vorgang wird auch »Diskriminationslernen« genannt und bildet den gegenläufigen Prozess zur Lernübertragung.

Wir behandeln hier, was nahe liegt, die Lernübertragung im Anschluss an die Lernprozesse. Da wir uns damit noch unter dem Obertitel »Entwicklungsprozesse« bewegen, müssen wir hinzufügen, dass die Lernübertragung genauso mit den aktuellen Prozessen zu tun hat. Dies ergibt sich schon aus vielen der vorher erwähnten Beispiele. Der Begriff der Lernübertragung wird in *beiden* Bedeutungen gebraucht: als Beeinflussung weiteren Lernens und als Beeinflussung aktueller Prozesse. Zunächst einmal wirkt sich das früher Gelernte im aktuellen Geschehen aus: im Wahrnehmen, Denken, Fühlen, Streben und Verhalten. Dann aber wirkt es auch in den Lernprozess hinein, der sich aus dem aktuellen Geschehen ergibt. Beides ist gewöhnlich miteinander verquickt. Dennoch ist die Unterscheidung nicht unwichtig, weil das Schwergewicht mal hier, mal dort liegen kann.

So liegt manchmal das eigentlich Interessante in der aktuellen Übertragung auf neue Situationen. In diesem Sinne spricht man meist von *Generalisierung* (vornehmlich beim Konditionierungslernen) oder von *Anwendung* (vornehmlich beim kognitiven Lernen). Eine gezielte Förderung solcher Transferleistungen zielt etwa darauf ab, dass die Lernenden bestimmte Regeln (z.b. der Prozentrechnung) auf ein möglichst breites Spektrum von Aufgaben übertragen.

In anderen Fällen liegt der Schwerpunkt auf der Erleichterung oder Erschwerung neuen Lernens. In dieser Bedeutung ist der Transfer als ein Aspekt von Entwicklungsprozessen anzusehen. Im Grunde kann man sich die gesamte psychische Entwicklung – von der Reifung abgesehen – als eine endlose Kumulation von Lernprozessen vorstellen! Jedes Lernen *baut auf früherem Lernen auf*. Bestimmte Lernprozesse sind überhaupt nur möglich, wenn andere bereits stattgefunden haben. Will man Transferleistungen dieser Art gezielt fördern, ist das Lernen möglichst so zu organisieren, dass es von einfacheren zu immer komplexeren Kenntnissen fortschreitet (viele Bücher, so auch dieses, sind so aufgebaut). Dieses Aufeinanderaufbauen vom Einfachen zum Komplexen wird manchmal auch als vertikaler Transfer bezeichnet und dem lateralen (seitlichen) Transfer gegenübergestellt, der die breite Anwendung auf einem bestimmten Kenntnisniveau meint (vgl. Gagné 1980).

4. Verhalten und innere Prozesse variieren mit Person und Situation

Vorangehend haben wir beschrieben, um welche Arten von Prozessen es beim psychischen Geschehen überhaupt geht. Die konkreten Erscheinungsformen der Prozesse – *wie* bestimmte Menschen sich verhalten, *was* sie denken, *wozu* sie motiviert sind, an *welchen* Erfolgen sie lernen usw. – sind selbstverständlich unendlich vielfältig. Wie früher skizziert (S. 38f.), sind sie unterschiedlich je nach der Person und der Situation.

Aspekte der »Person«

Der Begriff »Person« hat, genau genommen, verschiedene Bedeutungen. Im Alltag ist damit einfach ein »Mensch« gemeint (»der Aufzug fasst 15 Personen«). Als psychologischer Sachverhalt meint »Person« noch etwas Spezifischeres, nämlich die psychischen Merkmale, das *Gefüge der psychischen Dispositionen* dieses Menschen. Wenn man sagt, dass eine Person »sich verhält« und sich »in« ihr Prozesse abspielen, versteht man Person im Sinne von »Mensch«. Sagt man jedoch, es liege an der Person (statt an der Situation), dass dieser Mensch in dieser Weise denkt, fühlt, handelt usw., so sind damit seine psychischen Dispositionen gemeint. Typische Dispositionsbegriffe sind unter anderem: Eigenschaft, Einstellung, Motiv, Fähigkeit, Fertigkeit, Gewohnheit (»Karl interessiert sich für Malerei«, »Eva ist redegewandt«).

»Disposition« bedeutet, für bestimmte Prozesse »disponiert« zu sein. Dispositionen sind etwas, was ein Mensch in die Situation »mitbringt«, was also schon existiert, bevor die fraglichen Prozesse ablaufen. Aufgrund der Dispositionen treten bestimmte Prozesse bei diesem Menschen relativ schnell und häufig auf, »neigt« er also zu bestimmten Verhaltensweisen, Gefühlen, Denkweisen usw. Zur Vorstellung von Dispositionen als Personmerkmalen gehört mithin, dass sie sich wiederkehrend äußern, dass sie über die Zeit einigermaßen stabil sind.

Des Weiteren versteht man unter Personmerkmal gewöhnlich etwas, was einen Menschen von anderen *unterscheidet*. Die Aussage »Otto ist ehrgeizig« wäre ohne Sinn, wenn alle Menschen ehrgeizig wären. Zu dem, was ein Mensch in eine Situation »mitbringt«, gehören nun aber, streng genommen, auch *allgemein-menschliche* Dispositionen wie etwa Reflexe oder biologische Bedürfnisse. Sie sind zwar zeitstabil, aber eben nicht »individuell«. Diese gemeinsame Ausstattung für psychisches Geschehen kann man in weitem Sinne noch zur »Person« rechnen.

Wenn wir davon einmal absehen und den Person-Begriff somit auf das *individuelle* Dispositionsgefüge beschränken, das gerade für die Unterschiedlichkeit von Verhalten und Erleben in derselben Situation sorgt, dann kann man statt Person auch *Persönlichkeit* sagen. Die Begriffe werden in der Psychologie meist gleichbedeutend verwendet. »Persönlichkeit« ist dabei allerdings ohne die positive Wertung zu verstehen, die in der Alltagsbedeutung mitschwingt (»Herbert ist wirklich eine Persönlichkeit«).

Nach alledem kann man »Person« oder »Persönlichkeit« etwa definieren als »ein bei jedem Menschen einzigartiges, relativ stabiles und den Zeitablauf überdauerndes Verhaltenskorrelat« (Herrmann 1991, S. 29). Diese Definition ist theorieneutral und ist es wohl auch dann noch, wenn wir das, was da mit dem Verhalten korreliert, als »Dispositionsgefüge« bezeichnen. Wie man sich Dispositionen vorzustellen hat, darüber gehen die Ansichten dann allerdings recht weit auseinander.

Für die Alltagspsychologie scheint es da wenig Probleme zu geben: Man beschreibt die Menschen in ähnlicher Weise wie ihre äußere Erscheinung, nämlich mit Eigenschaftswörtern. Ein Mensch ist beispielsweise »ängstlich«, »ehrgeizig«, »intelligent« usw., so wie sein Haar »blond« ist. – Gehen wir einmal von dieser Art der Beschreibung aus, um einige wichtige Fragen zum Problemkreis personaler Dispositionen anzusprechen:

1. Sind Dispositionen etwas Reales oder Gedachtes? Wenn man sich psychische Eigenschaften so vorstellt wie eine Haarfarbe, dann sind sie Merkmale, die dem Menschen tatsächlich »eigen« sind, die er »hat«. Man kann sogar erwägen, ob es für bestimmte Eigenschaften jeweils besondere organische Grundlagen gibt, etwa Merkmale des Gehirns. Prinzipiell ist dies denkbar, zum Teil auch wahrscheinlich (man denke an besondere Begabungen oder Leistungsschwächen). Im ganzen überwiegt aber heute eine andere Auffassung in der Psychologie: Eigenschaften bzw. Dispositionen generell sind letztlich etwas, was man anderen Menschen (und sich selbst) *zuschreibt*. Wenngleich Menschen sich real unterscheiden, lassen sich ihre psychischen Merkmale doch nur schwer »fest«stellen. Man kann lediglich versuchen, aus dem endlosen Strom des Verhaltens und Erlebens typische Muster zu identifizieren. Die so »entdeckten« Personmerkmale (ist »gewissenhaft«, ist »kreativ«) sind nach dieser Auffassung prinzipiell Konstruktionen im Kopf eines Urteilers (»Konstrukte«), auch wenn er mit anderen übereinstimmt, und auch wenn er psychologisch sachkundig ist. Der Sachkundige allerdings wird sich des Konstruktcharakters eher bewusst sein als Laien, und für ihn lautet die entscheidende Frage: *Wie sinnvoll* ist es, Menschen mit Hilfe dieser oder jener Disposition zu beschreiben? Diese Frage stellt sich auch und besonders bei der Zuschreibung allgemeiner »Eigenschaften«. Es geht dabei vor allem um folgenden Punkt:

2. Wie allgemein oder wie spezifisch soll man Dispositionen fassen? Nehmen wir einmal an, alle Arbeitskollegen seien sich einig, der Franz sei »selbstbewusst« – wäre eine solche Charakterisierung nicht in jedem Fall zu pauschal? Ist er das wirklich überall, gegenüber Vorgesetzten genauso wie gegenüber Untergebenen, im dienstlichen Bereich genauso wie im privaten, bei Erfolgen genauso wie bei Misserfolgen? »Eigenschaft«, »Charakterzug«, »Wesenszug« und ähnliche Begriffe werden ja gewöhnlich so verstanden, dass sie nicht nur »zeitstabil« sind, sondern auch ziemlich »situationsstabil«, dass sie sich also in vielfältigen Situationen zeigen. Eben diese Konstanz im menschlichen Verhalten könnte man aber bezweifeln; zu offenkundig ist doch vielfach die Unterschiedlichkeit je nach Situation.

Die Konsequenz aus diesen Einwänden wäre, die Dispositionen viel *spezifischer* zu fassen: »Wenn X anderer Meinung ist, widerspricht er allen Arbeitskollegen außer dem Z, jedenfalls wenn es um Themen geht wie ...« (statt »ist selbstbewusst«). Oder: »Er brüllt häufig seine Frau an, wenn er sich durchsetzen will, neigt aber nicht zu Racheakten« (statt »ist aggressiv«). Solche Dispositionsbeschreibungen, die man etwa als »Verhaltensgewohnheiten« bezeichnen könnte, enthalten auch Angaben zur Situation (bei welchen Anlässen, gegenüber welchen Menschen usw.), und das macht sie spezifischer. Das Bild wird damit differenzierter und wohl auch realistischer. Aber – das ist der Nachteil – solche Beschreibungen sind sehr aufwendig, und daraus erwächst die Vorliebe für allgemeine »Eigenschaften«.

Nun wäre diese Vorliebe auch sachlich zu rechtfertigen, könnte man nachweisen, dass mehrere spezifische Dispositionen untereinander zusammenhängen. Die Frage ist also, was man zu *einer* Disposition zusammenfassen und von anderen Konstrukten abgrenzen kann.

So ist es z.B. eine alte Frage, ob es sinnvoller ist, »Intelligenz« als eine allgemeine Befähigung zu verstehen oder besser verschiedene Formen von Intelligenz zu unterscheiden. Beispiele für differenzierende Konzepte aus jüngerer

---

Beispiel: »Intelligenzen« statt Intelligenz

Linguistische Intelligenz: Gespür für die Bedeutung von Wörtern, für Wortfolgen, für Laute und Rhythmen, für die Wirkungen von Sprache.

Musikalische Intelligenz: Fähigkeit zur Wahrnehmung und Erzeugung von Melodien, Rhythmen und Klängen.

Mathematisch-logische Intelligenz: Fähigkeit zum Erfassen numerischer Muster, zum Umgang mit Beweisketten u.a.

Räumliche Intelligenz: Fähigkeit, die visuell-räumliche Welt zu erfassen und sie sich bildhaft vorzustellen (bedeutsam z.B. für Architekten, Bildhauer, Maler u.a.).

Körperlich-kinästhetische Intelligenz: Fähigkeit zur Kontrolle von Bewegungen und zur Handhabung von Objekten (bedeutsam z.B. für Pantomimen, Schauspieler, Tänzer u.a.).

Intrapersonale Intelligenz: Wissen über sich selbst, Befähigung, eigene Gefühle zu erkennen und sie angemessen in Verhalten umzusetzen.

Interpersonale Intelligenz: Befähigung, bei anderen Menschen Stimmungen, Motive usw. wahrzunehmen und damit umzugehen (bedeutsam z.B. für Therapeuten, Verkäufer u.a.).

Tafel 20: Fähigkeiten als Personmerkmale: Die sieben Intelligenzen nach Howard Gardner (1991). Wer in dem einen Intelligenztyp sehr befähigt ist, muss es nicht auch in den anderen Typen sein.

Zeit stammen von Sternberg (1998), der analytische, kreative und praktische Intelligenz unterscheidet, sowie von Gardner (1991), der den herkömmlichen Intelligenzbegriff weit überschreitet und durch sieben Intelligenzen ersetzt (s. Tafel 20). (Erinnerung: Auch die Typen von Denkoperationen nach Guilford sind Aspekte eines komplexen Intelligenzmodells; s. S. 49).

Ähnliche Fragen stellen sich bei sozialen und emotionalen Dispositionen wie Ängstlichkeit oder Aggressivität. Zu untersuchen wäre beispielsweise, ob jemand, der in Leistungssituationen ängstlich ist, auch in privaten Kontakten, auch beim Arzt, auch beim Autofahren usw. ängstlich ist. Je breiter das Spektrum, um so eher könnte man von einer Eigenschaft »Ängstlichkeit« sprechen; sonst müsste man verschiedene »Ängstlichkeiten« unterscheiden (vgl. Krohne 1996). Ebenso wären auch, wenn die Befunde dies nahe legen, mehrere »Aggressivitäten« zu unterscheiden, etwa eine emotional-reaktive, die mit »Empfindlichkeit« und »Ärgerneigung« zu tun hat, und eine intrumentell-proaktive, die auf Gewinn und Macht gerichtet ist (im Überblick Nolting 1997).

Nun hängen aber, wie die empirische Persönlichkeitsforschung zeigt, manche Erscheinungen eng zusammen, manche gar nicht und viele *in gewissem Grade*. Und dies kann auch noch von Mensch zu Mensch verschieden sein: Was sich bei A zu einer durchgehenden Neigung zusammenschließt, zerfällt bei B möglicherweise in verschiedene »kleine« Dispositionen: »Vielleicht ist es am sinnvollsten anzunehmen, dass die meisten Menschen manchmal in ihrem Verhalten konsistent sind, in der übrigen Zeit aber variabel (...). Man kann z.B. von jedermann erwarten, dass er Konsistenz in Bereichen zeigt, die wichtig und bedeutungsvoll für ihn sind. Die Konsistenzbereiche unterscheiden sich also von Individuum zu Individuum. Für manche mag es z.B. wichtig sein, sich immer ehrlich zu verhalten, während andere Wert darauf legen, immer überlegen zu sein.« (Pervin 1981, S. 23)

Da es also offenbar nicht möglich ist herauszufinden, welche Dispositionen »es gibt«, und hierüber eine endgültige Liste anzufertigen, erscheint es sinnvoll, Personmerkmale nicht nur auf einer, sondern auf mehreren Abstraktionsebenen zu bilden: Eine sehr globale Disposition kann dann aus mehreren Sub-

---

Beispiel: »Selbstsicherheit« als Disposition

»Mit dem Begriff der Selbstsicherheit ist die Fähigkeit eines Individuums gemeint, in Relation zu seiner Umgebung eigene Ansprüche zu stellen und sie auch zu verwirklichen. Dazu gehört also, sich zu erlauben, eigene Ansprüche zu haben (Einstellung zu sich selbst), sich zu trauen, sie zu äußern (soziale Angst, Hemmung), und die Fähigkeit zu besitzen, sie auch durchzusetzen (soziale Fertigkeiten).«

Tafel 21: Selbstsicherheit, definiert als Disposition mit Subdispositionen (aus Ullrich de Muynck & Ullrich 1973, S. 254)

dispositionen bestehen, diese wiederum aus noch spezifischeren usw. So wird in der Psychologie *sowohl mit allgemeinen als auch mit spezifischen Dispositionen* gearbeitet: Mit so breiten Eigenschaften wie »Extraversion«, »Ängstlichkeit« oder »Intelligenz«, mit relativ spezifischen Motiven, Einstellungen und Fähigkeiten, wie etwa »Misserfolgsängstlichkeit« oder »räumliches Vorstellungsvermögen«, und zuweilen auch mit ganz konkreten Verhaltensgewohnheiten (»blickt zur Seite, wenn man ihn anspricht«).

Mit welcher Ebene man »arbeitet«, ist nach der »Nützlichkeit« für eine wissenschaftliche oder praktische Frage zu entscheiden. Von der wissenschaftlichen Nützlichkeit war schon die Rede: Wenn die inneren Zusammenhänge es erlauben, kann man größere Dispositionen bilden, wenn nicht, ist es nützlicher, begrenztere Dispositionen anzunehmen. Was die praktische Nützlichkeit anbelangt, so mag es etwa bei Bewerbern für eine leitende Funktion sinnvoll sein, sie »rundum« zu beurteilen und dabei mit globalen Merkmalen wie »Intelligenz«, »Selbstsicherheit«, »Kooperationsbereitschaft« u.a.m. (wie immer sie definiert sein mögen) zu arbeiten. Bei der Erklärung schlechter Deutschnoten eines Schülers hingegen müsste man sich viel spezifischer mit mündlichen und schriftlichen Sprachfertigkeiten, mit Kenntnissen, Lerngewohnheiten, Vorlieben und Abneigungen beschäftigen. Überhaupt muss man meist umso spezifischer werden, je mehr es die Absicht ist, Ansatzpunkte für Veränderungen, also für Training, für pädagogische Maßnahmen usw. zu finden.

3. Wie kann man Dispositionen inhaltlich einteilen? Hier gibt es eine Vielzahl von Möglichkeiten (s. auch Tafel 31, S. 109). Nützlich erscheint uns unter anderem eine Grobgliederung, die sich an die alte Unterscheidung von psychischen »Kräften« und psychischen »Funktionen« anlehnt (vgl. Rohracher 1971, Thomae 1965). Psychische Kräfte beziehen sich auf das »Warum« und zum Teil auf das »Wie« des Verhaltens und Erlebens, psychische Funktionen beziehen sich auf das »Womit« (drei Aspekte von Cattell, zit. nach Fisseni 1998; Näheres in Kapitel 4, S. 109f.).

Typische Dispositionsbegriffe mit dynamischem Charakter (»Kräfte«) sind unter anderem: *Motiv*, Einstellung etc. (»Warum«-Dispositionen) sowie *Temperament*, Grundstimmung etc. (»Wie«-Dispositionen). Typische Begriffe für Dispositionen mit Funktions-Charakter (»Womit«-Dispositionen) sind unter anderem: *Kompetenz*, Fähigkeit, Fertigkeit, Wissen, Gewohnheit, Verhaltensrepertoire etc.

Besonders die Gegenüberstellung von »Motiven etc.« und »Kompetenzen etc.« spiegelt sich oft im Erleben von Menschen wider, etwa als »Wollen« und »Können«, und ist insofern auch in Grenzen erfragbar. Die Aspekte eignen sich überdies als »Suchbereiche« bei der Erklärung von Verhaltensproblemen sowie als Ansatzpunkte für Veränderungen.

Aspekte der »Situation«

Auf den ersten Blick ist die »Situation« bei weitem nicht so häufig Gegenstand psychologischer Forschung wie die Personmerkmale – es gibt eine Persönlichkeitspsychologie, aber keine »Situationspsychologie«. Bei genauerem Hinsehen spielt jedoch die Situation nicht nur in theoretischen Richtungen wie dem Behaviorismus eine zentrale Rolle, sondern auch in verschiedenen Gebieten der Psychologie, vor allem in der Sozialpsychologie und der Umweltpsychologie, die sich mit dem Einfluss befassen, den andere Menschen bzw. die materielle Umwelt auf Verhalten und Erleben ausüben.

An dieser Stelle mag die Frage aufkommen, ob unter »Situation« und »Umwelt« eigentlich dasselbe zu verstehen ist. Ja, insofern als beide Begriffe sich auf die externen Bedingungen beziehen. Aber: Mit Situation ist gewöhnlich die »momentane«, die »aktuelle« Umwelt gemeint, während der Begriff Umwelt auch in überdauerndem Sinne – als Lebensbedingungen – verwendet wird (»das Kind wuchs in einer ärmlichen Umwelt auf«).

Wie kann man nun die Situation näher beschreiben? Hier gibt es verschiedene Möglichkeiten. Man könnte die Situationsfaktoren zunächst einmal *inhaltlich* einteilen, etwa in
- soziale Bedingungen: die Gegenwart anderer Personen und deren Verhalten (in der Regel der wichtigste Faktorenkomplex),
- informationelle Bedingungen: Vorträge, Texte, Prüfungsaufgaben, Medien usw.,
- materielle Gegenstände: Mobiliar, technische Apparate usw.,
- chemisch-physikalische Bedingungen: Luft, Licht, Temperatur, Lärm usw.,
- räumliche Bedingungen: Zimmergröße, Architektur, Wege, Plätze usw.

Ökologisch könnte man nach Umweltbereichen aufgliedern: Wohnung, Arbeitsplatz, Erholungsgebiet usw. Es ist offenkundig, dass das konkrete Verhalten stark davon abhängt, wo man sich gerade aufhält.

Die Umweltbereiche könnte man zusätzlich nach dem Grad ihrer Nähe, Unmittelbarkeit oder Privatheit unterscheiden, etwa von der Familie bis zur politischen Weltlage.

Von großem psychologischen Interesse ist die Unterscheidung in *vorangehende* und *nachfolgende* Situationsbedingungen. Bezogen auf die aktuellen Prozesse ist die vorangehende Situation ein »Anreger«, die nachfolgende ein Effekt, eine Konsequenz (s. Tafel 22). Beim Anreger kann man nach behavioristischer Tradition zwei Funktionen unterscheiden: Einzelne Situationselemente (Reize) können zum einen die Funktion eines Auslösereizes haben, zum anderen die eines Hinweisreizes (diskriminativen Reizes). Ein Auslöser ruft unwillkürlich bestimmte Reaktionen hervor (z.B. Emotionen), während ein Hinweisreiz eine Orientierungsfunktion für das Verhalten leistet.

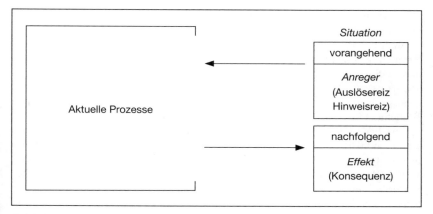

Tafel 22: Vorangehende und nachfolgende Situation

Dasselbe Situationselement kann beide Funktionen zugleich ausüben. Beispiel: Der auftauchende Chef ist ein Auslöser für Schreckreaktionen (unwillkürlich) und zugleich ein Hinweisreiz für eifriges Arbeiten (nicht unwillkürlich, es wäre auch anderes Verhalten denkbar). Als nachfolgende Bedingungen, als Effekte des Verhaltens, üben Reize ggf. die Funktion einer »positiven Bekräftigung« oder einer »Bestrafung« aus – in unserem Beispiel etwa: Der Chef lobt die Arbeit. (Außer den situativen gibt es allerdings auch »innere« Bekräftigungen, z.B. Selbstlob oder Angstreduktion.) Der Aspekt der nachfolgenden Konsequenzen hat große Bedeutung für die Motivation und für Lernprozesse (vgl. S. 70).

Alle genannten Einteilungen von Situationsfaktoren sind natürlich nicht als Alternativen zu verstehen; vielmehr ist es meist sinnvoll, die »Situation« nach mehreren Gesichtspunkten zugleich zu beschreiben. Im strengsten Sinne »situativ« sind dabei nur solche Bedingungen, die im Moment des Verhaltens zur unmittelbaren aktuellen Umgebung gehören. In weniger strengem Sinne ist aber auch an entferntere externe Faktoren zu denken. So kann z.B. ein Prüfling in der Klausur durch private Probleme beeinträchtigt sein. Hier wirkt dann eine »Hintergrundsituation« auf jene Prozesse ein, die sich in der aktuellen Handlungssituation abspielen. »Aktuell« sind Situationsbedingungen auch dann, wenn sie zwar schon seit langem bestehen, aber immer noch fortdauern oder wiederkehren (z.B. Lärm).

Etwas anderes sind hingegen *vergangene* Situationen, die nicht mehr andauern. Sie gelten nicht mehr als *Situations*bedingungen, denn sie sind bereits »Geschichte« – was allerdings heißen kann: Teil der Entwicklungsgeschichte eines Menschen. Sofern nämlich die vergangenen Situationen über Lernvorgänge »Spuren« in der Person hinterlassen haben, wirken sie sozusagen in den *personalen* Dispositionen fort.

Auch bei Beschränkung auf das »Aktuelle« sind die *objektiv vorhandenen* Bedingungen nicht identisch sind mit den *psychisch wirksamen*. Manche Situationsbedingungen bleiben vielleicht für das Verhalten einiger Menschen gänzlich irrelevant. Wenn z.B. mehrere Prüflinge in einem Raum eine schriftliche Klausur bearbeiten, so mag Zigarettenrauch oder Verkehrslärm für einige Teilnehmer störend, für andere hingegen belanglos sein.

Dies bedeutet nun auch, dass man das Verhalten eines Menschen besser erklären und vorhersagen kann, wenn man nicht die objektive, sondern die subjektiv erlebte, die *»psychologische«* Situation zugrunde legt (sofern man sie kennt). So ist es beispielsweise möglich, dass für zwei Personen »die objektiv ›gleiche‹ Situation, nämlich eine bestimmte Aufgabe zu lösen, ... in zwei verschiedene Klassen von Situationen fällt; für die eine Person ist es eine Situation, um die Aufgabe zu meistern und die eigene Tüchtigkeit zu bewähren, für die andere mag die Aufgabensituation lediglich eine Gelegenheit sein, soziale Anerkennung zu gewinnen, neben anderen Gelegenheiten, wie etwa in Gesellschaft das Wort zu führen« (Heckhausen 1980, S. 15). Umgekehrt können äußerlich sehr verschiedene Situationen für eine Person darin ähnlich sein, dass sie in ihnen ähnliche Ziele verfolgt. Ebenso kann die Einschätzung eigener Kompetenzen zur Bewältigung einer Situation ein Kriterium sein, nach welchem ein Mensch Situationen als ähnlich oder verschieden klassifiziert (Situationen, die ich »bewältigen kann«, und solche, die ich »nicht bewältigen kann«; vgl. Hoefert 1982).

Wie immer man die »psychologische Situation« charakterisieren mag – sie ist natürlich nicht mehr rein »situativ«, denn in ihr »stecken« personale Merkmale bereits mit »drin«. Sie sind es, die mitbestimmen, wie die Situation »wahrgenommen«, »eingeschätzt«, »empfunden« wird. Mit anderen Worten: Die psychologische, die subjektive, die erlebte Situation gehört zu den Inhalten der aktuellen Prozesse!

Gegenstand der psychologischen Forschung ist sowohl die subjektive Situation (z.B. Lantermann 1980) als auch der Einfluss objektiver Faktoren (z.B. Ross & Nisbett 1991). Bei der Analyse konkreter *Praxisfälle* ist es – zumindest zunächst – zweckmäßig, von den objektiven Gegebenheiten auszugehen, da nur sie für einen Außenstehenden erkennbar sind. Es ist z.B. leicht zu beobachten, gegenüber welchen Personen oder in Gegenwart welcher Personen jemand schimpft, prahlt, schweigt oder sonst etwas tut. Es ist meist auch erkennbar, in welcher Weise (zuwendend, abweisend usw.) die anderen Personen darauf reagieren. Es ist aber ein weiterer Schritt herauszufinden, wie die Person diese Situationsbedingungen erlebt. Sofern sie dies nicht mitteilt, kann man es allenfalls zu erschließen versuchen. Aus diesem Grunde sind in diesem Buch mit »Situation« die externen, zunächst unabhängig von der Person ermittelbaren Bedingungen gemeint.

Person und Situation: Ihr Gewicht, ihre Interaktion

Grundsätzlich ist davon auszugehen, dass am aktuellen Verhalten, Denken, Fühlen, Wollen usw. sowohl die Person als auch die Situation einen Anteil haben. Es gibt allerdings Beispiele mit einem Übergewicht der einen oder der anderen Seite. *Personale* Faktoren überwiegen z.b. ganz eindeutig bei krankhaften Erscheinungen wie endogenen Depressionen oder Wahnvorstellungen. Wenngleich situative Bedingungen (etwa die Anwesenheit anderer) ihren Einfluss auf das Verhalten der betroffenen Menschen nicht völlig verlieren, so ist es doch geradezu ein Kennzeichen des »Krankhaften«, dass diese Menschen nicht mehr flexibel auf wechselnde Situationen reagieren können. Man darf dies allerdings nicht dahin umkehren, dass starke Personabhängigkeit immer pathologisch sei. Sie kann auch so etwas wie Autonomie bedeuten (!), zuweilen mit sehr positiven Zügen. Manche Menschen haben z.b. gerade dadurch für die Gesellschaft Wertvolles geleistet, dass sie von eigenen Normen und Einstellungen auch in »kritischen« Situationen nicht abwichen, wo ihre »flexiblen« Mitmenschen dies taten. (Möglicherweise wird ihnen die Eigenständigkeit aber von Gegnern durchaus als Zeichen für »Verrücktheit« ausgelegt!). Auch weniger auffällige Verhaltensweisen, wie z.b. Ernährungs- oder Rauchgewohnheiten, sind meist primär personabhängig.

Demgegenüber werden andere Verhaltensweisen gewöhnlich stark von der *Situation* bestimmt. Man denke etwa an Feierlichkeiten und andere ritualisierte Veranstaltungen, an eingespielte Rollen- und Aufgabenverteilungen (z.b. Arzt–Patient, Arbeitsteilung im Büro) oder das Verhalten im Straßenverkehr.

So leicht wie in diesen Beispielen ist der Situationseinfluss jedoch nicht immer erkennbar, und zuweilen wird er erst durch präzise Forschungen zutage gefördert. Ein Aufsehen erregendes Beispiel lieferten die berühmten Experimente von Stanley Milgram (1974). Er zeigte, dass selbst extreme, folterähnliche Gewalthandlungen keineswegs Ausdruck individueller Personmerkmale wie »Sadismus« sein müssen (den man z.b. recht pauschal bei SS-Leuten vermutete). Entgegen allen Voraussagen von Laien und Psychologen konnte Milgram die große Mehrheit seiner »ganz normalen« Versuchspersonen zu solchen Handlungen bewegen – durch die Einbindung in eine Autoritätssituation. Der Situationsdruck provozierte ein »Gehorsamsverhalten«, das erstaunlich wenig von den Persönlichkeitsmerkmalen der Versuchspersonen abhing.

Ein starkes Gewicht der Situation ist sicher besonders typisch für Verhalten im Kollektiv, insbesondere in durchorganisierten »Apparaten«. Der Einzelne ist hier Befehlsstrukturen, aufgeteilten Verantwortlichkeiten, Belohnungen und Bestrafungen, Gruppennormen und anderen situativen Einflüssen ausgesetzt. Daher ist auch die Beteiligung an kollektiver Gewalt (Kriege, Folterap-

»Bin ich ich oder bin ich die Situation?«

»Ich bin genau die gleiche Person wie zuvor, aber meine Lebens-Situation ist eine andere, und ich verhalte mich so anders, als ob ich eine andere Person wäre«. »Was bedeutet das alles?«, so fragte ich mich oft erstaunt, als ob ich mir selbst fremd geworden wäre. Ich bin derselbe Mann, ich rauche dieselben idiotischen Zigaretten, trage ziemlich die gleiche Kleidung, höre dieselbe Musik und schaue mir dieselben Filme an. Es bedeutet, so fürchte ich, dass die Situation entscheidender ist als die Persönlichkeit; zumindest ist es in meinem Falle so oder scheint so zu sein. Die Situation, in der Du bist, bestimmt, wer Du bist ... Und trotzdem muss ich ehrlich sagen, dass ich in meinem Inneren genau derselbe Mensch bin, der immer so vernünftig, souverän, lächelnd, hilfsbereit mit diesen vielen Egos umgegangen ist, die sich über ihr unausgefülltes Leben geärgert haben und so viel weniger glücklich waren als ich selbst.
S. Krim, New York Times, 18.11.1974

Der Autor des einleitenden Zitates arbeitete von 1961 bis 1965 als Lektor. Er beschreibt sich während dieser Zeit als kühl, rational, ruhig und nachsichtig im Umgang mit seinen Autoren. Er sagt, er habe seine eigenen Bedürfnisse nach Anerkennung zurückgestellt, weil sie für ihn unwichtig gewesen seien. Als er aber selbst Autor wurde, kam »ein anderes Ich, das ein eigenes Leben lebte« ans Tageslicht. Wenn es um die Anerkennung seiner eigenen Texte ging, wurde Krim aggressiv und ängstlich, trat arrogant und fordernd auf und konnte kaum noch wie früher einen objektiven oder sachlichen Standpunkt einnehmen [...].

Zwei Schlüsse drängen sich auf, wenn man sein eigenes Verhalten beobachtet und analysiert. Erstens: Unser Verhalten variiert mit der Situation, in der wir uns befinden. Wir verhalten uns im Beruf anders als auf einer Party. Es ist sogar ein Unterschied, ob wir die Party mit Fremden oder mit Freunden feiern, ob sie formell oder informell ist, ob nur Angehörige des gleichen Geschlechts dabei sind oder ob wir in gemischter Gesellschaft sind Zweitens: Wir verhalten uns in solchen Situationen unterschiedlich und betrachten uns doch zugleich als ein und dieselbe Person. Man erlebt beides: Veränderung und Stabilität, unterschiedliches Verhalten und dieselbe Person zu sein. Wäre mein Verhalten über alle Situationen hinweg immer gleich, so wäre es perfekt vorhersagbar; aber ich und die anderen würden sich wundern, warum ich so rigide wäre und mich in manchen Situationen so unangebracht verhalten würde. Und umgekehrt: Ohne erkennbare Konsistenz oder ohne Linie in meinem Verhalten würde ich oft wie ein Chamäleon erscheinen und hätte mit Gefühlen der Entpersonalisierung zu schaffen. Bei zu viel Flexibilität wüsste man nicht mehr, wer man ist oder ob man überhaupt eine Person ist. Die meisten Menschen stellen sich von Zeit zu Zeit solche Fragen, vorwiegend in der Pubertät, wenn es darum geht, eine Identität zu entwickeln, oder dann, wenn sie etwas tun, das »gar nicht zu einem passt«, und dann versuchen, ein solches Verhalten wieder mit dem in Einklang zu bringen, was sie von sich wissen und glauben.

Tafel 23: Zur Rolle der Person und der Situation (aus: Pervin 1981, S. 12f.)

parate usw.) psychologisch keineswegs gleichzusetzen mit individuellen Gewalthandlungen (vgl. Nolting 1997).

Allerdings: Auch noch so uniformes Verhalten setzt selbstverständlich bestimmte personale Dispositionen voraus, nur dass diese dann allgemein verbreitet sein müssen. »Situationsabhängig« oder »starkes Gewicht der Situation« heißt also nie: Es geht ohne Dispositionen. Es heißt vielmehr: Unterschiede im Verhalten erklären sich aus Unterschieden der Situation; oder kürzer: Das Verhalten variiert mit der Situation. Und »starke Personabhängigkeit« heißt dementsprechend: Das Verhalten variiert mit der Person. Doch immer sind Menschen auch »situiert«.

Wie die Beispiele zeigen, gibt es typische Fälle von stark personbestimmtem wie von stark situationsbestimmtem Verhalten. Welche Verhaltensweisen was sind, kann aber auch von Mensch zu Menschen verschieden sein: Jeder hat so seine eigenen »Konstanzen« und »Variabilitäten« (vgl. S. 81).

Davon abgesehen, legen manche Theoretiker generell das Schwergewicht auf die Person (»das Innere«), andere auf die Situation (»das Äußere«) – eine Kontroverse, die grundsätzliche theoretische Positionen, ja Menschenbilder, berührt und sich durch die Geschichte der Psychologie hindurchzieht. Doch wohl niemand würde prinzipiell eine Interaktion personaler *und* situativer Faktoren bestreiten.

Was aber ist mit »Interaktion« gemeint? Der Begriff ist ebenso mehrdeutig wie seine Übersetzung mit »Wechselwirkung«. Folgende Bedeutungen kommen häufig vor:

1. Personale und situative Bedingungen *wirken zusammen*. Damit ist gemeint, dass sich beide ergänzen und zusammentreffen müssen, damit ein bestimmter Prozess zustande kommt. Ihr Ergänzungsverhältnis könnte man etwa mit den Begriffen »Aktivierbarkeit« und »Anregung« bezeichnen. Wahrnehmungsfähigkeit und Sinnesreiz ergeben »Wahrnehmung«, Ängstlichkeit und Bedrohung ergeben »Angst« usw. Eine »Interaktion« in diesem Sinne ist recht trivial.

2. Die zweite Bedeutung ist schon etwas komplizierter: *Wirkungsabhängigkeit* – das heißt, welches Ergebnis ein Faktor hervorbringt, hängt von weiteren Faktoren ab. So wie ein Medikament je nach den organischen Voraussetzungen der Patienten unterschiedliche Wirkungen haben kann, so kann etwa ein Lehrverfahren (= situativer Faktor) je nach den personalen Dispositionen des jeweiligen Schülers (Vorkenntnisse, Interessen, Ängstlichkeit usw.) günstig oder ungünstig sein. Hinter solchen Wechselwirkungen dürfte verschiedenartiges »Zusammenwirken« stecken. Dieselbe situative Bedingung (z.B. die Aufgabe, etwas selbstständig zu lösen) kann für den einen eine Bedrohung sein, also mit dem Ängstlichkeitsmotiv »zusammenwirken«, und für den anderen eine positive Herausforderung sein, also seine Erfolgszuversichtlichkeit ansprechen.

3. In der dritten Bedeutung ist Interaktion eine *wechselseitige Beeinflussung/Veränderung*. Sie wird als »dynamische« Interaktion, zuweilen auch als

Tafel 24: Interaktion als wechselseitige Beeinflussung. Die unmittelbare, aktuelle Interaktion erstreckt sich zwischen mittlerem und rechtem Kasten (Verhalten und Situation). Mit dem linken Kasten (Dispositionen) kommt auch die »Person« im situationsüberdauernden Sinne ins Spiel.

»Transaktion« bezeichnet und ist heute in der Regel gemeint, wenn von »Person-Situation-Interaktion« oder »Person-Umwelt-Interaktion« die Rede ist. Wegen der Mehrdeutigkeit des Wortes »Person« muss man allerdings genau hinsehen, worauf es sich bezieht: Auf den aktuell »interagierenden« Menschen oder auf sein Dispositionsgefüge. Im aktuellen Sinne bedeutet die dynamische Person-Situation-Interaktion: Menschen verändern durch ihr Verhalten direkt die Situation, indem sie bestimmte Situationen aufsuchen oder Situationen gestalten (jemanden ansprechen, Arbeit verrichten usw.); und umgekehrt beeinflusst die Situation die aktuellen Prozesse in diesem Menschen (mittlerer und rechter Kasten von Tafel 24). Meint man mit »Person« hingegen das Dispositionsgefüge (linker Kasten), dann erweitert sich die Interaktion noch: Indirekt wirken die Dispositionen auf die Situation ein, denn Menschen wählen eben solche Situationen, die zu den eigenen Interessen, Fähigkeiten usw. »passen«, und sie gestalten sie entsprechend. Umgekehrt kann die Situation auch die Dispositionen verändern – das Individuum »lernt«. Dieser Aspekt, dass nämlich Menschen als »veränderte Person« aus der Situation herauskommen, geht über die Interaktion als »aktuelles« Geschehen hinaus und berührt bereits die Person-Entwicklung.

Zu beachten ist, dass dynamische Interaktionen häufig die Gestalt sich selbst erhaltender *Kreisprozesse* annehmen. Beispielsweise mag ein Mensch durch seine triste Lebenssituation zu überhöhtem Alkoholkonsum veranlasst werden. Aber umgekehrt beeinträchtigt er durch das Trinken seine berufliche und familiäre Lebenslage, die wieder auf ihn zurückwirkt und so fort. Aus diesem Grunde wäre es auch eine unzulässige Vereinfachung, würde man die Lebenssituation zur »Ursache« und den Alkoholismus zum »Symptom« erklären. Beides stimmt nur teilweise, denn jede Bedingung ist Ursache und Folge zugleich, und jede ist somit auch ein potentieller Ansatzpunkt, um den Kreisprozess zu durchbrechen. Ein anderes Beispiel: Bei einem Menschen mit guten musikalischen Dispositionen mag ein musikalisches Milieu ein Interesse stimulieren.

Aber das Interesse führt auch dazu, dass der Mensch sich in »musikalische Situationen« begibt oder sie selber herstellt (als Training usw.). Kreisprozesse dieser Art sind im psychischen Bereich eher die Regel als die Ausnahme!

4. Oftmals steht der Begriff der Interaktion als Kurzform für *soziale* Interaktion, für die wechselseitige Beeinflussung von Menschen. Im Grunde ist dies ein Spezialfall der Person-Situation-Interaktion, wobei hier das Verhalten anderer Menschen die »Situation« bildet. Bei der sozialen Interaktion hat man primär nur die aktuelle Verhalten-Verhalten-Wechselwirkung im Auge, während die personalen Dispositionen im Hintergrund bleiben (vgl. auch S. 62 ff. über Kommunikation).

5. Personen variieren gemäß ihren Entwicklungsbedingungen

Von der »Person« als dem individuellen Dispositionsgefüge war zuvor die Rede. Nun ist noch zu erklären, warum sich Menschen in ihren Dispositionen unterscheiden, warum in diesem Sinne »Personen variieren«. Der Blick richtet sich also auf die Entstehung und Veränderung des Dispositionsgefüges, mithin auf die Person-Entwicklung (vertikale Achse in Tafel 6, S. 38). Von den Prozessen, die dabei eine Rolle spielen, war bereits die Rede: Reifen und Lernen. Diese Entwicklungsprozesse können aber, wie die aktuellen Prozesse, in ihren konkreten Erscheinungsformen von Mensch zu Mensch recht unterschiedlich aussehen. Und um die Faktoren, die für diese Unterschiedlichkeit verantwortlich sind, soll es im Folgenden vorrangig gehen. Zuvor jedoch einige Bemerkungen, um die Begriffe »Person« und »Entwicklung« zusammenzuführen.

Personmerkmale als Entwicklungsstand

Wenn das Dispositionsgefüge eines Menschen sich im Laufe der Zeit verändert, so kann man es zu einem gegebenen Zeitpunkt als den momentanen Entwicklungsstand betrachten. Genau besehen, ist dieser »Stand« nichts »Stehendes«, denn Menschen sind ständig in Entwicklung. Sie verläuft aber gewöhnlich so allmählich, dass man für einen gewissen Zeitraum von einem »Stand« spricht.

Dieser Entwicklungsstand hat einen alterstypischen und einen individuellen Anteil. *Alterstypisch* ist er insoweit, als die Person Merkmale aufweist, die man einfach aufgrund ihres Alters erwarten würde. Dabei ist es übrigens nicht immer leicht zu bestimmen, ob bestimmte Merkmale für alle Menschen alterstypisch sind oder nur innerhalb der Kultur oder Gesellschaft, die man überblickt. Doch auch dort lassen sich für die meisten Merkmale allenfalls grobe Angaben darüber machen, was alterstypisch ist. Man kann zwar ermitteln, was in der jeweiligen Altersstufe durchschnittlich zu finden ist, aber Durchschnittswerte sind Rechengrößen, sie sind für die realen Menschen nicht unbedingt typisch. »Die« Achtjährigen, »die« Vierzehnjährigen oder »die« Fünfzigjährigen variieren untereinander beträchtlich, z.B. in ihren Denkleistungen oder in ihrem sozialen Verhalten. Abweichungen vom Durchschnitt sind insofern »normal«.

Auf die einzelnen Menschen bezogen ist also eher typisch, dass sie sich auf jeder Altersstufe durch ein persönliches Profil des Verhaltens und Erlebens von anderen unterscheiden. In eben dieser Variation wird der *individuelle* Anteil am jeweiligen Entwicklungsstand sichtbar. Er kann sich auch darin äußern, dass altersabhängige Phänomene wie der Beginn des Laufens oder des Sprechens bei einigen früher, bei anderen später auftreten.

Da man sich Personmerkmale relativ zeitstabil vorstellt, liegt die Frage nahe, wieweit sich dies mit »ständiger Entwicklung« verträgt. Es erscheint sinnvoll, die Persönlichkeitsentwicklung als »Konstanz im Wandel« zu verstehen: Gewisse Dispositionen (z.B. allgemeine Intelligenz, Extraversion, Musikalität) bleiben zwar »im Prinzip« erhalten, doch ihre spezifischen Ausdrucksformen verändern sich im Lebenslauf. Allerdings ist es schwer, den latenten stabilen Dispositionskern genau abzugrenzen. Und es ist auch nicht möglich, in Prozenten anzugeben, wie viel in einem bestimmten Zeitraum gleich geblieben und wie viel verändert ist. Denn dazu müsste man wissen, was jeweils »das Gleiche« ist. Doch was heißt z.B. Intelligenz bei einem dreijährigen Kind, bei einem zehnjährigen und bei einem Erwachsenen?

Wenn man aber, wie zumeist, Personmerkmale als etwas versteht, was einen Menschen von anderen *unterscheidet*, werden Aussagen über die Stabilität eher möglich. Jedes Merkmal wird dann in einer Weise definiert und gemessen, die der jeweiligen Altersstufe angemessen erscheint, und die Frage lautet: Wieweit verändert sich die Position, die ein Mensch bezüglich dieses Merkmals innerhalb seiner Altersgruppe einnimmt (dies ist unter anderem die Aussage des sog. Intelligenzquotienten). Wenn z.B. ein Kind mit drei Jahren so intelligent ist wie nur fünf Prozent seiner Altersgruppe, nimmt es dann mit acht Jahren auch noch einen solchen Rangplatz ein oder einen niedrigeren oder noch höheren? Die Stabilität bezieht sich also auf den Vergleich mit anderen (»Positionsstabilität«, vgl. Montada 1998a). Solche Persönlichkeitsunterschiede könnten selbst dann stabil bleiben, wenn alle Menschen sich mit dem Alter stark verändern.

Ist dies tatsächlich zu finden? Sind in diesem differentiellen Sinne schon im Kindesalter Personmerkmale festgelegt? Oder können sie sich in allen Altersstufen noch erheblich verändern? Eine allgemeine Antwort ist kaum möglich, liegt aber sicher zwischen diesen beiden Extremen. Zwar mögen sich manche Dispositionen wie etwa Musikalität vielleicht schon sehr früh zeigen und ein Leben lang charakteristisch bleiben. Aber das lässt sich nicht verallgemeinern. Eine Auswertung von zahlreichen Längsschnittuntersuchungen legt eher nahe, dass die allgemeine Intelligenz ab ca. 8 Jahren ziemlich stabil ist, die meisten sozial-emotionalen Personmerkmale hingegen erst ab ca. 20 Jahren halbwegs stabil sind (vgl. Asendorpf 1988). Auch dies sind aber nur grobe Orientierungen aufgrund statistischer Wahrscheinlichkeiten. Sie lassen keine Aussagen für jedes Merkmal und jeden einzelnen Menschen zu. Da sich auf jeder Altersstufe Menschen in gewissem Maße verändern können – nicht nur alterstypisch, sondern auch individuell –, ist es wohl sinnvoll, Personmerkmale immer nur als den »derzeitigen Entwicklungsstand« anzusehen.

Was die Entwicklung steuert: Anlage – Umwelt – Person selbst

Welche Bedingungen sorgen nun dafür, dass sich Menschen nicht nur überhaupt, sondern auch unterschiedlich und einzigartig entwickeln?

Hier stößt man sofort auf die klassische Frage nach dem Einfluss von Anlage und Umwelt. Dabei bezieht sich der Begriff der Anlage nur auf Erbanlagen (Gene) und sollte nicht mit »angeboren« gleichgesetzt werden. Denn »angeboren« und »vererbt« ist nicht dasselbe. Angeborene Merkmale können auch aus Umwelteinflüssen vor und während der Geburt stammen, z.b. aus Schädigungen durch Medikamente, Sauerstoffmangel usw.

Zu den *Erbanlagen* gehören (a) die allgemeine genetische Ausstattung und (b) die individuelle genetische Ausstattung. Die *allgemeine* ist artspezifisch und erklärt das allen Menschen Gemeinsame. Diese Gene steuern die Reifungsprozesse für die alterstypische Entwicklung und die Ausbildung von eigenständigen biologischen Zyklen (z.b. Schlaf-Wach-Rhythmus). Nur indirekt – d.h. in Zusammenhang mit anderen Bedingungen – können die artspezifischen Anlagen auch individuelle Personmerkmale hervorrufen. Herrmann (1991) erwähnt als Beispiel das Bedürfnis des Kleinkindes, sich an seine Mutter anzuklammern, das allgemein-genetisch determiniert sei und in jenen Fällen eine indirekte Bedingung für Entwicklungsschäden (sog. Hospitalismus) bilde, wo die natürlicherweise »vorgesehene« Antwort der Mutter ausbleibe. Bestimmte Umweltbedingungen rufen hier also eine abweichende Person-Entwicklung hervor, weil das allgemeine Genprogramm andere Umweltbedingungen verlangt. Demgegenüber sorgt die *individuelle* genetische Ausstattung sozusagen »direkt« für die Unterschiedlichkeit der Menschen.

Dafür sorgen natürlich genauso die *Umwelteinflüsse*. In ihrer Gesamtheit sind sie niemals auch nur für zwei Menschen völlig gleich. Einige Umweltaspekte sind universell; z.b. wachsen alle Menschen unter Mitmenschen und fast immer unter sprechenden Mitmenschen auf. Andere Umweltaspekte sind kulturspezifisch und gelten für viele Menschen. Wieder andere sind familienspezifisch und werden nur von Geschwistern geteilt. Und manche Aspekte der Umwelt sind so personspezifisch, dass sich selbst eineiige Zwillinge, die in derselben Familie aufwachsen, darin unterscheiden: Innerhalb der Familie gilt dies für die Behandlung durch Eltern und Geschwister, darüber hinaus für persönliche Erlebnisse mit anderen Menschen, den eigenen Freundeskreis, Krankheiten, Unfälle usw. Gerade diese ganz individuellen Erfahrungen scheinen für soziale und emotionale Personmerkmale beträchtliches Gewicht zu haben (vgl. Asendorpf 1988). Sie erklären auch, neben genetischen Unterschieden, warum Geschwister in der Regel so verschieden sind (Dunn & Plomin 1996).

Prinzipiell sind es zwei ganz verschiedene Funktionen, in denen die Umwelt auf die Entwicklung Einfluss nimmt: als physische Umwelt und als Lernumwelt (vgl. Herrmann 1991):
- Als »physische Umwelt« (materielle Umgebung) ist die Umwelt eine Quelle direkter Einwirkungen auf den Organismus, z.B. durch Ernährung, Klima, Schadstoffe usw.
- Als Lernumwelt ist die Umwelt eine Quelle von Informationen oder »Erfahrungen«.

Die beiden Umweltaspekte sind nicht unbedingt gegenständlich unterscheidbar. Ein Unfall kann z.b. einerseits einen physischen Schaden hervorrufen, der die weitere Entwicklung verändert, *und* er kann andererseits eine psychische Wirkung haben, etwa derart, dass der Verunglückte nun bestimmte Gefahren anders einschätzt, sich vorsichtiger verhält usw.

In der Psychologie ist mit »Umwelt« fast immer die *Lern*umwelt gemeint. Wenn man die jetzigen Personmerkmale eines Menschen aus seiner Lebensgeschichte erklärt, verweist man damit auf die »Erfahrungen«, die er in vergangenen Situationen gemacht hat. Die Vergangenheit kann freilich nicht mehr direkt, sondern nur über die »Spuren« wirken, die sie in der Person hinterlassen hat. Das heißt: Die (angeborene) Fähigkeit, Informationen zu speichern, also die Existenz eines »Gedächtnisses«, ist Voraussetzung dafür, dass die Umwelt eine »Lernumwelt« sein kann.

Wenn nicht die Vergangenheit als solche die gegenwärtigen Personmerkmale bestimmt, sondern die »jetzigen Spuren« der Vergangenheit, bedeutet das auch, dass frühere Umwelteinflüsse (z.B. der Verlust eines Menschen) nicht als direkte »Ursache« eines Entwicklungsergebnisses anzusehen sind. Welche »Spuren« zurückbleiben, ergibt sich nicht einfach aus den Ereignissen selbst, sondern aus ihrer »Verarbeitung«, und die kann je nach Vorerfahrungen und genetischen Bedingungen – mithin je nach den bereits entwickelten Personmerkmalen – sehr unterschiedlich aussehen.

Des weiteren kommt es im psychischen Bereich nicht selten zu »Verselbstständigungsprozessen«. Das heißt, eine Erfahrung stößt zwar eine bestimmte Entwicklung an, diese läuft dann aber nach eigenen Gesetzen weiter, möglicherweise in der Form eines sich selbst erhaltenden Kreisprozesses. Unser Alkoholismus-Beispiel etwa (S. 90) könnte aus der Entwicklungsperspektive ganz

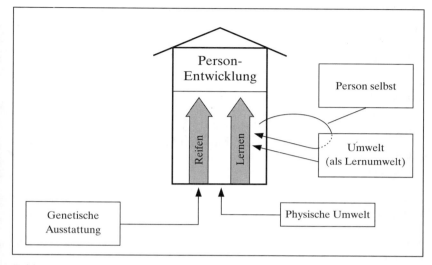

Tafel 25: Das Gefüge der Entwicklungsfaktoren: Reifungsprozesse werden genetisch gesteuert. Lernprozesse werden bestimmt durch die Umwelt als Erfahrungsraum (Lernumwelt) und durch die Eigenaktivität der Person. Auch physische Umwelteinflüsse (Ernährung, Schadstoffe usw.) bestimmen die Entwicklung mit.

in diesem Sinne erweitert werden: Bestimmte Lebenserfahrungen (Konfliktsituationen, Misserfolge, trinkfreudiges Milieu usw.) setzen einen Alkoholkonsum in Gang, der sich dann über die Suchtmechanismen und die suchtbedingte Verschlechterung der Lebenslage wie ein Schwungrad selber weiter vorantreibt – auch wenn die Ausgangserfahrungen möglicherweise schon lange zurück liegen!

Verselbstständigungsprozesse sind im Prinzip ein ganz normaler Vorgang der Persönlichkeitsentwicklung. Nach Allport (1959) kann ein Mensch neue, eigenständige Motive durch ein Handeln entwickeln, das zunächst ganz anders motiviert wurde (»funktionelle Autonomie der Motive«). War das Handeln anfangs Mittel zum Zweck, wird es allmählich zum Selbstzweck: Das Sparen in der Not verselbstständigt sich zu einem dauerhaften Geiz; ein Handwerk zum Geldverdienen wird zu einem persönlichen Interesse.

In all diesen Fällen ist die Ausgangserfahrung allenfalls ein »Ursprung« für einen bestimmten Aspekt der Persönlichkeitsentwicklung, sie ist aber für sich allein, also ohne die aufrechterhaltenden und sich wechselseitig fördernden Bedingungen, keine »Ursache«. Um bei Problemfällen Ansatzpunkte für gezielte Veränderungen zu finden, ist daher die Frage »Warum geht das Problem nicht weg?« oftmals ergiebiger als die Frage »Wie ist es entstanden?«.

Die beschriebenen Abläufe machen es schwer, mit der Alternative »Anlage oder Umwelt« als Quellen der Entwicklung auszukommen. Deshalb wird von vielen Autoren die *Person selbst* als Faktor der eigenen Entwicklung hervorgehoben (vgl. Lerner & Busch-Rossnagel 1981, Asendorpf 1988). Vor allem folgende Funktionen sind zu nennen (einige wurden bereits zuvor bei der Person-Situation-Interaktion erwähnt):

- Jeder Mensch beeinflusst und gestaltet zum Teil jene Umwelt, von der seine Entwicklung mitbestimmt wird.
- Menschen suchen bestimmte Lebenssituationen auf und meiden andere, und zwar entsprechend den bereits entwickelten Motiven, Einstellungen, Fähigkeiten und sonstigen Dispositionen.
- Das Individuum wird nicht passiv von den Umweltereignissen »geprägt«, sondern es verarbeitet, es interpretiert und bewertet sie.
- Menschen setzen selber zielgerichtet Lernprozesse in Gang und steuern sie (Übung, Training, entdeckendes Lernen usw.).

Man könnte zwar behaupten, all dies sei selbst wiederum das Produkt von Anlage und Umwelt. Doch würde dies nichts daran ändern, dass das »Produkt« zugleich eine treibende Kraft ist. Schwierig bleibt es allerdings, diesen Entwicklungsfaktor abzugrenzen und seinen Anteil quantitativ zu erfassen. So sind denn auch entsprechende Zahlenangaben nur für Anlage und Umwelt zu finden, nicht für die »Person selbst«.

Solche Angaben über den prozentualen Anteil von Anlage und Umwelt werden übrigens häufig missverstanden. Grundsätzlich beziehen sie sich *nicht* auf die Entwicklung an sich oder gar auf einzelne Menschen, sondern immer nur auf die *Unterschiede* in der Entwicklung (vgl. Tafel 26). Die Entwicklung von Denkfähigkeit oder Leistungsstreben kann man nicht beispielsweise zu 70 Prozent auf Gene und zu 30 Prozent auf die Umwelt zurückführen. Das wäre so unsinnig, wie wenn man darüber stritte, ob der Magen oder die Nahrung den größeren Anteil an der Verdauung hat. Ebenso wenig kann man »die Intelligenz von Fritz B.« auf Erbe und Umwelt verteilen. Ob der eine Mensch lernbehindert und der andere ein Genie ist – in jedem Fall haben die Umwelt wie auch die Gene sozusagen zu hundert Prozent mitgewirkt. Denn ohne Gene und ohne Umwelt ist Entwicklung nicht möglich. Aber man kann fragen, woher der Unterschied in den Befähigungen kommt, und daran könnten die Gene und die Umwelt ungleichen Anteil haben. Er kann für die Gene sogar null sein, sofern es sich nämlich um eineiige Zwillinge handelt.

Das Missverständnis über den »Anteil« von Erbe und Umwelt tritt möglicherweise so leicht auf, weil das Wort »Unterschied« gewöhnlich weggelassen wird. Richtig ist also: Man kann ungefähr abschätzen, welchen Anteil genetische Unterschiede und Umweltunterschiede an den Persönlichkeitsunterschieden haben. Solche Schätzungen beruhen auf dem Vergleich von Unterschieden

Worum es beim Erbe-Umwelt-Problem geht – und worum es nicht geht

»Oft wird die Frage, wie groß der relative Einfluss von Erbe (Genotyp) und Umwelt auf die menschliche Entwicklung sei, als *trivial* bezeichnet: Da immer beide Faktoren gegeben sein müssen, sei es müßig, ihre relative Bedeutsamkeit abschätzen zu wollen. Ein Genotyp könne ja nicht ohne Umwelt wirksam werden, und eine Umwelt allein könne ja ohne Genotyp auch keinen Menschen zustande bringen.

Diese Antwort ist zwar richtig, beantwortet aber die falsche Frage. Natürlich lässt sich der relative Einfluß von Genotyp und Umwelt auf ein Merkmal eines *einzelnen Menschen* nicht abschätzen; eine Aussage wie »die Intelligenz eines Erwachsenen ist zu 60% durch seine Gene und zu 40% durch seine Umwelt bedingt« ist offensichtlicher Unsinn, denn Gene und Umwelten wirken immer gemeinsam und addieren sich nicht. Aber das ist gar nicht die interessante Frage. Diese ist vielmehr, wie stark die *existierenden Unterschiede zwischen Menschen* durch Erbe bzw. Umwelt bedingt sind. Diese differentielle Fragestellung ist sinnvoll. Denn es gibt Unterschiede, wie z.b., *welche* Blutgruppe jemand hat, die ausschließlich genetisch bedingt sind, und andere Unterschiede, wie z.b., *welche* Sprache jemand spricht, die ausschließlich umweltbedingt sind. Die Frage ist also nicht, wie es überhaupt zu einer Blutgruppe kommt oder warum jemand überhaupt eine Sprache erlernt (hierbei wirken Genotyp und Umwelt untrennbar zusammen), sondern wie es bei Menschen zu unterschiedlichen Blutgruppen kommt bzw. warum Menschen, die eine Sprache sprechen, eine ganz bestimmte Sprache sprechen.«

Tafel 26: Wider ein verbreitetes Missverständnis beim Erbe-Umwelt-Problem (aus: Asendorpf 1988, S. 245)

in verschiedenen Verwandtschaftsgraden, darunter eineiigen Zwillingen und Adoptivgeschwistern, und sie werden an großen Stichproben von Menschen gewonnen. Die Schätzwerte gelten allerdings nur für die jeweils untersuchten Populationen; das sind bisher überwiegend westliche Industrienationen. Wo die Umwelten sehr verschieden sind (z.b. elitäre Bildung neben Analphabetentum), ist auch ihr rechnerischer »Anteil« an Entwicklungsunterschieden relativ hoch; wo sie einigermaßen ähnlich sind (z.b. aufgrund allgemeiner Schulpflicht), ist er geringer. Überdies sind die Gewichtsprozente unterschiedlich, je nachdem, um welches Merkmal es geht. So ist der genetische Anteil z.b. bei der allgemeinen Intelligenz höher als bei Einstellungen. Außerdem können sich die Proportionen von einem Altersabschnitt zum anderen verschieben (vgl. Dunn & Plomin 1996).

Geht es nicht um die Unterschiedlichkeit, sondern um die Entwicklung eines einzelnen Menschen, so lassen sich, wie gesagt, Anlage und Umwelt (und die Person selbst) nicht nach Anteilen auseinander rechnen. Sie sind aufeinander angewiesen und wirken in jedem Fall untrennbar zusammen; anders ist Entwicklung nicht möglich. So können bestimmte Aspekte der Lernumwelt überhaupt erst nach Ablauf eines bestimmten Anlageprogramms, also erst auf der Basis eines entsprechenden Reifestandes, wirksam werden (man denke etwa an die Sprachentwicklung). Der Reifestand bestimmt auch mit, welche Umwelten das Individuum aufsucht oder welche Förderung und Erziehung die Personen der Umwelt für sinnvoll halten.

6. Zusammenschau: Integrierendes Modell zum psychischen System

Wir möchten nun die zuvor erörterten Aspekte des psychischen Systems zu einem Gesamtgefüge integrieren. Dabei greifen wir auf das Grundmodell zurück, das am Anfang dieses Kapitels stand (S. 38), und füllen es mit wichtigen Aspekten aus den vorangehenden Ausführungen. So ergibt sich das Schema von Tafel 27. Erläuterungen:

1. Die vier Grundaspekte »aktuelle Prozesse«, »Situation«, »Person« und »Entwicklung« sind in zwei Achsen strukturiert: Die horizontale Achse stellt den aktuellen Person-Situation-Bezug dar, die vertikale die Entwicklung der Person über die Zeit.

2. Im Zentrum stehen die *aktuellen Prozesse*. Sie sind in zwei Funktionsrichtungen gegliedert. Dem aufnehmenden, situationsverarbeitenden Strang sind die inneren Prozesse Wahrnehmung, Denken (erfassend) und Emotion zugeordnet, dem einwirkenden, situationsverändernden Strang die inneren Prozesse Motivation und Denken (planend) sowie das äußere Verhalten. Nicht dargestellt ist in der Graphik die Möglichkeit, dass diese Prozesse sich auch auf die aktuellen Prozesse selbst beziehen können (z.b. eigene Angstgefühle wahrnehmen) oder auf die eigene Person als Dispositionsgefüge (z.B. Nachdenken über eigene »Eigenschaften«). Hier geht es also um Erscheinungen wie Selbstwahrnehmung, Selbstreflexion, Selbststeuerung. – Um Missverständnissen vorzubeugen, sei daran erinnert, dass die Einteilung der aktuellen Prozesse in der Psychologie nicht verbindlich festgelegt ist, dass nicht immer alle Prozesse beteiligt sein müssen und sie nicht kettenartig aufeinander folgen müssen (s. Erläuterungen auf S. 43f.).

3. Die aktuellen Prozesse werden zum Teil bestimmt durch die aktuelle *Situation*. Sie ist in dem Schema unter zeitlichem Aspekt differenziert in vorangehende Situationsfaktoren (= Anreger) und nachfolgende (= Effekte). Inhaltlich könnte es sich bei diesen Faktoren um andere Menschen und ihr Verhalten handeln (soziale Situation), um informationelle Faktoren (z.B. bestimmte Themen oder Aufgaben), um materielle Güter, um räumliche, klimatische und andere Bedingungen.

4. Die aktuellen Prozesse werden außer von der Situation auch von den *personalen Dispositionen* bestimmt: Menschen unterscheiden sich darin, wieweit

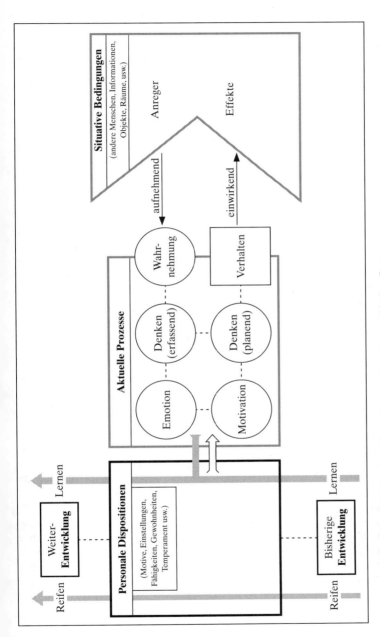

Tafel 27: Integrierendes Modell zu grundlegenden Aspekten des psychischen Systems

sie zu bestimmten Prozessen »disponiert« sind. Personale Dispositionen lassen sich in unterschiedlicher Weise abgrenzen und aufgliedern. Gewöhnlich werden zur Beschreibung von Menschen Dispositionen herangezogen, die sich nicht nur auf eng begrenzte Prozesse (z.B. ganz bestimmte Ängste) beziehen, sondern auf mehr oder minder große Komplexe von Prozessen. Dies gilt besonders für die Zuschreibung allgemeiner »Eigenschaften«, aber auch für Dispositionsbegriffe wie Motiv, Einstellung. Fähigkeit usw.

5. Personale Dispositionen unterliegen einer *Entwicklung*, das heißt, sie machen situationsüberdauernde Veränderungen durch (vertikale Achse). Die Veränderungen beruhen zum Teil auf anlagebedingten Reifungsprozessen, zum Teil auf Lernprozessen, die von der Umwelt und der Person selbst gesteuert werden. Dabei ist Lernen zu verstehen als die »Nachwirkung« aktueller Prozesse (Pfeil nach links und in die Vertikale).

Das integrierende Modell beansprucht *nicht*, eine eigene psychologische Theorie darzustellen, sondern lediglich, weitgehend akzeptierte Komponenten psychischen Geschehens zu einer überschaubaren Struktur zusammenzufügen. *Das Modell versteht sich als theorieneutral bezüglich der Grundstruktur aus den vier Aspekten (aktuelle Prozesse, Situation, Person, Entwicklung) sowie bezüglich der zwei Funktionsrichtungen (aufnehmend, einwirkend).* »Theorieneutral« heißt: Das Modell sagt nichts darüber, welche Aspekte die »wichtigsten« sind und wo der Hauptmotor psychischen Geschehens sitzt. Es lässt beispielsweise offen, welches Gewicht für Verhalten und Erleben man den situativen und welches den personalen Faktoren geben sollte, welchen Anteil Reifungsprozesse und welchen Anteil Lernprozesse an der psychischen Entwicklung haben, ob Motivation im Kern »unbewusst« oder voller gedanklicher Prozesse ist usw. usw. In diesen und vielen anderen Punkten werden die Ansichten oftmals auseinander gehen. Das gilt, wie gesagt, auch für die Binnengliederung der aktuellen Prozesse, weshalb das Modell in diesem Punkt nicht mehr theorieneutral ist.

Ähnlich unterschiedlich kann die Grundstruktur auch bei der Analyse von Praxisfällen ausgefüllt werden. Unterschiede kann es z.B. darin geben, welchen Raum ein explorierendes Gespräch über innere Prozesse einnimmt oder die Erfassung der objektiven Situationsfaktoren oder die Persönlichkeitsdiagnostik oder die Rückschau auf die Vergangenheit.

Fortsetzen werden sich die Unterschiede bei der Frage, wo Ansatzpunkte für gezielte Veränderungen liegen: in der Veränderung der Situation oder aber der Person, und bei Personveränderungen etwa in der Reflexion über eigene Dispositionen oder in der Einübung neuer Verhaltensgewohnheiten für bestimmte Situationen. (Mehr zur Verwendung des Modells in Kapitel 8.)

7. Betrachtungsweisen zum psychischen System: Gebiete und Richtungen

In diesem Kapitel wurden grundlegende Aspekte des psychischen Systems skizziert. Mit diesem Gegenstand »psychisches System« kann nun die Wissenschaft in unterschiedlicher Weise »umgehen«. Eine typische Art dieses Umgangs ist es, nicht alle genannten Aspekte gleichzeitig oder mit gleicher Intensität zu betrachten, sondern einige stärker und andere schwächer. Je nach Schwerpunktbildung ergeben sich dann verschiedene »Gebiete« der Psychologie. Einige Gebiete (»Grundlagengebiete«) leiten ihren Gegenstand aus dem einen oder anderen der zuvor genannten grundlegenden Aspekte her (z.b. Entwicklung). Andere Gebiete hingegen werden aufgrund von Fragestellungen gebildet, die sich nicht aus dem psychischen System selbst ergeben, sondern aus bestimmten Lebensproblemen oder beruflichen Anforderungen (z.b. Pädagogische Psychologie).

Des Weiteren wird psychisches Geschehen von Psychologen mit unterschiedlichen »Theorie-Augen« betrachtet. Das heißt, es gibt unterschiedliche Auffassungen darüber, wie man sich sozusagen die »Funktionsweise« des Systems vorzustellen hat, also beispielsweise, welche Art von Dispositionen eine »Person« ausmachen, welche Faktoren welche Entwicklungen vorantreiben, wie Motivationsprozesse zustande kommen usw. Solche Lehrmeinungen oder Richtungen bestimmen die wissenschaftlichen Kontroversen; sie sind aber keine »Gebiete« im vorher beschriebenen Sinne, sondern bestimmte Deutungsweisen.

Zusammengefaßt sind es drei Typen von Blickwinkeln, unter denen das psychische System häufig betrachtet wird und die in der psychologischen Literatur daher immer wieder vorkommen:
- Fragestellungen, die sich direkt auf das psychische System beziehen (systembezogene bzw. Grundlagengebiete),
- Fragestellungen, die sich aus Praxisanforderungen ergeben (praxisbezogene oder Anwendungsgebiete),
- bestimmte theoretische Sichtweisen (»Richtungen«, »Schulen«).

Sie werden im Folgenden näher behandelt.

Kapitel 4
Systembezogene Betrachtungsweisen
(»Grundlagengebiete«)

1. Die Prozesse an sich: Allgemeine Psychologie

Thema der Allgemeinen Psychologie sind die allgemein gültigen Gesetzmäßigkeiten des psychischen Geschehens. Von zwischenmenschlichen Unterschieden absehend interessiert sie sich gerade für das grundlegend Gleiche, das Gemeinsame im psychischen Geschehen der Menschen. Im Einzelnen beschäftigt sich die Allgemeine Psychologie mit den schon dargestellten Grundprozessen im psychischen System, insbesondere mit dem Wahrnehmen, dem Denken, der Motivation und Emotion sowie mit Lern- bzw. Gedächtnisprozessen. Auch psychologische Aspekte der Sprache, Kommunikation, der Handlungsplanung und -steuerung werden häufig thematisiert. Die Allgemeine Psychologie abstrahiert dabei notwendigerweise von der Wirklichkeit des Alltags, in dem psychisches Geschehen an konkrete Personen und Situationen gebunden ist, die ja immer in gewissem Maße verschieden sind. Ihr Ziel ist es, eine umfassende allgemein gültige psychologische Theorie des Menschen zu entwickeln, also theoretische Konstrukte zu entwerfen, mit denen die Grundprozesse in ihren allgemeinen Abläufen und in ihrem Zusammenwirken beschrieben und erklärt werden können. Allgemeinpsychologische Forschung ist ausgesprochene Grundlagenforschung (vgl. Spada 1998).

Kennzeichnend für das methodische Vorgehen der Allgemeinen Psychologie ist das *Experiment*. Im Experiment, das üblicherweise im psychologischen Labor stattfindet, können unterschiedliche Reizbedingungen, die auf den menschlichen (oder bei tierexperimentellen Untersuchungen auf den tierischen) Organismus wirken sollen, absichtlich und planmäßig hergestellt werden. Ziel solcher Experimente ist es, Veränderungen im psychischen Geschehen (»abhängige Variable«) auf die Variation genau festgelegter Reizbedingungen (»unabhängige Variable«) zurückzuführen. Hierzu ist es notwendig, den Einfluss anderer, »störender« Reizbedingungen zu kontrollieren. Außerdem muss die individuelle Variation kontrolliert werden, die jede Versuchsperson durch ihre Dispositionen in das Experiment mit hineinbringt. Die Wissenschaftler arbeiten daher mit mehr oder minder großen Stichproben von Versuchspersonen und sorgen z.B. dafür, dass die Experimentalgruppe (die einem bestimmten Einfluss ausgesetzt wird) und die Kontrollgruppe (die ihm nicht ausgesetzt wird) untereinander voll vergleichbar sind. In der Regel wird dies durch eine zufällige Aufteilung der Versuchspersonen auf die beiden Gruppen erreicht. Hinweise zur Planung und Durchführung von Experimenten gibt die psychologische Methodenlehre, die in Verbindung mit statistischen Verfahren die Auswertung komplexer Versuchspläne ermöglicht (vgl. Lüer 1987, Irtel 1993).

Ein Beispiel soll das allgemeinpsychologische Vorgehen verdeutlichen. Lernt man z.b. Namen der Länder Afrikas auswendig und überprüft in bestimmten Zeitabständen, was vom Gelernten noch erhalten geblieben ist, so kann man feststellen, dass anfangs sehr schnell, später jedoch immer langsamer vergessen wird. Der größte Teil wird in den ersten 24 Stunden vergessen. Aufgezeichnet ergibt sich aus diesem Verlauf eine typische *Vergessenskurve*. In Tafel 28 ist sie für das Behalten von einer Serie sinnloser Silben (z.B. joq, kom, bup) wiedergegeben, wie sie von Herrmann Ebbinghaus (1885), dem Pionier der experimentellen Gedächtnisforschung, aufgezeichnet wurde. Allgemeinpsychologische Fragen sind hier: Ist der Verlauf bei jedem Lernmaterial gleich, oder ändert sich die Kurve in Abhängigkeit von der Länge oder Sinn-

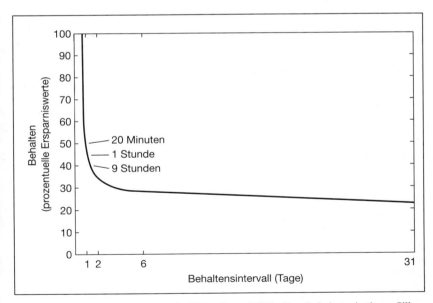

Tafel 28: Die Vergessenskurve nach Ebbinghaus (1885). Das Behalten sinnloser Silben wird durch die Ersparnis beim erneuten Lernen gemessen. Die Behaltensleistung fällt ab mit zunehmendem Intervall zwischen dem ursprünglichen Lernen und der Reproduktion ab, wobei sich die Vergessensrate verlangsamt (aus Anderson 1996, S. 167)

haftigkeit des zu lernenden Materials? Welche Rolle spielen zwischenzeitliche stille Wiederholungen? Welche Rückschlüsse auf zugrunde liegende Speicherungsvorgänge im Kurz- und Langzeitgedächtnis sind möglich?

Die Allgemeine Psychologie beschäftigt sich aber nicht nur mit einzelnen dieser Grundprozesse, sondern auch mit komplexerem psychischen Geschehen, welches auf dem Zusammenwirken der verschiedenen Grundprozesse beruht. Genannt seien hier etwa Vorgänge der Handlungsregulierung oder Verhaltenssteuerung sowie das komplexe realitätsnahe Problemlösen, bei dem kognitive (d.h. Wahrnehmungs-, Gedächtnis-, Denkprozesse) und emotionalmotivationale Prozesse zusammenwirken Die Berücksichtigung vieler Komponenten des psychischen Geschehens mündet dann gegebenenfalls in die Konstruktion allgemeiner Funktionsmodelle, die zwar zu komplex sind, um sie als Ganze zu überprüfen, die aber eine hilfreiche Leitlinie für die Analyse und Formulierung von Hypothesen bieten.

Insgesamt richtet sich die Allgemeine Psychologie an der empirisch-analytischen Forschungstradition der Naturwissenschaften aus. Dies hat unter anderem auch zu mathematisch formalisierten Modellvorstellungen geführt. Darüber hinaus ist es in der Kognitionsforschung zu einer Verbindung mit neurobiologischen Theorien der Medizin gekommen, um den Zusammenhang der kognitiven Aktivitäten mit den neuronalen Prozessen aufzuklären. Weiterhin ist eine Orientierung an Modellen festzustellen, die von der Informatik entwickelt worden sind. So gibt es vermehrt Ansätze, die Prozesse und Strukturen der kognitiven Aktivitäten des Menschen in Analogie zur Arbeitsweise des Computers als Informationsverarbeitung beschreiben und analysieren (vgl. Anderson 1996, Wessells 1994).

2. Die »Person«:
Persönlichkeits-/Differentielle Psychologie

Dass Menschen sich in ihrem Erleben und Verhalten voneinander unterscheiden, ist jedem klar. Die überwiegende Anzahl der Menschen empfindet sich auch selbst als einzigartige, unverwechselbare Persönlichkeit. In einzelnen Aspekten (z.B. Motive, Selbstbild, kognitiv-intellektuelle Kompetenzen) mögen sie anderen Menschen sehr ähneln. In ihrer »Persönlichkeit«, in der Organisation ihrer gesamten Dispositionen sind sie jedoch einmalig.

Unter »Persönlichkeit« wird in der Psychologie Verschiedenes verstanden. In den Definitionen wird deshalb auch Unterschiedliches betont. Mal wird z.B. die Dynamik hervorgehoben, mal die individuellen Unterschiede. Mal geht es um die Anpassung, mal um das messbare Verhalten. Eine Übersicht über verschiedene Positionen gibt Tafel 29. Eine weithin akzeptierte Auffassung ver-

Was in der Psychologie unter Persönlichkeit verstanden wird: Einige Positionen

»Personality may be defined as that which tells what a man will do when placed in a given situation.« (R. B. Cattell 1967, S. 25)

»Persönlichkeit ist die dynamische Organisation derjenigen psychophysischen Systeme im Individuum, die sein charakteristisches Verhalten und Denken determinieren.« (G. W. Allport 1958, S. 28)

»Unsere Persönlichkeitstheorie behauptet, dass sich Persönlichkeit am besten als eine große Menge von Eigenschaften (Soziabilität, Impulsivität, Launenhaftigkeit usw.) beschreiben lässt und dass diese Eigenschaften in gewissen Bündeln (clusters) miteinander zusammenhängen.« (H. J. Eysenck 1976, S. 21)

»Persönlichkeit stellt ein bei jedem Menschen einzigartiges, relativ stabiles und den Zeitablauf überdauerndes Verhaltenskorrelat dar.« (Th. Herrmann 1991, S. 28)

Tafel 29: Definitionen der Persönlichkeit

tritt Theo Herrmann. Mit ihm teilen auch die meisten Persönlichkeitspsychologen die Ansicht, dass Persönlichkeit ein sehr allgemeines theoretisches Konstrukt ist, »dessen hinreichende, empirisch kontrollierte Präzisierung – wenn überhaupt – erst in ferner Zukunft zu erwarten ist« (Herrmann 1991, S. 40).

Mit den Unterschieden zwischen Personen beschäftigen sich die Persönlichkeitspsychologie und die Differentielle Psychologie. Ziel der *Persönlichkeitspsychologie* ist es, typisches Erleben und Verhalten der Person in ihrer Einzigartigkeit und relativen Stabilität zu beschreiben, zu verstehen bzw. zu erklären und vorherzusagen. Die *Differentielle Psychologie* konzentriert sich eher auf einzelne Persönlichkeitsaspekte. Dementsprechend findet man Lehrbücher, in denen vorrangig Theorien dargestellt werden, die die gesamte Persönlichkeit zum Inhalt haben, und andere, die sich mit einzelnen Dispositionen und den Problemen ihrer Messung beschäftigen.

Will man Menschen trotz ihrer Einmaligkeit nach psychologischen Gesichtspunkten vergleichen, dann müssen gemeinsame Beschreibungsgesichtspunkte gefunden werden, anhand derer sie sich unterscheiden lassen. Sonst bliebe nur die Möglichkeit, jeden Menschen als jeweils einzigartigen, unvergleichlichen zu charakterisieren. Daher fragt die Differentielle Psychologie: Gibt es für alle Individuen oder doch zumindest für möglichst viele von ihnen gemeinsame Beschreibungsmerkmale, nach denen sie sich in ihren individuellen, für die Person spezifischen Ausprägungen miteinander vergleichen lassen?

Die Aufgabe, die sich hier der Wissenschaft stellt, ist aus dem alltäglichen Leben durchaus vertraut: Es werden zumeist mehr oder weniger abstrakte Eigenschaftsbegriffe benutzt (z.B. sensibel, warmherzig, eingebildet), um Menschen zusammenfassend zu beschreiben. Diese Eigenschaftsbeschreibungen beruhen in aller Regel auf unsystematischen, gelegentlichen Beobachtungen. Die Wissenschaft ist bemüht, diese Unzulänglichkeiten zu überwinden und zu einer abgesicherten Systematik der Beschreibung von Personen zu gelangen.

In der *Persönlichkeitspsychologie* sind sehr viele und sehr verschiedenartige Theorien entwickelt worden. Um zu einer Übersicht und Ordnung zu gelangen, werden in den Lehrbüchern gewöhnlich zwei Wege eingeschlagen. Es werden entweder einzelne Theorien dargestellt und anhand vorgegebener Kriterien verglichen, oder aufgrund ähnlicher Merkmale werden Theorien zu Gruppen zusammengefasst. Beim Vergleich einzelner Theorien werden vor allem Kriterien herangezogen wie diese:
– Wird mehr Gewicht auf die »Person« gelegt oder wird die »Situation« oder die »Interaktion« von Person und Situation mehr beachtet?
– Wird die Persönlichkeit von ihrer statischen Struktur her betrachtet, oder wird sie vornehmlich als Prozess, als sich veränderndes System verstanden?
– Stehen mehr die bewussten inneren Prozesse der Person oder eher unbewusste Prozesse und Strukturen im Mittelpunkt?

Häufiger findet man in der Literatur Überblicke, in denen Persönlichkeitstheorien zu Gruppen mit mehreren gemeinsamen Merkmalen zusammengefasst werden (vgl. Schneewind 1992, Asendorpf 1996, Fisseni 1998). Diese Klassifizierungen sind nicht einheitlich, weil sie von verschiedenen Unterscheidungskriterien ausgehen. Wir orientieren uns im Folgenden an einer Systematik, die zwischen psychodynamischen, eigenschaftstheoretischen, phänomenologischen, kognitiv-behavioristischen und dynamisch-interaktionistischen Theorien unterscheidet. In der Darstellung beziehen wir zugleich die vorher genannten Vergleichskriterien mit ein.

Die *psychodynamischen* Theorien, als deren bekannteste Vertreter die Tiefenpsychologen Sigmund Freud, Alfred Adler und Carl Gustav Jung zu nennen sind, messen der unbewussten Determination des Erlebens und Verhaltens durch Triebe und Bedürfnisse, der Reifung und der frühkindlichen Erfahrung besondere Bedeutung bei. Sie gewichten zudem die Person weit höher als die Situation und betonen sowohl die Struktur wie die Prozesshaftigkeit der Person.

Den Aufbau der Person konzipieren sie unterschiedlich. Freud entwickelte z.B. ein Strukturmodell des »psychischen Apparates« mit den bekannten psychischen Instanzen des »Es« »Ich« und »Über-Ich«.

Eigenschaftstheoretische Ansätze erklären beobachtbares Verhalten bzw. die aktuellen Prozesse durch mehr oder weniger umfassende Dispositionen, die mit Eigenschaftswörtern benannt werden (z.B. Emotionale Ausgeglichenheit). Es handelt sich dabei um Beschreibungen, die durch Einschätzung aufgrund mehrerer Beobachtungen zustande kommen. Im Falle der Emotionalen Ausgeglichenheit sind es z.b. adverbiale und adjektivische Beschreibungen wie: gelassen, nicht aus der Ruhe zu bringen, gründlich, gewissenhaft, beständig. Da hier verschiedene Verhaltens- und Erlebnisweisen zu einem gemeinsamen Merkmal zusammengefasst werden, ergibt sich für die Personbeschreibung der große Vorteil einer Reduktion der Komplexität des Erlebens und Verhaltens. Diese Reduktion ist aber auch eine interpretierende Abstraktion. Das »Gemeinsame« ist in den aktuellen Prozessen bzw. Verhaltensweisen so nicht vorhanden. Es ist ein »hypothetisches Konstrukt«, unter dem tatsächlich Verschiedenes, wenn auch Ähnliches und Zusammengehöriges, subsumiert wird. Zwar gehen einige Autoren davon aus, dass diese Eigenschaften – obwohl nicht direkt beobachtbar – im Individuum tatsächlich vorhanden, also reale Größen im Sinne neuropsychischer Strukturen sind. Mehrheitlich wird aber die Auffassung vertreten, diese Dispositionen seien theoretische Hilfskonstruktionen, die der Forscher erfindet – nicht findet! –, um die beobachtbaren Konsistenzen im Erleben und Verhalten von Individuen beschreiben und auch erklären zu können.

Bedeutende Vertreter eigenschaftstheoretischer Auffassungen der Persönlichkeit sind Cattell, Guilford und Eysenck. In ihren faktorenanalytischen Untersuchungen haben sie als einen der grundlegenden Faktoren zur Persönlichkeitsbeschreibung den der »Extraversion vs. Introversion« ermittelt. Damit wird die Unterschiedlichkeit der Menschen hinsichtlich ihrer Aktivität, Geselligkeit, Selbstbehauptung und sozialen Anpassung erfasst. Neuere Forschungen (im kritischen Überblick: Asendorpf 1996) legen nahe, dass es fünf Faktoren sind (»Big-Five-Struktur«, s. Tafel 30), mit denen die Persönlichkeit grundlegend beschrieben werden kann. Der Faktor »Extraversion vs. Introversion« ist einer von ihnen.

Die Eigenschaftstheorien halten ebenfalls Personfaktoren für wichtiger als Situationsfaktoren, konzentrieren sich dabei aber auf statische bzw. strukturelle Aspekte. Hinsichtlich der Bedeutung bewusster bzw. unbewusster Determination des Verhaltens sind sie indifferent.

Vor allem durch die *phänomenologischen Theorien* wird eine andere Position vertreten. Sie gehen von der Person als »real existierendem seelischen Sein« aus und sehen in ihr das intentional tätige Subjekt, das aufgrund eigener Entscheidungen handelt (vgl. Graumann & Metraux 1977). Die Persönlichkeit eines Menschen ist letzten Endes die Summe seiner individuellen Entscheidungen, die er in Anbetracht seiner personalen und situativen Möglichkeiten getroffen hat. Eigenschaften einer Person werden danach nicht »erfunden«, sondern die Forschung muss sie »entdecken« (vgl. Lockowandt 1994). In den phänomenologischen Theorien wird einerseits die Beziehung des Individuums zu sich selbst hervorgehoben, wobei das Selbstkonzept (»Selbstbild«) von besonderer Bedeutung ist. Andererseits interessiert sie die Beziehung des Indivi-

Globaler Faktor	Untergeordnete Eigenschaft
Neurotizismus / Emotionale Instabilität	Nervosität, Ängstlichkeit, Erregbarkeit
Extraversion	Geselligkeit, Impulsivität
Liebenswürdigkeit, Verträglichkeit	Wärme, Hilfsbereitschaft, Toleranz
Gewissenhaftigkeit	Ordentlichkeit, Beharrlichkeit, Zuverlässigkeit
Kultur, Offenheit für Erfahrung, Intellekt	Gebildetheit, Kreativität, Gefühl für Kunst

Tafel 30: Beispiel einer Eigenschaftstheorie: Die Big-Five-Struktur der Persönlichkeit (deutschsprachige Darstellung nach Asendorpf 1996).

duums zu seiner Um- und Mitwelt, genauer: wie diese wahrgenommen und interpretiert wird. Diese Theorien legen ebenso wie die vorgenannten das Schwergewicht auf die Person, betonen dabei aber besonders die Bewusstheit psychischen Geschehens und heben den Prozesscharakter der Persönlichkeit hervor. Vertreter phänomenologischer Persönlichkeitstheorien finden wir vorwiegend in der humanistisch orientierten Psychologie und ihren existentialistischen Varianten, so z.b. bei Abraham Maslow, Carl R. Rogers oder Rollo May.

Die *lerntheoretischen Konzeptionen* entstammen der angloamerikanischen behavioristischen Tradition. In den klassischen Ansätzen des Behaviorismus wird Persönlichkeit gleichgesetzt mit dem Verhaltensrepertoire, welches das Individuum im Laufe seiner Lerngeschichte aufgrund von Bekräftigungen erworben hat. Dieses Verhaltensrepertoire, »Habit-System« genannt, besteht aus einzelnen Gewohnheiten (»Habits«), die durch bestimmte Reize aktiviert werden (vgl. Pervin 1993).

Zunehmend wurden in den letzten Jahren kognitive Elemente in die behavioristische Analyse des Verhaltens und seiner Erklärung mit einbezogen. Habits können dann auch bestimmte »Wahrnehmungsgewohnheiten« sein, wie etwa die, viele Situationen als leistungsbezogen wahrzunehmen oder auch »Erwartungshaltungen«, wie etwa die Überzeugung, dass die Ergebnisse eigenen Handelns unter persönlicher Kontrolle stehen oder dass sie vom Zufall oder Schicksal abhängig sind (sog. internale vs. externale Kontrollüberzeugungen). Wichtige weitere Konzepte wie »Selbstwirksamkeitserwartungen«, »Handlungskontrolle« und »Attributionsstile« sind im Rahmen dieser Theorierichtung entwickelt worden (vgl. Krampen 1987). Zwar bleiben auch diese inneren Prozesse in ein Reiz-Reaktions-Schema eingebettet, doch »Situation« ist jetzt nicht mehr eine objektive, physikalisch bestimmbare Größe, sondern eine subjektive, vom Individuum wahrgenommene und interpretierte.

- *Kompetenzen (»Womit?«)*
  Motorisch-physische Kompetenzen: psychomotorische Koordination, Reaktionsgeschwindigkeit, Handgeschicklichkeit etc.
  Kognitiv-intellektuelle Kompetenzen: Gedächtnisumfang, räumliche Vorstellung, Sprachverständnis, Rechenfertigkeit, logisches Denkvermögen etc.

- *Motive (»Warum?«)*
  Bedürfnisse nach Geselligkeit, Leistung; Interessen für bestimmte Sachgebiete; soziale Einstellungen wie Sympathie, Vertrauen, Zuneigung; politische, ökonomische, religiöse Werthaltungen etc.

- *Gefühlsneigungen (»Wie?« / »Warum?«)*
  Neigung zu Heiterkeit, Furcht, Ärger, Widerwille, Verachtung etc.

- *Verhaltens- und Erlebensstile, Temperamente (»Wie?«)*
  Extraversion, emotionale Stabilität, Feinfühligkeit, Schnelligkeit, Ausdauer etc.

- *Selbstbild (»Womit?«; »Warum?«; »Wie?«)*
  Wie Menschen sich selbst beschreiben; z.B. häufig nach Merkmalen wie Willenskraft, Extraversion, Gefühlsbetontheit, Fähigkeiten etc.

Tafel 31: Verschiedene Gruppen von Dispositionen, die Thema der Differentiellen Psychologie sein können.

Hierauf bauen *dynamisch-interaktionistische Persönlichkeitstheorien* auf. Sie erklären Erleben und Verhalten aus der Interaktion (»Wechselwirkung«) von Person- und Situationsmerkmalen. Sie zählen zu den modernsten, anspruchsvollsten und noch wenig entwickelten Ansätzen in der Persönlichkeitspsychologie (vgl. Asendorpf 1996).

In der *Differentiellen Psychologie*, die sich auf spezifische Aspekte der Persönlichkeit konzentriert, werden häufig folgende Merkmale untersucht: Intelligenz, Aggressivität, Ängstlichkeit, Leistungsmotiv, Bewältigungsstile, Erwartungshaltungen und Selbstwertgefühl. Daneben gibt es vernachlässigte Themen wie Sexualität, Sadismus, Masochismus und Machtstreben. Dispositionen aus dem Bereich positiver zwischenmenschlicher Beziehungen, wie das Gesellungsmotiv, soziale Kompetenz, hilfreiches Verhalten, Dankbarkeit oder Vertrauen, finden seit einiger Zeit verstärkt Beachtung (vgl. auch Sader 1996, Amelang & Bartussek 1997).

Diese und weitere Aspekte der Persönlichkeit lassen sich nach mehreren Gesichtspunkten gliedern. Im vorigen Kapitel (s. S. 83) haben wir als zwei mögliche Hauptgruppen »Kompetenzen, Fähigkeiten/Fertigkeiten usw.« und »Motive, Einstellungen usw.« genannt. Tafel 31 gibt einen erweiterten Überblick. In ihr ist eine Unterscheidung von Dispositionen aufgenommen worden, die Cattell vorgeschlagen hat. Er unterscheidet Fähigkeiten (Womit?), Motive (Warum?) und Temperamentsmerkmale (Wie?) (vgl. Fisseni 1998). Wie zu erkennen ist, beschränkt sich die Differentielle Psychologie nicht nur auf den emotional-motivationalen Bereich, während in den Persönlichkeitstheorien hierauf der Schwerpunkt gelegt wird. Individuen unterscheiden sich durch ihre Ausprägungen auf diesen Dispositionen; darin besteht ihre Individualität. Rein rechnerisch könnten z.b. schon durch 10 solcher Merkmalsdimensionen mit jeweils 10 Ausprägungsgraden 10 Milliarden (!) Menschen unterschiedlich beschrieben werden.

3. Die Entwicklung der Person: Entwicklungspsychologie

Die individuellen Dispositionen verändern sich im Laufe der Zeit und mit ihnen die aktuellen Prozesse. In unserem integrierenden Modell (s. S. 99) ist dieser Aspekt durch die vertikale Achse berücksichtigt. Die *Entwicklungspsychologie* beschäftigt sich mit »Veränderungen und Stabilitäten im Lebenslauf« (Montada 1998a, S. 1), wobei alle Altersstufen, nicht nur Kindheit und Jugendalter, zu ihrem Gegenstand gehören. Dispositionsveränderungen durch nicht alterstypische Einflüsse, etwa durch die berufliche Situation, familiäre Belastungen, Trainings, Psychotherapie, Unterricht u.a.m. (siehe Klinische Psychologie, Pädagogische Psychologie), sind hingegen kein Thema einer solchen allgemeinen Entwicklungspsychologie (vgl. auch Trautner 1995).

Die Entwicklungspsychologie hat zwei wesentliche Aufgaben: erstens, den Entwicklungsprozess als einen lebenslaufbezogenen Veränderungsprozess zu beschreiben und zweitens, den Entwicklungsvorgang zu erklären. Zunehmend an Bedeutung gewinnt eine dritte bzw. vierte Aufgabe: die Vorhersage und die Optimierung von Entwicklungsverläufen (vgl. Silbereisen 1996).

Die *Beschreibung* der Entwicklung wird häufig nach *Lebensabschnitten bzw. -phasen* gegliedert. In einer Zusammenschau werden dann Kleinkindalter, Kindheit, Jugendalter, Erwachsenenalter und Alter in den psychologisch wichtigen Aspekten dargestellt (vgl. Mietzel 1997). Eine andere typische Beschreibung ist die nach *Funktionsbereichen*. In den Lehrbüchern findet man dann Themen wie: Entwicklung der Wahrnehmung, des Denkens, der Motivation,

---

Wilhelm Busch über
Identitätsentwicklung

»Früher, da ich unerfahren und bescheidner war als heute, hatten meine höchste Achtung andre Leute.
Später traf ich auf der Weide außer mir noch mehre Kälber und nun schätz ich, sozusagen, erst mich selber.«

(Kritik des Herzens)

der Emotion, der Motorik, der Sprache, also die Entwicklung der so oder anders unterschiedenen aktuellen Prozesse sowie auch ihre entwicklungspathologischen Ausprägungen (vgl. Oerter & Montada 1998). Als berühmtes Beispiel der Beschreibung nach Funktionsbereichen sei die Entwicklung des Denkens nach Jean Piaget in einer knappen Übersicht wiedergegeben (s. Tafel 32). Darüber hinaus kann Entwicklung unter vielen weiteren Fragestellungen beschrieben werden, auch solchen, die eigentlich nicht einzelne Funktionen oder Subsysteme, sondern das psychische Gesamtsystem »im Hinblick auf« betreffen. So behandeln einige Lehrbücher z.b. die Persönlichkeitsentwicklung (Herausbildung der individuellen Eigenart), die Entwicklung des Spielens oder des sozialen Verhaltens (vgl. Hetzer, Todt & Seiffke-Krenke 1995; Keller 1998).

Auch die Auswirkungen, die *Lebensereignisse* (z.B. Arbeitslosigkeit, sexuelle Gewalt, Kindesmisshandlung, Scheidung, Pensionierung) für den weiteren Lebensweg eines Menschen haben können, werden in einigen Lehrbüchern behandelt. Ebenso können klinisch-psychologische Phänomene wie etwa Ess-Stö-

Ungefähres Alter	Entwicklungsstadien	Beschreibung
Geburt bis 2 Jahre	Sensomotorisches Stadium	Der Säugling lernt, sich selbst von der Umwelt zu unterscheiden; er sucht Stimulation und strebt nach der Wiederholung interessanter Ereignisse. Durch Manipulation an Objekten entsteht das Gegenstands-Schema: Die Dinge bleiben trotz Veränderungen in Raum und Zeit »sie selbst«
2–7 Jahre	Präoperatorisches Stadium	Beginn des Symbolgebrauchs; Spracherwerb 2–4 Jahre: Das Kind ist noch unfähig, die Perspektive anderer einzunehmen; es klassifiziert Dinge nach nur einer Haupteigenschaft (Egozentrische Phase) 4–7 Jahre: Das Kind beginnt, in Klassen und Relationen zu denken und mit Zahlen zu operieren. Diese Operationen sind aber noch rein »anschaulich« (Intuitive Phase)
7–11 Jahre	Konkret-operatorisches Stadium	Das Kind beherrscht in konkreten Situationen logische Operationen wie Umkehrbarkeit, Klassifikationen, Herstellen von Rangordnungen
11–15 Jahre	Formal-operatorisches Stadium	Übergang zum abstrakten Denken; Fähigkeit, Hypothesen zu testen (»Gedankenexperimente«)

Tafel 32: Piagets Stadien der kognitiven Entwicklung (modifiziert nach Legewie & Ehlers 1992, S. 338, und Sodian 1998)

rungen, Depression, Hyperkinetisches Syndrom oder Delinquenz in ihrer Relevanz für die Entwicklung eines Menschen betrachtet werden (vgl. Oerter & Montada 1998, Keller 1998). Entwicklung hat also nicht nur eine alterstypische, sondern auch eine individuelle Seite. Diese interindividuelle Unterschiedlichkeit ist Gegenstand der differentiellen Entwicklungspsychologie (vgl. Hasselhorn & Schneider 1998). Relativ selten werden allerdings allgemeine und differentielle Entwicklungspsychologie gleichrangig behandelt (etwa Weinert & Helmke 1997). Im Ganzen dominieren Themen der alterstypischen Entwicklung.

Nun zur *Erklärung*, also zur Frage, welche Faktoren die Entwicklung vorantreiben. Zu beachten ist, dass das Alter nicht als Erklärung von Entwicklung herangezogen werden kann, da es selbst nichts verursacht oder bedingt (vgl. Trautner 1995, S. 29ff.). Als grundlegende Entwicklungsprozesse lassen sich Reifen und Lernen gegenüberstellen. Doch welches Gewicht und welche Rolle man den steuernden »Instanzen« beimisst (vgl. S. 93ff.), also den Genen (für Reifung), der Umwelt (für Lernen) oder der Person selbst (auch für Lernen), darüber haben sich verschiedene Auffassungen herausgebildet (vgl. Miller 1993, Trautner 1995). Mit Montada (1998a) lassen sich vier Positionen unterscheiden (s. Tafel 33), je nachdem, ob die Person oder die Umwelt als aktiv oder nicht aktiv am Entwicklungsgeschehen beteiligt gesehen wird:

Endogenistische Theorien: Weder Umwelt noch Individuum sind aktiv an der Entwicklung beteiligt. Entwicklung ergibt sich aus der Reifung bzw. aus Anlageprogrammen. Aufgabe der Umwelt ist es, »entwicklungsangemessene« Bedingungen herzustellen, die diesen Reifungsprozess nicht stören, die z.B. die Kinder nicht unter-, aber auch nicht überfordern. Viele ältere Phasenlehren der Entwicklung stützen sich auf diese reifungstheoretische Annahme.

Exogenistische Theorien: Entwicklung steht unter der Kontrolle einer aktiven Umwelt. Die auf den Menschen einwirkenden Reize, die dem Verhalten vorausgehen oder ihm folgen, werden als Ursachen der Veränderung gesehen. Diese Position ist typisch für die lerntheoretische Erklärung der Entwicklung, wie sie der Behaviorismus (s. S. 159f.) gibt. Der Mensch kommt als »tabula ra-

		Umwelt	
		nicht aktiv	*aktiv*
Subjekt	*nicht aktiv*	Endogenistische Theorien	Exogenistische Theorien
	aktiv	Selbstgestaltungstheorien	Interaktionistische Theorien

Tafel 33: Erklärungspositionen der Entwicklung (modifiziert nach Montada 1998a, S. 7)

sa« auf die Welt. Was er wird, wird er durch Erfahrungen, denen er passiv ausgesetzt ist.

Selbstgestaltungstheorien: Der Mensch steht in einem aktiven Austausch mit der passiven Umwelt. Er reagiert auf die Umwelt nicht mechanisch, sondern durch seine Interpretation der Wirklichkeit. Wirklichkeit ist in diesem Verständnis also nie objektiv, sondern durch das Individuum aufgrund seiner Erfahrung subjektiv konstruiert. Jean Piaget ist der wohl bekannteste Vertreter dieser Gruppe von Entwicklungspsychologen. Seiner Auffassung gemäß entwickelt sich das aktive Individuum in Form von »Selbstkonstruktionen«, indem es auf der jeweiligen Entwicklungsstufe seine Umwelt selbsttätig begreift nach den ihm zur Verfügung stehenden Erkenntnis- und Handlungsmöglichkeiten. Die Umwelt bleibt dabei in der Rolle einer »Bühne« bzw. eines Aktionsfeldes, sie determiniert die Entwicklung nicht direkt (vgl. Silbereisen 1996).

Interaktionistische Theorien: Ausgangspunkt ist das Gesamtsystem Mensch – Umwelt. Mensch und Umwelt sind beide aktiv am Entwicklungsgeschehen beteiligt, sie verändern sich und wirken aufeinander ein. Das Individuum verarbeitet die wahrgenommene Wirklichkeit nicht nur in subjektiver Weise, sondern ihr entsprechend greift es auch handelnd in seine Umwelt ein und verändert sie. Diese beeinflusst wiederum die Person und so fort in »dynamischer reziproker Wechselwirkung« (vgl. S. 87ff.).

In der exogenistischen und interaktionstheoretischen Position wird die Umwelt als Entwicklungsfaktor stark betont. Aus ihrem Einfluss lässt sich daher auch gut jener Aspekt von Entwicklung erklären, der gemeinhin als Sozialisation bezeichnet wird und das Hineinwachsen in die Gesellschaft, die »Sozialwerdung« des Menschen, meint (vgl. Hurrelmann & Ulich 1998). Unteraspekte sind etwa die geschlechtstypische und die politische Sozialisation. Diese Sozialisationsprozesse werden, wie die Entwicklung generell, als das ganze Leben umspannend angesehen. Wesentliche »Instanzen« der Sozialisation sind die Familie (»primäre Sozialisation«), Schule und Gleichaltrige (»sekundäre Sozialisation«) sowie Arbeit und Beruf (»tertiäre Sozialisation«). Je nach theoretischer Position (s. o.) wird der Vorgang des Erwerbs gesellschaftlich erwünschter und akzeptierter Erlebens- und Verhaltensweisen anders erklärt: als eine aktive Auseinandersetzung des Individuums mit der aktiv beeinflussenden Umwelt oder als passive Formung durch unterschiedliche gesellschaftliche Einflüsse.

Neben der Beschreibung und Erklärung der Entwicklung beschäftigt sich die Entwicklungspsychologie auch mit Fragen der *Vorhersage* und *Veränderung* von Entwicklungsverläufen. Solche Problemstellungen erwachsen ihr vielfach aus den unterschiedlichen Praxisfeldern. Nach Trautner (1995, S. 133ff.), angeregt durch Montada (1998a, S. 20ff. u. 1998b, S. 896ff.) lassen sich sechs anwendungsbezogene Aufgabenstellungen der Entwicklungspsychologie unterscheiden:

(1) Orientierung über den Lebenslauf – Was ist? Wissen über Alters- bzw. Entwicklungsnormen kann in der Praxis hilfreich sein, um die »Entwicklungsangemessenheit« von Interventionsmaßnahmen zu beurteilen (z.b. bei der Förderung eines wenig selbstständigen Jungen). *(2) Ermittlung von Entwicklungs- und Veränderungsbedingungen – Wie ist etwas entstanden?* Wissen über die Entstehung und Aufrechterhaltung eines Entwicklungsproblems (z.b. soziale Gehemmtheit und Ängstlichkeit eines Schulkindes) liefert Grundlagen für die Planung von Interventionen. *(3) Prognose der Stabilität und Veränderung von Personmerkmalen, Entwicklungs- und Störungsprognose – Was wird?* Solche Kenntnisse sind z.b. in der Rechtsprechung, bei der Kriminalitäts- oder Bewährungsprognose oder im pädagogischen Bereich von Bedeutung. Eltern interessiert häufig, was aus ihren Kindern werden wird: Wenn das Kind einen kleinen Diebstahl begangen hat, wird es dann später kriminell? Bleibt die intellektuelle Leistungsfähigkeit des Kindes auch im späteren Alter erhalten? Gibt sich die Schüchternheit des Adoleszenten im Erwachsenenalter wieder? *(4) Begründung von Entwicklungs- und Interventionszielen – Was soll werden?* Die Entwicklungspsychologie kann zur Begründung solcher Ziele beitragen, indem sie z.b. den Nutzen oder auch die Gefahren von frühkindlichen Förderungsmaßnahmen oder einer Vorbereitung auf ein aktives Leben im Alter untersucht. *(5) Planung von Interventionsmaßnahmen – Wie können Ziele erreicht werden?* Bei jeder Art von Intervention muss geklärt werden, wann (in welchem Alter), wo (bei dem Betroffenen, den Angehörigen, dem weiteren Umfeld) und mit welchen Verfahren (Aufklärung, Beratung, Verhaltensmodifikation, Veränderung von Umweltbedingungen u.a.m.) sie durchgeführt wird. Für diese Planungsentscheidungen kann die Entwicklungspsychologie vielfältiges Wissen bereitstellen. *(6) Evaluation von Entwicklungsinterventionen – Was ist geworden?* In vielfältiger Weise wird in die Lebensläufe von Menschen eingegriffen: Eltern schicken ihre Kinder auf eine weiterführende Schule; ein verhaltensgestörtes Kind bekommt eine Therapie, ein anderes kommt in eine Pflegefamilie etc. Die angewandte Entwicklungspsychologie kann zur Abschätzung der Effizienz und Effektivität solcher Interventionen beitragen.

4. Der Bezug zu anderen Menschen: Sozialpsychologie

Aus der Interaktion der Menschen untereinander ergibt sich eine soziale, d.h. eine zwischen- oder auch mitmenschliche Perspektive. Mit ihr beschäftigt sich die Sozialpsychologie (vgl. Stroebe, Hewstone & Stephenson 1996; Frey & Greif 1997). Sie ist eine Grenzwissenschaft zwischen Psychologie und Soziologie. Ihr Gegenstand ist »sowohl die Analyse des sozial determinierten Verhaltens und Denkens von Individuen als auch das Verhalten von Gruppen. Somit sind die Objekte sozialpsychologischen Erkenntnisinteresses individuelle und überindividuelle Phänomene sowie ihre möglichen Wechselwirkungen« (Bierbrauer 1996, S. 31). Der einflussreiche amerikanische Sozialpsychologe Gordon W. Allport (1968) definierte es als ihre Aufgabe, »zu verstehen und zu erklären, wie das Denken, Fühlen und Verhalten von Individuen durch die reale, vorgestellte oder implizite Gegenwart anderer beeinflusst wird« (zit. n. Graumann 1974, S. 336).

Typische Themen, die sozialpsychologisch untersucht werden, lassen sich in Anlehnung an Bierhoff (1998) und Bierbrauer (1996) folgendermaßen gliedern: 1. Soziale Kognitionen; 2. Soziale Einstellungen; 3. Gruppenprozesse; 4. Soziale Interaktion und Kommunikation; 5. Sozialisation und 6. Spezielle soziale Verhaltensweisen und ihre Motive.

Vor einer näheren Erläuterung sollen sie dem integrierenden Modell zugeordnet werden (s. Tafel 34). Der Schwerpunkt der Sozialpsychologie liegt eindeutig auf der horizontalen Ebene, wobei »die anderen« als Teil der Situation immer eine wichtige Rolle spielen. Eine Ausnahme bilden die Sozialisationsprozesse, die allerdings häufiger in entwicklungspsychologischen Lehrbüchern abgehandelt werden. »Soziale Kognitionen« lassen sich je nach Fragestellung den aktuellen Prozessen oder den Dispositionen zuordnen. »Soziale Einstellungen« sind als Dispositionen zu verstehen. Wird mehr das Umfeld – die »Anderen« – ins Blickfeld genommen, wird das Thema der »Gruppe« relevant. Im Zwischenfeld zwischen Person und Umfeld kann man die Themen der »Interaktion« und »Kommunikation« ansiedeln. Die »Sozialisation« betrifft die vertikale Achse, d.h. den Entwicklungsaspekt. Die »speziellen sozialen Verhaltensweisen und ihre Motive« haben mit mehreren oder allen Segmenten des integrierenden Modells zu tun. Im Einzelnen:

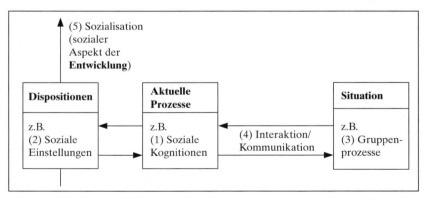

Tafel 34: Typische Themengebiete der Sozialpsychologie und ihre Schwerpunkte im Rahmen der »grundlegenden Aspekte« (vgl. S. 99)

(1) *Soziale Kognitionen:* Hier geht es um die Analyse von Prozessen und Strukturen der »Personwahrnehmung«, um das soziale Verstehen und die soziale Urteilsbildung, um die Zuschreibung (»Attribution«) von Eigenschaften und Intentionen auf sich selbst und andere Personen im Zusammenhang mit sozialen Interaktionen.

In der »Personwahrnehmung« wird etwa untersucht, wie sich Menschen in der sozialen Interaktion ein »Bild« von der anderen Person machen. Häufig werden wenige Informationen schnell zu einem Bild vervollständigt, da feste Erwartungen darüber bestehen, welche Merkmale zusammengehören (z.b. »Wer lügt, stiehlt auch«). Dass die Verknüpfung von Eigenschaften in der Vorstellung des Beobachters (»implizite Persönlichkeitstheorie«) auch Konsequenzen für das Verhalten gegenüber der wahrgenommenen Person haben kann, liegt auf der Hand (z.b. der Person mit Vorsicht zu begegnen).

Die Zuschreibung von Eigenschaften ermöglicht auch eine (kausale) Attribution, eine Zuschreibung von Gründen für das Verhalten des anderen. Wie bereits früher erörtert (s. S. 41f.), neigen Menschen dazu, das Verhalten anderer eher mit Dispositionsbegriffen zu erklären und situative Aspekte zu vernachlässigen (sog. »fundamentaler Attributionsfehler«)

(2) *Soziale Einstellungen:* Dieser Forschungsbereich überschneidet sich z.t. mit dem der »sozialen Kognitionen«. Der Begriff der Einstellung meint in seiner ursprünglichen Bedeutung eine »Stellungnahme zu etwas, und zwar gegenüber Personen, Gruppen, Objekten, Sachverhalten, ja selbst gegenüber Ideen oder Ideologien« (Bem 1974, zit. n. Bierbauer 1996, S. 114). »Stellungnahme« heißt, dass Menschen den Gegenständen der sozialen Welt gegenüber gefühlsmäßig mehr oder weniger positiv oder negativ »eingestellt« sind, also Sympathie und Abneigungen empfinden (»Mein Kollege ist mir sympathisch«). Daneben gehört zur Einstellung auch eine kognitive Komponente – ein »Bild« des anderen Menschen, eine »Meinung« oder »Überzeugung« (»Ich halte ihn für intelligent und kooperativ«). Vielfach wird auch noch eine verhaltensbezogene Komponente hinzugerechnet, d.h. die Tendenz, entsprechend den Emotionen und Kognitionen zu handeln (»Ich werde ihn fragen, ob wir nicht enger zusammenarbeiten wollen«). Diese Tendenz ist aber nicht gleichzusetzen mit tatsächlichem Verhalten. Diese »Drei-Komponeten-Konzeption« der Einstellung ist sehr populär geworden (vgl. Thomas 1991, S. 134f.).

Gegenwärtig wird aber solchen Einstellungstheorien größere Beachtung geschenkt, die davon ausgehen, dass Menschen rational sind und in Übereinstimmung mit ihren Absichten handeln (s. Kognitivismus als theoretische Sichtweise, S. 163ff.). Die wichtigste dieser Theorien ist die »Theorie des geplanten Handelns« von I. Ajzen (1991; vgl. Bierhoff 1998, S. 274ff.). Ajzen nimmt an, dass eine Verhaltensintention (z.B. »Ich will mich heute Abend bei der Bürgerversammlung zu Wort melden«) von drei Einflussfaktoren bestimmt wird: (1) von der wahrgenommenen Handlungskontrolle (»Ich bin fähig, mich an der öffentlichen Diskussion zu beteiligen«), (2) der Einstellung gegenüber dem konkreten Verhalten (»Es ist gut, wenn ich mich beteilige«) und (3) der subjektiven sozialen Norm (»Meine Nachbarn fänden es gut, wenn ich das Wort ergreifen würde«). Die Verhaltensintention sagt das tatsächliche Verhalten dann am besten voraus, wenn es für die Person frei wählbar bzw. kontrollierbar ist (Im Beispiel: Der Besuch der Bürgerversammlung sowie die Wortmeldungen sind freiwillig).

Die psychologische Funktion von Einstellungen besteht vor allem darin, dass sie (a) die Komplexität der wahrgenommenen Umwelt reduzieren und dem Individuum helfen, sich schnell zurechtzufinden, (b) die zwischenmenschliche Orientierung erleichtern, (c) zur Rechtfertigung des Verhaltens dienen können.

Einen klassischen, aber immer noch aktuellen Schwerpunkt sozialpsychologischer Einstellungsforschung bilden die Arbeiten zu rassischen Vorurteilen (z.B. Ausländerfeindlichkeit) und Stereotypen. Daneben stehen heute vielfach auch Untersuchungen im Vordergrund, die kognitive Prozesse oder Strukturen analysieren, z.b. die Rolle des Selbstbildes als Determinante von Einstellungen

(3) *Gruppenprozesse:* Wann spricht man von einer Gruppe, was sind ihre charakteristischen Merkmale? Mit Thomas (1991, S. 97) kann man sie definieren als ein »Aggregat von Personen, die miteinander interagieren und gewisse Normen gemeinsam haben. Da eine Differenzierung der Rollen ein wesentliches Ergebnis des Interaktionsvorganges ist und da das Gefühl zusammenzugehören, ein bedeutsames Ergebnis normativer Übereinstimmung ist, kann man auch kurz so definieren: eine Gruppe ist ein Aggregat von Personen, das durch Rollendifferenzierung und Wir-Gefühl gekennzeichnet ist«.

Der Sozialpsychologie geht es im wesentlichen darum, die Entstehung von Gruppen, die Leistungsfähigkeit von Gruppen (im Vergleich zu der von einzelnen Personen), den Gruppenzusammenhalt (»Kohäsion«), die Gruppenübereinstimmung (»Konformität«) und die verschiedenen Gruppenstrukturen psychologisch zu beschreiben und zu erklären. All dies sind gruppeninterne Aspekte. Daneben, aber seltener, sind auch die Beziehungen zwischen verschiedenen Gruppen Thema der Sozialpsychologie (vgl. Wagner 1994; s. auch Tafel 35).

Es gibt nun verschiedene Arten von Gruppen, z.B. Verwandtschaftsgruppen (Familie), Beschäftigungsgruppen (Arbeitsgruppe), Freundschafts- und Interessengruppen (»Clique«). Menschen gehören in der Regel gleichzeitig mehreren Gruppen an. In manchen sind sie formale Mitglieder (»Mitgliedschaftsgruppe«), anderen fühlen sie sich in ihren Einstellungen zugehörig (»Bezugsgruppe« oder »Peer-Group«). Beide Zugehörigkeiten sind im Prinzip auch dann möglich, wenn man mit den anderen Gruppenmitgliedern oder den meisten von ihnen nicht persönlich interagiert. Man ist z.B. laut Pass ein Deut-

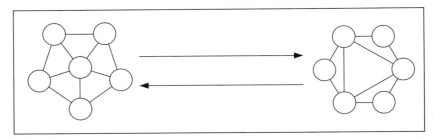

Tafel 35: Die Gruppenpsychologie befasst sich mit Prozessen und Strukturen *in* Gruppen, aber auch mit Beziehungen *zwischen* Gruppen.

scher oder fühlt sich einer weltweiten religiösen Strömung verbunden. In diesem Fall meint der Begriff der »Gruppe« lediglich eine soziale Kategorie, die dem Einzelnen als Bezugsgröße seiner Selbstbewertung oder seines Handelns dient (vgl. Tajfel & Turner 1986).

Von den vielen Gruppen, in denen Menschen Mitglieder sind und/oder denen sie sich zugehörig fühlen, kommt der Familie eine besondere Bedeutung zu. Sie ist als »Primärgruppe« die erste, in die Menschen hineinwachsen, von der sie beeinflusst werden und die sie durch ihr Verhalten mitgestalten (»Primäre Sozialisationsinstanz«).

(4) *Soziale Interaktion und Kommunikation:* Hier geht es um die Untersuchung von sprachlichen und nichtsprachlichen Formen des Verhaltens zueinander und dem damit verbundenen Informations- und Bedeutungsaustausch. So ist z.B. sozialpsychologisch von Interesse, wie durch soziale Normen und Regeln der Verlauf einer Kommunikation (Vorstellungsgespräch, Partygeplauder usw.) gestaltet wird. Auf Seiten der personalen Dispositionen haben die kulturell geprägten Kommunikationsfertigkeiten Beachtung gefunden, denn soziale Kommunikation ist ein kompliziertes Zusammenspiel verbaler und nonverbaler Signale: »Eine Sprache wird nicht nur mit Wörtern, sondern mit dem ganzen Körper gesprochen« (Forgas 1995, S. 133). Die Forschungsergebnisse zeigen, dass mit nonverbalen Zeichen (z.B. Kopfnicken, Blickkontakt, Körperhaltung) der Ablauf eines Gesprächs gesteuert, der emotionale Zustand übermittelt und wichtige Hinweise gegeben werden, wie verbale Äußerungen zu verstehen sind.

Auf die grundlegende Bedeutung der Kommunikation haben wir schon in Kapitel 3 hingewiesen, wo wir sie den aktuellen Prozessen zugeordnet und als einen elementaren Aspekt zwischenmenschlichen Verhaltens bezeichnet haben (s. S. 62).

(5) *Sozialisation:* Der Aspekt der Sozialisation ist in unserer Systematik unter »Entwicklungspsychologie« besprochen worden als der sozialbezogene As-

pekt der Entwicklung (s. S. 113). Vor allem geht es um die Entstehung und Veränderung sozialen Verhaltens und sozialer Einstellungen, die für die Mitgliedschaft in einer Gesellschaft von Bedeutung sind. Anders als bei der »aktuellen« Interaktion und Kommunikation geht es bei der Sozialisation um das Erlernen sozialer Dispositionen, also um relativ andauernde Veränderungen einer Person.

(6) *Spezielle soziale Verhaltensweisen und ihre Motive:* Als wichtige Erscheinungsformen des sozialen Verhaltens, die immer wieder untersucht worden sind, gelten nach Bierhoff (1998, S. 12ff.): (a) Streben nach Geselligkeit, nach Kontakt und emotionalen Bindungen, (b) interpersonale Attraktion, Zuneigung oder Ablehnung, (c) hilfreiches Verhalten, (d) aggressives Verhalten, (e) Streben nach Gerechtigkeit und Fairness im sozialen Miteinander und (f) Streben nach Kontrolle und Handlungsfreiheit.

In allen Themengebieten der »Sozialpsychologie« gibt es eine Vielzahl von theoretischen Ansätzen, mit denen die beobachtbaren Phänomene beschrieben und erklärt werden. In dem von Frey & Irle (1993/1985/1985) herausgegebenen dreibändigen Werk der Theorien der Sozialpsychologie werden allein 30 Ansätze aufgeführt! Übergreifend lassen sich aber einige Grundströmungen feststellen, vor allem kognitiv-behavioristische und kognitivistische. Darüber hinaus ist zu erkennen, dass die »Verankerung menschlichen Erlebens und Verhaltens in ihren sozialhistorischen Bezügen« (Bierbrauer 1996, S. 35) in jüngster Zeit verstärkt thematisiert wird. Die Behandlung solcher Themen wie »Soziale Konflikte und Streitbehandlung« oder »Kultur und Migration« als Gegenstände einer angewandten Sozialpsychologie weisen in diese Richtung (vgl. Bierbrauer 1996, S. 157ff.).

Die theoretische Heterogenität und die inhaltliche Vielfalt der Forschungsgegenstände hat zur Folge, dass die Lehrbücher jeweils unterschiedliche Akzente setzen. Einige sind primär aus theoretischer Sicht geschrieben, andere konzentrieren sich stärker auf eine thematische Darstellung, wobei sie die einzelnen Inhalte mit sehr unterschiedlichem Gewicht behandeln. Dies macht es nicht leicht, sich einen Überblick über sozialpsychologische Forschung und ihre Ergebnisse zu verschaffen.

5. Der Bezug zur materiellen Umwelt: Umweltpsychologie

Ebenso wie die soziale liefert die materielle Umwelt Komponenten der »Situationen«, in denen sich Handeln vollzieht. Diese Umwelt fungiert dabei aber nicht als Kulisse, sondern sie ist »Anreger« wie »Ergebnis«, sie ist ein auf Menschen einwirkendes wie von ihnen gestaltetes und genutztes Medium. Beispiele: Eine Person stellt die Möbel in ihrer Wohnung um; diese veränderte Umwelt wirkt als neue Situation auf die Person ein. Sie fühlt sich wohler. Die

Umgestaltung eines Wiesengeländes am Stadtrand in eine weitläufige Parklandschaft ermuntert zu Spaziergängen und zum Aufenthalt in der freien Natur.

Die Umwelt lässt sich als ein System verschiedener, untereinander in Zusammenhang stehender »Ebenen« verstehen, die wiederum unterschiedlichen soziokulturellen Einflussgrößen ausgesetzt sind. Solche Ebenen sind z.B »Zimmer«, »Wohnung«, »Haus«, »Wohnblock«, »Stadtteil« etc. Im Weiteren zählen dazu das Land, in dem man lebt, der Erdteil und die Welt als der umfassendste Lebensraum. »Welt« ist eine sehr abstrakte Umweltgegebenheit, auf die der Einzelne praktisch keinen Einfluss hat, die aber z.T. ganz konkrete Auswirkungen auf sein Erleben und Verhalten haben kann. Die weltumspannende Bedrohung durch die sich abzeichnende Klimaveränderung ist dafür ein Beispiel.

Die konkrete Umwelt ist – bezogen auf die Menschen, die in ihr leben – letztlich immer eine soziokulturell geprägte Umwelt. Für Europäer mag z.b. der »Urwald« als ein Beispiel natürlicher Umwelt gelten. Für die in ihm lebenden Menschen ist er dagegen eine Umwelt mit vielen überlebenswichtigen Bedeutungen, mit sozial vermittelten Handlungs- und Entfaltungsmöglichkeiten.

Die Aufgabe der *Ökologischen Psychologie* bzw. *der Umweltpsychologie*, wie diese Psychologie heute überwiegend bezeichnet wird (vgl. Lantermann & Linneweber 1996; Homburg & Matthies 1998), besteht in der wissenschaftlichen Analyse von Ökosystemen. Dies bedeutet: »Erfassung der Prozesse wechselseitiger Beeinflussung von Individuum und Umwelt sowie ihrer Bedingungen und Auswirkungen« (Mogel 1996, S. 266). Themenstellungen der Umweltpsychologie sind neben diesen grundsätzlichen, allgemeinpsychologisch orientierten unter anderem der Umweltbezug in verschiedenen Lebensaltern oder die soziale Interaktion in verschiedenen Umweltgegebenheiten. So geben z.B. die Sitzordnung im Hörsaal, der Beichtstuhl oder das Zugabteil unterschiedliche Rahmenbedingungen für die Kommunikation ab. Des Weiteren werden die Beziehungen zur Umwelt in spezifischen ökologischen Kontexten untersucht, z.B. in der Stadt, in der Wohn-, der Arbeits- und Freizeitumwelt (vgl. Graumann 1978). Schließlich sind auch persönlichkeitspsychologische und sozialpsychologische Fragestellungen relevant, z.B. wie unterschiedlich Personen ihre Umwelt wahrnehmen, welches Umweltbewusstsein sie ausbilden und welche Einstellung sie zu Umweltthemen haben.

Die Tafel 36 gibt ein Beispiel umweltpsychologischer Forschung: Sie zeigt, dass Kinder, die in verkehrsreichen Wohngebieten aufwachsen, weniger Möglichkeiten haben, mit Gleichaltrigen zu spielen und dabei soziales Verhalten zu erlernen, als Kinder in verkehrsarmen Wohngegenden. Sie haben auch weniger Möglichkeiten, eigenständig ihre Umwelt zu erkunden und damit ihre Selbstständigkeit zu erproben, weil ihre Eltern aus Sorge um ihr Wohlergehen sie nur begrenzt ohne Aufsicht spielen lassen.

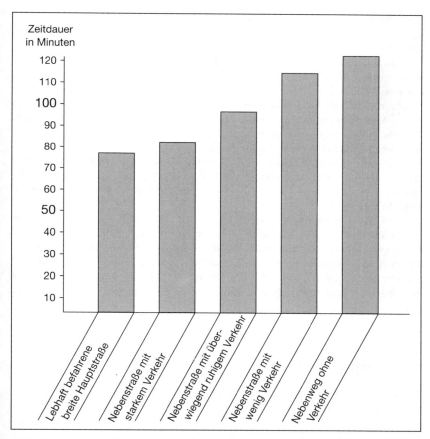

Tafel 36: Durchschnittliche Zeitdauer der Spielkontakte draußen – in Minuten pro Tag bei drei- bis sechsjährigen Kindern (Engelbert 1986; zit. n. Flade 1987, S. 142)

Hatte Kruse (1974, S. 7ff.) die traditionelle Psychologie als »umweltvergessen« charakterisiert, weil sie sich der ökologischen Fragestellungen nur zögernd angenommen hatte, so ist seit einiger Zeit – auch in Folge einer zunehmenden Bewusstheit der Umweltzerstörung durch den Menschen – eine »Ökologisierung der Psychologie« bzw. eine »ökologische Wende« in der Psychologie zu beobachten (vgl. Kruse, Graumann & Lantermann 1996; Pawlik & Stapf 1992), die sich quer zu den üblichen Teildisziplinen der Psychologie vollzieht. Damit wird deutlich, dass die ökologische Perspektive zu den systembezogenen Grundlagengebieten gezählt werden kann (vgl. Mogel 1996, S. 280).

In ihren Anwendungsfeldern beschäftigt sich die Umweltpsychologie mit konkreten Umweltproblemen, z.B. Lärmauswirkungen, Umweltverschmutzung, Wohnbedürfnissen und -formen. Sie arbeitet mit verschiedenen psychologischen und nichtpsychologischen Disziplinen (z.b. Soziologie, Architektur, Medizin) bei der Lösung dieser Aufgaben zusammen (vgl. Flade 1987). Um ein Beispiel aus der Architektur zu geben: Es hat sich gezeigt, dass bauliche Strukturen erheblich zu Problemen wie Isolation, Vereinsamung, Überforderung, Ängstlichkeit, Aggressivität, Vandalismus und Kriminalität beitragen können, beispielsweise: »Gleichförmigkeit/Monotonie baulicher Formen; Wohnen in hohen Stockwerken; soziale Enge in zu kleinen Räumen; anonyme/unkontrollierte Räume/Flächen (Flure, Höfe, Vorplätze); Unübersichtlichkeit von Bauten bzw. Räumen; mangelnde Isolierung gegenüber störenden Immissionen; Zerschneidung von Quartieren durch Verkehrswege« (Rohrmann 1988, S. 268).

Die Umweltgestaltung könnte hier auch zur Prävention von delinquentem Verhalten und zur Förderung psychischer Gesundheit beitragen. So könnte schon die Grundrissplanung einer Wohnung dazu beitragen, Konflikte zu entschärfen, die aus den unterschiedlichen Wohnbedürfnissen von Eltern und Kindern entstehen (vgl. Flade 1987). Sie müsste dazu in ihren Entwürfen für die einzelnen Bewohner z.b. eine möglichst große räumliche Autonomie vorsehen.

6. Beziehungen zwischen körperlichen und psychischen Vorgängen: Biologische Psychologie u.a.

In diesem Forschungsfeld werden Zusammenhänge zwischen Erleben/Verhalten und neuronalen Systemen untersucht und auf der Grundlage neurobiologischer Prozesse und Strukturen erklärt. Dass solche Zusammenhänge existieren, kennt jeder aus der alltäglichen Selbstbeobachtung: So kommen wir z.B. in peinlichen Situationen »ins Schwitzen«, haben ein »flaues Gefühl« im Magen, werden »rot«, bekommen »Herzklopfen« usw. Am Beispiel der »Angst« kann der Zusammenhang genauer und zugleich umfassender dargestellt werden (s. Tafel 37). Dabei handelt es sich nur um eine grobe Charakterisierung; die psychophysische »Gleichzeitigkeit« ist in Wirklichkeit ein komplizierteres Beziehungsgefüge mit Veränderungen im Zeitverlauf und mit starker individueller Ausgestaltung.

Psychisches Geschehen ist untrennbar mit biologischen, vor allem neurologischen Vorgängen des Körpers verbunden, hat darin seine materielle Entsprechung. Deshalb wird dieses Gebiet auch als Biologische Psychologie bzw. Biopsychologie bezeichnet (vgl. Birbaumer & Schmidt 1996). Sie hat die bisher übliche Bezeichnung, »Physiologische Psychologie« abgelöst. Diese wird

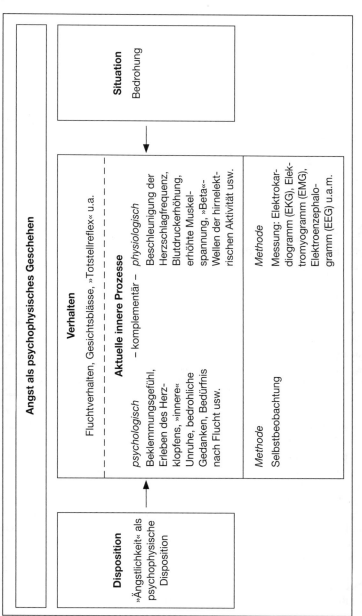

Tafel 37: Angst als psychophysisches Geschehen. Aktuelle Prozesse, dispositionelle und situative Bedingungen

jetzt als eine ihrer Teildisziplinen angesehen. Die Biologische Psychologie ist wiederum eine der Teildisziplinen der Neurowissenschaften (vgl. Dudel, Menzel & Schmidt 1996). Daneben gibt es eine Reihe von Schwerpunktbildungen mit verschiedenen Bezeichnungen: Physiologische Psychologie, Psychophysiologie, Neuropsychologie, Psychosomatik und Psychopharmakologie (vgl. Schandry 1998).

Die *Physiologische Psychologie* sucht nach grundlegenden neurobiologischen Mechanismen, die den Bewusstseinsprozessen und dem Verhalten zugrunde liegen. Sie ist überwiegend allgemeinpsychologisch orientiert, ist auf Theoriebildung ausgerichtet und arbeitet vielfach tierexperimentell im kontrollierten Laborversuch. Die Auswirkungen elektrischer Stimulation bestimmter Hirnareale, die neurochemische Manipulation bestimmter Botenstoffe der Reizübertragung im Nervensystem oder die Verhaltensfolgen von neurochirurgischen Eingriffen sind Beispiele für Untersuchungsdesigns in dieser Forschungsrichtung. Ziel ist es, die gewonnenen Erkenntnisse zur Erklärung menschlichen Erlebens und Verhaltens anzuwenden. Weitere Forschungsfelder sind z.B. die Entschlüsselung der Basisprozesse der visuellen Wahrnehmung, die Erkundung der physiologischen Grundlagen des Lernens, die Analyse der Wechselwirkung von Hormonen und Verhalten.

Die *Psychophysiologie* untersucht das Zusammenwirken von physiologischen Prozessen, subjektivem Erleben und beobachtbarem Verhalten beim Menschen. Die Untersuchung der Angst (s. Tafel 37) ist ein Beispiel für einen solchen »Mehr-Ebenen-Ansatz«. Sie arbeitet eher differentiell-psychologisch, vorwiegend mit Menschen und unter Einbeziehung physiologischer und/oder biochemischer Vorgänge, wie z.B. der muskulären Aktivität, der elektrischen Hirnrindenpotentiale oder der zellbiologischen Indikatoren des Hormon- und des Immunsystems. Typische Forschungsgegenstände sind z.B. Schlaf, Stress, Emotion, Belastung am Arbeitsplatz oder die Analyse kognitiver Prozesse auf der Basis von Gehirnfunktionen (vgl. Schandry 1998). Eines ihrer zentralen Themengebiete ist die »Aktivierung« bzw. »Aktivation«. Jedes psychische Geschehen ist in irgendeiner Form durch psychophysische Aktivierung (Prozesse) und Aktivation (Zustände) charakterisiert. Einfachere Aktivierungsprozesse sind das Erröten oder Reflexe (z.B. der Pupillarreflex). Bei Gefühlen wie Freude, Trauer und Motivationen, wie etwa die Leistungsmotivation, sind die Aktivierungsvorgänge sehr komplex und sehr personabhängig. So konnten z.B. »Ärger« und »Furcht« auf physiologischer Ebene bislang nicht eindeutig unterschieden werden, weil diese Prozesse physiologisch interindividuell unterschiedlich ausfallen. In Bezug auf grundlegende Persönlichkeitsdimensionen ergibt sich ein ähnliches, teilweise widersprüchliches Bild. So zeigten sich für die Disposition der »emotionalen Labilität« folgende Zusammenhänge: Je emotional labiler sich Versuchspersonen schildern (je missgestimmter, reizbarer, grüblerischer, kontaktgestörter), desto intensiver erleben sie körperliche

Beschwerden; auf der Ebene der Selbstbeobachtung bzw. der Erlebnisebene besteht also zwischen beiden Seiten ein deutlicher Zusammenhang. Hingegen ist es bisher nicht gelungen, die Versuchspersonen, die sich als emotional labil schildern, auch auf physiologischer Ebene objektiv anhand von Messwerten zu charakterisieren. Anders als man nach ihrer Schilderung der körperlichen Symptome hätte erwarten können, haben sie weder höhere Ruhewerte noch höhere Reaktionswerte. Weitere wichtige Themen der Psychophysiologie sind nach Schandry (1994, S. 616f.): (1) Untersuchung des Verlaufs und der Anpassung vegetativer und zentralnervöser Reaktionen auf neue Reize (»Orientierungsreaktion des Organismus«); (2) Untersuchung der willentlichen Steuerung vegetativer, zentralnervöser und muskulärer Prozesse (»Bio-Feedback«); (3) Untersuchung der hirnelektrischen Potentiale bei Gedächtnis-, Aufmerksamkeits- und Sprachverarbeitungsprozessen (»Kognitive Psychophysiologie«).

Die *Neuropsychologie* als stark anwendungsbezogene Disziplin beschäftigt sich mit Störungen im Erleben und Verhalten von Menschen, die auf Schädigungen des Gehirns durch Erkrankungen, Verletzungen oder neurochirurgische Eingriffe zurückzuführen sind.

Psychosomatik bezeichnet eine Forschungsrichtung, die körperliche Erkrankungen (z.B. Asthma, Magengeschwür, Bluthochdruck) in Entstehung und Entwicklung ursächlich mit psychischen Konflikten in einem Zusammenhang sieht (vgl. Uexküll, Adler, Hermann u.a. 1996).

Die *Psychopharmakologie* untersucht die Wirkung von Pharmaka und Drogen (z.B. Neuroleptika, Antidepressiva, Tranquilizer) auf das menschliche Erleben und Verhalten. Sie kann auch zum Verständnis der Wirkungsweise körpereigener psychoaktiver Substanzen beitragen, und sie kann Anstöße zur Entwicklung und Prüfung neuer Pharmaka geben.

Zurzeit gibt es noch keine umfassenden Theorien der empirisch beobachtbaren psychophysischen Zusammenhänge. Die Beziehungen sind offenbar sehr verwickelt und erfordern komplizierte Versuchsplanungen und aufwendige statistische Auswertungsverfahren. Hinzu treten Probleme durch die Unterschiedlichkeit der Methodik der Psychologie, Neurologie und Physiologie. Neue Analysetechniken, die insbesondere die zentralnervösen Prozesse genauer erfassen, werden es aber möglich machen, die Interaktion von Gehirnprozessen und Verhalten auf qualitativ höherem Niveau zu untersuchen (vgl. Schandry 1998).

Ungelöst bleibt bei allen Forschungsansätzen die grundsätzliche Beziehung zwischen physischem und psychischem Geschehen, zwischen »Psyche« und »Soma«, »Körper« und »Geist«, »Leib« und »Seele«, geistig-immateriellen Vorgängen und körperlich-materiellen. Dieses Problem, bekannt als das »Leib-Seele-Problem«, hat nicht erst die Psychologie beschäftigt, sondern die ganze abendländische Philosophie. Von ihr sind verschiedene Ideen entwickelt

Monismus (= ein Prinzip)	Spiritualismus	Körpergeschehen ist ein Epiphänomen (Wirkung, Widerspiegelung, Produkt) psychischen Geschehens
	Materialismus	Psychisches Geschehen ist ein Epiphänomen des Körpergeschehens
Dualismus (= zwei Prinzipien)	Interaktionismus	Körpergeschehen und psychisches Geschehen beeinflussen sich gegenseitig
	Parallelismus	Körpergeschehen und psychisches Geschehen laufen beide exakt parallel, aber völlig unabhängig voneinander in perfekter Harmonie
Kompromiss	Identität/Doppelaspekt	Psychisches und Körpergeschehen sind zwei Aspekte eines Prinzips

Tafel 38: Grundlegende Auffassungen zum »Leib-Seele-Problem«

worden, die in Tafel 38 kurz skizziert sind. Die psychologische Theoriebildung ist davon stark beeinflusst worden.
Eine verbreitete Auffassung in der Psychologie wird von Janke (1976) vertreten. Er meint, somatische und psychische Prozesse seien nichts Unterschiedliches. Die Trennung von Psychischem und Physischem sei mithin völlig willkürlich: »Wir sind nur gewohnt, bestimmte Aktivitäten einmal in der Sprache der Physiologie und zum andern in der Sprache der Psychologie zu beschreiben. (...) Psychische Prozesse sind Gesamtaktivitäten des Organismus, die nach einem Prinzip, das wir bis heute nicht voll begreifen können, aus der Integration des organismischen Teilsystems (insbesondere des Gehirns) resultieren. Mit dieser Ansicht erübrigt sich eine Diskussion über das ›Leib-Seele-Problem‹« (S. 3).

Kapitel 5
Praxisbezogene Betrachtungsweisen
(»Anwendungsgebiete«)

Die Aufgabe der Angewandten Psychologie besteht darin, »Fragestellungen, die aus der Praxis kommen, auf der Grundlage psychologischer Theoriebildung mit wissenschaftlichen Methoden zu beantworten, um daraus Empfehlungen ... für das praktische Handeln abzuleiten« (Rosenstiel & Neumann 1988, S. 212). Typische Praxisfelder sind: »psychische Störungen«, »Erziehung und Unterricht«, »Arbeit und Beruf«, »Gesundheit und Krankheit«. Mit ihnen werden wir uns anschließend ausführlicher befassen. Zunächst aber einige andere Beispiele in Kurzform, um die »Buntheit« des Spektrums Angewandter Psychologie zu illustrieren (vgl. auch Schorr 1993).

1. Vielfalt der Praxisfelder: Von Werbung bis Gerichtsverfahren

Werbepsychologie: Sie befasst sich mit den psychologischen Grundlagen der Werbung und ihrer Wirkungsweise. Werbung wird als Kommunikationsmaßnahme verstanden, die den Absatz von Produkten (Ideen, Gütern, Dienstleistungen) steigern soll. Analysiert werden Werbemittel (z.b. Werbeeinblendungen im Fernsehen), Werbeträger (z.b. Radio), Gestaltungsmittel (z.b. zeitliche Länge, Verständlichkeit, Emotionalitätsgehalt), Werbeziele und Werbestrategien (z.b. Erhöhung des Bekanntheitsgrades der Verpackung, Schaffung positiver Einstellungen zum Werbeobjekt). Weitere Aufgaben bestehen darin, die Werbewirkung zu messen und zu erklären. Die Werbepsychologie ist Teil der Marktpsychologie die sich auch mit Aspekten wie der Preispolitik, Produktgestaltung und der Konzeption der Absatzwege als Maßnahmen zur Beeinflussung des Konsumentenverhaltens beschäftigt (vgl. Six 1983; Neumann & Rosenstiel 1994; Clemens-Ziegler & Pawlowsky 1994).

Verkehrspsychologie: Sie beschäftigt sich mit Gefahrensituationen im Verkehr (z.B. Verkehrsführung in Baustellenabschnitten), mit Auswirkungen der Verkehrsordnung, der Beschaffenheit der Straße und der Konstruktionsmerkmale der Fahrzeuge auf das Erleben und Verhalten der Verkehrsteilnehmer (z.B. Wahrnehmbarkeit von Verkehrszeichen, Rück-, Brems- oder Blinklichtanlagen). Die Untersuchung der Fahrtüchtigkeit und Fahreignung spielt in der Praxis eine große Rolle. Die Verkehrspsychologie entwickelt zudem Konzepte für die Fahrausbildung, für die Verkehrserziehung und -aufklärung. In jüngster Zeit werden auch ökologische Fragestellungen behandelt. Es geht darum, wie die Mobilitätsgewohnheiten der Bevölkerung verändert werden können, um die Umweltbelastungen durch den motorisierten Individualverkehr zu reduzieren (vgl. Kroj 1995, Schlag 1997, Giese 1997).

Sportpsychologie: Ihre Themen sind vielfältig. Sie untersucht Entwicklungsmöglichkeiten und -hemmnisse sowie Ansätze zur Förderung sportlicher Leistung. Sie arbeitet psychologische Trainingsmethoden aus (z.b. für mentales Training) und analysiert psychische Beanspruchungen in Wettkampfsituationen (z.B. in der Vorstartphase eines Ski-Abfahrtslaufes). Weiterhin greift sie die problematische Situation des Schulsports auf, um Verbesserungsmöglichkeiten zu erschließen (vgl. Thomas 1995). Die Untersuchung der präventiven und therapeutischen Funktion des (Gesundheits-)Sports ist ein anderes Forschungsfeld (vgl. Nitsch & Seiler 1994). Mit der Erfassung und Analyse motorischer Lern- und Entwicklungsprozesse sowie der psychomotorischen Funktionsstörungen ist ein weiterer Aspekt sportpsychologischer Arbeit benannt (vgl. Baumann 1998, Janssen 1995).

Tourismuspsychologie: Ihre Aufgabenbereiche sind unter anderem die Erstellung von Urlaubertypologien, die Untersuchung von Urlaubsmotiven, die Erhebung von Einstellungen gegenüber Urlaubsregionen (Meer, Gebirge), Reisetypen (Kreuzfahrten, Campingurlaub, Trampen) und Reiseformen (Auto, Flugzeug, Fahrrad), die Analyse sozialer Interaktionen der Reisenden untereinander und mit den Einheimischen (»Bereiste«), die Ermittlung der Kundenzufriedenheit. Zukünftig wird der Abbau von Vorurteilen gegenüber den Einheimischen und der Aufbau humaner Kommunikation mit ihnen an Bedeutung gewinnen. Die Tourismuspsychologie ist erst in der Entwicklung begriffen. Sie arbeitet mit anderen Wissenschaften der Tourismusforschung (z.B. Ökonomie, Kulturwissenschaften, Geographie, Geschichte, Soziologie, Pädagogik, Gesundheitswissenschaften) sowie mit der Tourismus-Praxis zusammen (vgl. Hahn & Kagelmann 1993; Kagelmann 1993; Opaschowski 1996).

Forensische Psychologie: Hierunter versteht man die Anwendung psychologischer Theorien, Methoden und Erkenntnisse auf das Gebiet der Rechtspflege. In der Praxis ist das Haupttätigkeitsfeld die gutachterliche Stellungnahme in rechtsförmigen Verfahren. Sie kommt zum Zuge im Sozialrecht, wenn es z.B. darum geht, Ansprüche auf Behandlung an die gesetzliche Krankenversicherung bei psychischen Störungen oder auf eine vorzeitige Berentung geltend zu machen. Im Vormundschafts- und Kindschaftsrecht wird sie benötigt z.b. bei der Entscheidung über die elterliche Sorge nach einer Ehescheidung. Im Straßenverkehrsrecht, wenn z.B. die Fahrtüchtigkeit festgestellt werden muss, werden medizinisch-psychologische Gutachten erstellt. In Strafverfahren ist die gutachterliche Einschätzung gefragt, wenn beispielsweise die Glaubwürdigkeit von Zeugen, die Schuldfähigkeit oder der Entwicklungsstand eines Jugendlichen zu beurteilen ist. Im Strafvollzug fallen außer begutachtenden auch therapeutische Aufgaben an (vgl. Kühne 1988, Wegener 1992, Greuel, Fabian & Stadler 1997).

Eine Vorstellung von der Vielgestaltigkeit der Anwendungsgebiete gibt die Tafel 39.

Diese Auflistung ist aber nicht erschöpfend, denn mit dem gesellschaftlichen und technischen Wandel entwickeln sich immer wieder neue Aufgaben und Praxisbezüge für die Angewandte Psychologie.

Wir nennen die Anwendungsgebiete auch »praxisbezogene Betrachtungsweisen«, um deutlich zu machen, dass es nicht neue psychische Vorgänge sind, mit denen man es zu tun hat, sondern nur eine andere *Perspektive:* Psychische Phänomene werden im Hinblick auf Anforderungen in speziellen Praxisfeldern untersucht. Entsprechend unserem integrierenden Modell können diese Besonderheiten sowohl in der Situation des Praxisfeldes liegen als auch in den personalen Dispositionen der beteiligten Individuen. Typische Situationen sind z.B. der Arbeitsplatz am Computer, das Krankenzimmer auf der Station, das Klassenzimmer in der Schule, das Einkaufszentrum in der Stadt. In diesen Praxisbereichen agieren üblicherweise Personen aus typischen Altersgruppen, mit typischem Bildungsgrad, typischen Berufsinteressen usw. Sie erfüllen bestimmte Rollen oder Funktionen, so etwa als Angestellter, als Patient, als Schüler, als Konsument.

Trotz der praxisbezogenen Perspektive können die angewandten Psychologien in gewissem Sinne auch zu den Grundlagengebieten gerechnet werden, weil sie auch psychologische Problemstellungen dieser »Lebenswirklichkeiten« thematisieren und der Forschung erschließen. Umgekehrt haben manche Grundlagengebiete sich selbst auch in den Bereich angewandter Psychologie hineinentwickelt. Man spricht dann z.B. von einer Angewandten Entwicklungspsychologie oder Angewandten Sozialpsychologie. Zwischen Grundlagendisziplinen und angewandten Psychologien besteht also keine strikte Trennung, eher ein Ergänzungsverhältnis (vgl. Liebel 1996).

In ihrer Gesamtheit ist Angewandte Psychologie ethischen Beurteilungen ausgesetzt. Indem sie für die Praxis fruchtbar werden will, muss sie sich auch fragen, welchen Zielen und Interessen diese Praxis dient. Man denke nur an die Funktion der Psychologie in der Werbung oder an die Psychologie im Dienste der Kriegsführung. Psychologie wird zudem nicht nur von Psychologen angewandt, auch fachfremde Berufsvertreter bedienen sich psychologischer Erkenntnisse.

Anwendungsgebiet Arbeit und Beruf
- Organisation, Organisationsstruktur und Organisationsentwicklung
- Personalauslese, Training und Personalentwicklung in Organisationen
- Individuum und Organisation
- Gestaltung von Mensch-Maschine-Systemen
- Arbeitsstrukturierung und Arbeitsanalyse
- Arbeitsschutz
- Neue Technologien: Mensch-Computer-Interaktion, Multimedia
- Berufswahl und Laufbahnentwicklung

Anwendungsgebiet Markt, Werbung, Volkswirtschaft
- Werbung, Öffentlichkeitsarbeit und Marketing
- Konsum- und Kaufverhalten
- Volkswirtschaft und ökonomische Verhaltensforschung

Anwendungsgebiet Umwelt
- Gestaltung von Umwelt
- Entsorgungsprobleme
- Umweltstress
- Psychologie des Energiesparens
- Transport und Verkehr

Anwendungsgebiet Öffentlichkeit und Gesellschaft
- Politik
- Recht
- Militär und Polizei

Anwendungsgebiet Gesundheit
- Gemeinde, Schule, Betrieb
- medizinische Versorgung
- Belastung, Beanspruchung, Fehlanpassung und ihre Folgen
- Alter und Altern

Anwendungsgebiet Kultur und Freizeit
- Kultur und Religion
- Musik
- Tourismus
- Medien und Massenkommunikation
- Sport und Freizeit
- Freizeit

Allgemeine Probleme
- Versuchsplanung mit Evaluation
- Grundlagenforschung und Anwendung
- Entscheidungshilfesysteme
- Berufsbild des Psychologen

Tafel 39: Spektrum der Angewandten Psychologie (ohne Klinische und Pädagogische Psychologie) (nach Frey, Hoyos & Stahlberg 1988)

Hiermit werden grundsätzliche Fragen berührt, etwa die, ob Forscher für die Anwendung ihrer Ergebnisse mitverantwortlich sind. Bekannt ist das Problem besonders aus der Atomphysik: War Robert Oppenheimer, der maßgeblich zur Entwicklung der Atombombe beigetragen hat, auch mitverantwortlich für den Einsatz der Atombombe in Hiroshima und Nagasaki? Wir können solche Fragen hier nur am Rande erwähnen. Sie reichen weit über die Psychologie hinaus.

2. Psychische Störungen: Klinische Psychologie

Die Klinische Psychologie wird zwar nicht einheitlich definiert, gemeinsame Tendenz der meisten Definitionen ist jedoch, dass sie sich mit der Beschreibung, Erklärung und Veränderung »psychischer Störungen« oder »psychischer Probleme«, unabhängig von deren Genese, beschäftigt (vgl. Davison & Neale 1998, Bastine 1998). Den Bezugsrahmen für die Erklärung und Veränderung bilden psychologische Theorien und psychologische Methoden. Da menschliches Erleben und Verhalten generell (s. Biologische Psychologie, S. 122 ff.) und also auch psychische Störungen nicht nur durch psychologische Mechanismen beeinflusst werden, sondern z.B. auch durch physiologische, neurologische und endokrinologische, ist in der Praxis die Zusammenarbeit vor allem mit den medizinischen Disziplinen der Psychiatrie, Neurologie und Endokrinologie sowie mit der Pharmakologie wichtig.

Was aber ist eine »psychische Störung«? Viele Autoren heben das Leiden des betreffenden Menschen hervor: Ein Mensch, der an sich selbst leidet (z.B. wegen starker Ängste oder Depressionen), ist »gestört«. Aber man kann auch die Perspektive der Außenstehenden einnehmen; so leiden etwa Familienangehörige oder »die Gesellschaft« unter dem gewalttätigen Verhalten eines Menschen und bewerten es deshalb als gestört. Klinische Psychologen berücksichtigen gewöhnlich beide Perspektiven und gehen im Übrigen in der Mehrzahl davon aus, dass der Übergang von »normal« zu »gestört« fließend ist.

Typische Störungen, mit denen sich die Klinische Psychologie in der Praxis beschäftigt, sind unter anderem: ausgeprägte Ängste, Selbstunsicherheit, Lern- und Leistungsstörungen, depressive Verstimmungen, aggressives Verhalten, Beziehungsprobleme, aber auch – meist in Zusammenarbeit mit der Medizin – Suchtprobleme, psychotisches Erleben und Verhalten (z.B. Schizophrenie) oder psychosomatische Krankheiten.

Zwischen den verschiedenen »Störungen« oder »Problemen« gibt es vielfältige Übergänge und Verbindungen. Das macht es schwer, zu einer allgemein akzeptierten Einteilung psychischer Störungen zu gelangen. Mit dem ursprünglich amerikanischen »Diagnostic and Statistical Manual of Mental Disorders« (DSM-IV, deutsche Ausgabe: Süß, Wittchen & Zaudig 1996) gibt es allerdings ein umfassendes und inzwischen verbreitetes Klassifikationssystem. Faktisch sind die Einteilungen, an denen sich die klinisch-psychologisch Tätigen orientieren, auch stark von der jeweiligen theoretischen »Schule« abhängig.

Überhaupt ist die Klinische Psychologie wie kein anderes praxisbezogenes Gebiet von der Konkurrenz *unterschiedlicher theoretischer Standpunkte* beherrscht (vgl. Reinecker 1998; Sieland 1994/1996). Lediglich einige Gesichtspunkte, nach denen sich die Hauptrichtungen unterscheiden, seien hier erwähnt.

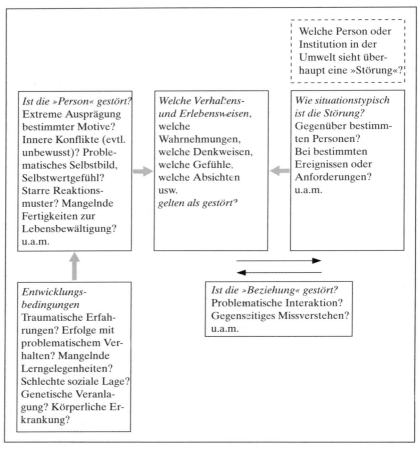

Tafel 40: Einige Fragen zur Beschreibung und Erklärung psychischer Störungen, orientiert an den grundlegenden Aspekten des psychischen Systems

Im Rahmen der grundlegenden Aspekte des psychischen Systems (vgl. hierzu Tafel 40) ergibt sich eine erste wichtige Charakterisierung aus der Frage, wieweit und in welcher Weise die Störung als ein Problem der »Person« betrachtet wird. Obwohl die *personale* Seite auf den ersten Blick besonders auffällig ist und im Allgemeinen auch nur dann von einer Störung gesprochen wird, wenn die problematischen Verhaltens- und Erlebensformen bei einem Individuum längere Zeit andauern, gibt es doch Sichtweisen, die diesen Aspekt zumindest relativieren.

Zum einen kann die »gestörte« Disposition auf eine enge, *situationsspezifische* Reaktion begrenzt sein (z.B. Angst vor Spinnen, Wutausbrüche des Kindes bei einem Nein der Mutter). Dieser situative Aspekt wird besonders von der (aus behavioristischer Tradition abgeleiteten) Verhaltenstherapie beachtet, und zwar auch dann, wenn es sich um generalisiertere und komplexere Störungen handelt (z.B. Selbstunsicherheit); sie werden in »kleinere Komponenten« aufgegliedert.

Zum anderen kann die Störung ein Problem *sozialer Interaktion* sein. Dieser Gedanke ist vor allem für Probleme in Familien, Zweierbeziehungen, in der Erziehung usw. von Interesse, wo mehrere Personen ein »soziales System« bilden. Hier sind möglicherweise nicht einzelne Personen gestört (jede mag für sich als normal und vernünftig gelten), sondern ihre *Beziehung* zueinander, die Art ihrer wechselseitigen Beeinflussung. Danach existiert das Problem nicht ohne die jeweiligen anderen. Solche Auffassungen werden vor allem von »Kommunikations«- und »System«-Theoretikern vertreten (vgl. Watzlawick, Beavin & Jackson 1969, im Überblick Schlippe & Schweitzer 1998).

Ansätze mit ausgeprägter *Person*-Orientierung nehmen hingegen an, dass im Individuum Eigenheiten des psychischen Geschehens vorliegen, die gegenüber dem »Normalen« qualitativ andersartig sind. Man spricht bei dieser Auffassung auch vom »intrapsychischen Krankheitsmodell« (analog zum organischen), während die vorangehenden Ansätze von einem »psychosozialen Störungsmodell« ausgehen.

Intrapsychische Krankheitsmodelle werden von der Psychoanalyse und anderen tiefenpsychologischen Ansätzen vertreten (vgl. Kap. 6). Sie sehen fortdauernde unbewusste – und daher unbewältigte – Konflikte als wichtigste Bedingung von Persönlichkeitsstörungen an. Deren Ursprung wird wiederum in traumatischen Erfahrungen der frühen Lebensjahre gesehen, wobei von vorrangiger Bedeutung ist, wie sich die Beziehungen zu den Eltern und anderen Familienmitgliedern in der Person subjektiv niedergeschlagen haben. Die Wirkung der vergangenen Umwelt erhält hier also besonderes Gewicht, während die gegenwärtige Umwelt gewissermaßen als »Reaktivierer« der unbewusst verarbeiteten Erfahrung fungiert. Demgegenüber halten die rein interaktionsorientierten Auffassungen das Wechselspiel mit der gegenwärtigen Umwelt für das Wesentlichere.

Andere Ansätze, die der sog. Humanistischen Psychologie zugerechnet werden, konzentrieren sich ebenfalls auf das Individuum, auf seine blockierten Selbstverwirklichungstendenzen, sein verzerrtes Selbstbild usw. (vgl. etwa Rogers 1959/1991, Perls 1973/1995). Sie gehen jedoch nicht von einem eigenen Bereich des Unbewussten aus, sondern von unterschiedlichen Graden des bewussten und genauen Erlebens von eigenen Gefühlen, Bedürfnissen und Konflikten. Und sie beschäftigen sich mehr mit der Gegenwart als mit der Vergangenheit.

Mit der jeweiligen Theorie zur Erklärung der Störungen hängen auch die *Formen der Therapie* zusammen. Ihre Vielfalt ist mittlerweile kaum noch zu überschauen. So werden im Handbuch von Corsini (1994) 70 Therapieformen beschrieben. Sie lassen sich allerdings nach mehreren Richtungen gruppieren, und viele Therapien haben nur geringe Verbreitung gefunden (zum Überblick s. auch Kriz 1994, Revenstorf 1993–96, Petzold 1994).

Die meisten Therapieformen, vor allem solche aus tiefenpsychologischen und humanistischen Richtungen, beschäftigen sich in erster Linie mit psychischen »Kräften«, das heißt mit Motivationen und Emotionen. Sie versuchen, den Klienten zur gezielten Auseinandersetzung mit eigenen Gefühlen, Bedürfnissen, Lebenszielen, mit Einstellungen und Werthaltungen anzuregen, wobei Konflikte, also der Widerstreit verschiedener Kräfte, von besonderem Interesse sind.

Zu den humanistischen Ansätzen gehören unter anderem die Klientenzentrierte Gesprächspsychotherapie und die Gestalttherapie. Die Gesprächstherapeuten bemühen sich, aus den Mitteilungen der Klienten das subjektive Erleben, insbesondere die Gefühle, herauszuhören und aufzugreifen (einfühlendes Verstehen), um so die »Selbstexploration« zu fördern; daneben wird eine menschlich »echte« und wertschätzende Haltung betont (Rogers 1951/1978, vgl. Tausch & Tausch 1990). Die Gestalttherapie (Perls, Hefferline & Goodman 1951/1994) richtet ihr Augenmerk mehr auf das nichtsprachliche Ausdrucksverhalten der Klienten (Körperhaltung, Mimik etc.) als Weg zum Verständnis der Bedürfnisse, Gefühle usw. und arbeitet stärker mit Mitteln der Konfrontation zur Aktualisierung des Erlebens.

Die von Freud begründete Psychoanalyse – die bekannteste tiefenpsychologische Therapie – betont stärker als die humanistischen Ansätze die Bewusstmachung von Vergangenem und Unbewusstem. Unter anderem werden Träume, »freie Assoziationen« und Handlungsweisen des Klienten als Zeichen unbewusst motivierter Vorgänge gedeutet.

Die aus der behavioristischen Richtung stammende Verhaltenstherapie legt den Akzent weniger auf die Motivseite als auf die verfügbaren Kompetenzen und Gewohnheiten (vgl. auch die Grobeinteilung der Dispositionen, S. 83; vgl. Reinecker 1994). Die Art und Weise, wie das Individuum auf bestimmte Situationen reagiert, ist eine Frage des »Verhaltensrepertoires«, und daher versucht die Therapie, »falsche« eingeschliffene Verhaltensgewohnheiten und emotionale Reaktionen abzubauen sowie »Verhaltensdefizite« auszugleichen, also neue Fertigkeiten der Situationsbewältigung aufzubauen. Die Therapie hat daher meist einen trainingsartigen Charakter. Bei diesem Umlernprozess macht man sich vor allem die früher beschriebenen Lernarten des klassischen Konditionierens, des Bekräftigungslernens und des Modell-Lernens zunutze, mit denen die Störungen auch erklärt werden (zum Methodenspektrum der Verhaltenstherapie s. Fliegel, Groeger, Künzel u.a. 1993; Margraf 1996). Seit den

80er-Jahren haben sich auch »kognitive Verhaltenstherapien« und »kognitive Therapien« entwickelt. Sie legen den Schwerpunkt auf Denkvorgänge bei der Situationsverarbeitung und -bewältigung. Unter anderem leiten sie an zu einer realistischeren Bewertung der Umwelt und der eigenen Person sowie zur Handlungssteuerung durch Selbstinstruktionen oder Problemlösungsstrategien (vgl. Kanfer, Reinecker & Schmelzer 1996; Ziesing & Pfingsten 1997). Eine bekannte Form kognitiver Therapie ist die Rational-Emotive Therapie von Ellis (1976), die sich auf das Analysieren und Verändern des »inneren Selbstgespräches« konzentriert.

Interpersonale Therapien interessieren sich nicht primär für die einzelne Person, sondern für ein ganzes »Interaktionssystem«, meist die Familie. Behandelt wird daher das Individuum *samt* seinem zugehörigen Umfeld (sozusagen mit den »anderen« als typische »Situationsbedingung«). Viele dieser Therapien sind zugleich durchaus einer der vorangehenden Richtungen verhaftet; z.B. gibt es psychoanalytische oder klientenzentrierte Formen der Familientherapie. Andere Ansätze haben hingegen ihre eigenen Methoden entwickelt (vgl. Watzlawick, Beavin & Jackson 1969; Simon & Stierlin 1995).

Die Übergänge zwischen den Therapieschulen sind häufig fließend, und in der Praxis hängt es maßgeblich vom jeweiligen Therapeuten ab, was in der Therapie, die unter dem Namen einer bestimmten Richtung durchgeführt wird, tatsächlich geschieht. Es ist oft kaum möglich, einzelne Therapieausschnitte einer bestimmten Richtung zuzuordnen (vgl. Schelp & Kemmler 1988). Im Übrigen gibt es seit den 70er-Jahren Versuche, Wirkfaktoren einzelner psychotherapeutischer Verfahren herauszufiltern, um sie zu einer Integrativen Psychotherapie zu verbinden (vgl. Bergin & Garfield 1994). Daneben gibt es neuerdings Ansätze, die nach schulübergreifenden Prinzipien von Psychotherapie suchen und eine Allgemeine Psychotherapie entwickeln wollen. Grawe (1995; Grawe, Donati & Bernauer 1994) meint aufgrund seiner umfangreichen therapievergleichenden Metaanalysen vier *allgemeine* Wirkfaktoren benennen zu können, die für positive Veränderungsprozesse in der Psychotherapie von ausschlaggebender Bedeutung sind (s. Tafel 41).

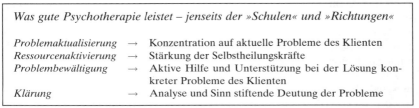

Tafel 41: Allgemeine psychotherapeutische Wirkfaktoren nach Grawe, Donati & Bernauer (1994)

Allerdings sind mögliche psychologische Maßnahmen bei psychischen Problemen nicht auf Psychotherapie im engeren Sinne beschränkt. Auch Sozialarbeit, Sozialpädagogik, Elternberatung, schulische Maßnahmen, Selbsthilfegruppen usw. sind psychologisch wirksam. Viele Mitmenschen und viele Institutionen des täglichen Lebens können so auch zur Verminderung und Prävention psychischer Störungen bzw. durch Stärkung personaler und situativer Ressourcen zur Förderung der Gesundheit beitragen (s. S. 144ff.).

3. Erziehung und Unterricht: Pädagogische Psychologie

»Im Sinne einer Minimaldefinition, die nur solche Momente aufgreift, die unumstritten sind, kann die Pädagogische Psychologie als die Erforschung der Erziehungswirklichkeit mit den Methoden der Psychologie umschrieben werden. Da es Erziehung wesentlich mit der Anbahnung oder Veränderung von Verhaltens-, Erlebens- und Urteilsweisen beim Menschen, überwiegend also mit Lernprozessen zu tun hat, macht die Erforschung menschlichen Lernens unter Berücksichtigung individual- und sozialpsychologischer Bedingungen des Lernens das Kernstück der Pädagogischen Psychologie aus.« (Ewert 1974, S. 183f.)

Die »Erziehungswirklichkeit«, von der die Rede ist, bezieht sich nicht nur auf Elternhaus und Schule, sondern z.B. auch auf Heimerziehung und Erwachsenenbildung. Der Begriff der »Erziehung« ist dabei als Oberbegriff zu verstehen, der Unterricht, Training etc. mit einschließt. Die gemeinsame pädagogische Blickrichtung läßt sich in unserem Zwei-Achsen-Modell etwa in der dargestellten Weise abbilden (s. Tafel 42): Eine »pädagogische Situation« soll personale Dispositionen auf bestimmte Ziele hin verändern (vgl. »Verändern als Förderung«, S. 194). Pädagogisches Handeln ist insofern auf die künftige Entwicklung gerichtet.

Zur Erziehungswirklichkeit gehört aber nicht nur das, was pädagogisch beabsichtigt ist, sondern auch Unzulänglichkeiten und unerwünschte Effekte. So kann man denn umfassend »pädagogische Situationen« und die in ihnen eintretenden »pädagogisch relevanten Effekte« als Gegenstand der Pädagogischen Psychologie ansehen (Weidenmann & Krapp 1993). Noch allgemeiner ließe sich sagen: Pädagogische Psychologie ist »pädagogisch relevante« Psychologie (Nolting & Paulus 1996).

Allerdings: Was »pädagogisch relevant« ist, ist letztlich nur normativ zu entscheiden, also von den Erziehungszielen her. Die aber sind primär ein Thema der *Pädagogik*, ebenso wie auch Erziehungsinstitutionen, Lehrpläne und andere Aspekte »pädagogischer Situationen«. Wo also liegt das Psychologische?

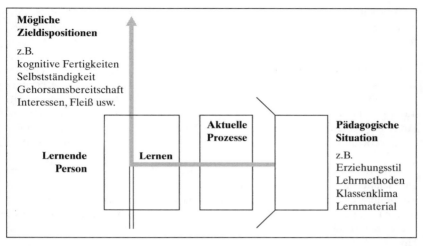

Tafel 42: Die »pädagogische Perspektive«: Welche pädagogischen Situationen lösen Prozesse aus, durch die angestrebte Dispositionen erlernt werden?

Das Interesse der Pädagogischen Psychologie richtet sich vorrangig auf die Vorgänge in den »Akteuren« des pädagogischen Feldes:
- Nach welchen Gesetzmäßigkeiten laufen die Lernprozesse ab? Welche Veränderungen werden über welche Prozesse hervorgebracht?
- Welche Dispositionen, z.b. welche Fähigkeiten und Motive, müssen Lernende mitbringen, damit die intendierten Lernprozesse ablaufen können? Inwiefern sind diese Voraussetzungen alterstypisch?
- Welche Verhaltensweisen, einschließlich der Anwendung bestimmter »Methoden«, müssen die »Lernvermittler« (Eltern, Lehrer usw.) realisieren, um die angestrebten Lernprozesse in Gang zu setzen?
- Welche Wechselbeziehungen (Interaktionen) bestehen zwischen den verschiedenen Beteiligten?

Mit diesen Fragen greift die Pädagogische Psychologie naturgemäß auf andere system- und praxisbezogene Betrachtungsweisen zurück. In der Literatur dominieren dabei vor allem die Lernpsychologie (allgemeinpsychologisch), die Entwicklungspsychologie und die Sozialpsychologie. Aber auch die Differentielle Psychologie hat ihre Bedeutung, insbesondere bei der Beschreibung und Erfassung von Dispositionen der Lernenden (z.B. Fähigkeits- und Motivunterschiede). Anleihen werden weiterhin bei der Klinischen Psychologie gemacht, da im pädagogischen Feld bekanntlich zahlreiche »Lern- und Verhaltensstörungen« auftreten.

Das heißt nun nicht, dass die Pädagogische Psychologie keine eigenen Fragestellungen bearbeitet. Diese ergeben sich aus den besonderen Erscheinungsformen und Problemen der »Erziehungswirklichkeit«, wobei einerseits »Unterricht«, andererseits »Erziehung« im Vordergrund stehen. Hier ist dann »Erziehung« nicht mehr der Oberbegriff, sondern hat eine engere Bedeutung: Ihr Schwerpunkt liegt auf sozial-emotionalen Aspekten, während »Unterricht« primär die Förderung von Leistungen, insbesondere kognitiven, im Auge hat. Tafel 43 enthält einige typische Themenbereiche zu beiden Schwerpunkten. Andere Themenbereiche wie etwa Vorschulerziehung, pädagogisch-psychologische Diagnostik oder Anlage und Umwelt umfassen sowohl die kognitive wie die soziale Seite.

In gewissem Grade lassen sich diese Schwerpunkte den Sozialisationsinstanzen Schule und Familie zuordnen. Allerdings betreibt die Schule immer auch »Erziehung« (und sei es nur im Dienste eines reibungslosen Unterrichts) und in der Familie wird vielfach auch »unterrichtet«. Die gemeinsame Perspektive beider Schwerpunkte ist die Förderung von Entwicklung auf bestimmte Ziele hin.

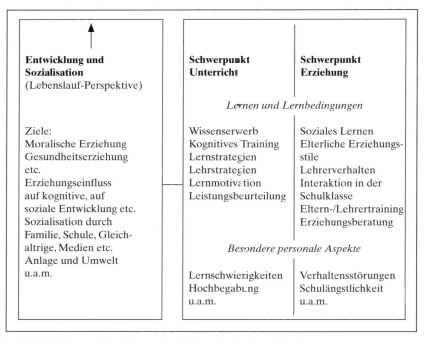

Tafel 43: Einige typische Themen der Pädagogischen Psychologie

Die Einführungen und Lehrbücher zur Pädagogischen Psychologie unterscheiden sich zum Teil erheblich darin, welche Inhalte sie ausführlich berücksichtigen, welche weniger und welche gar nicht. Schon die Gewichtung der beiden Bereiche Unterricht und Erziehung ist unterschiedlich. Manche Bücher befassen sich primär mit Unterricht und kognitivem Lernen (z.b. Mietzel 1998, Rollett 1997, Gage & Berliner 1996, Lukesch 1997, Tücke 1997), andere primär mit Erziehung und sozial-emotionalem Lernen (z.b. Tausch & Tausch 1998; Fittkau 1993) und wieder andere in etwa gleichem Maße mit beiden Seiten (Weidenmann, Krapp, Hofer u.a. 1993; Nolting & Paulus 1996, Rost 1998a). Englischsprachige Werke mit dem Titel »Educational Psychology« behandeln übrigens immer »Unterricht« und »Bildung« und kaum »Erziehung« im sozialen Sinn (vgl. etwa Slavin 1997).

Zwei Beispiele sollen nun verdeutlichen, wie die Pädagogische Psychologie einerseits auf grundlegende Inhalte zurückgreift, andererseits auch ihre spezifischen Akzente setzt.

Beispiel: Motivation. In der Psychologie meint Motivation ein Geschehen, das für jedes Verhalten Bedeutung hat, ob es nun um Hilfeleistung, um Tötungsdelikte oder ums Einkaufen geht. Doch wenn z.b. Lehrer von »Motivation« reden, meinen sie gewöhnlich »Lernmotivation« oder noch genauer: Motivation für schulische (!) Lernaktivitäten. Vorwiegend unter diesem Blickwinkel werden denn auch in der Pädagogischen Psychologie Motivationsvorgänge beleuchtet. Das Wort »Blickwinkel« deutet an, dass die Motivation zum schulischen Lernen oder zum zielgerichteten Lernen überhaupt nicht eine Motivation eigener Art ist (auch Liebe, Hass oder Angst vor Strafe können Menschen zum Lernen veranlassen), dass faktisch aber vornehmlich solche Lern-Motivationen betrachtet werden, die Pädagogen für besonders wichtig halten, wie etwa Leistungsmotivation, Sachinteresse und Neugier. Untersucht wird hier unter anderem, wie man sie anregen kann (z.b. durch welche Art von Aufgaben) oder wie man Lernmotive (als personale Disposition) verändern kann (z.b. wie man Misserfolgsängstlichkeit schwächen und Erfolgszuversicht stärken kann; vgl. z.B. Rheinberg & Krug 1998).

Beispiel: Lernübertragung (Transfer). Wie früher dargestellt (vgl. S. 76ff.), ist die Lernübertragung ein generelles Phänomen des Lernens. Im Rahmen von »Unterricht« sind aber ganz bestimmte Transferleistungen von Interesse: etwa der positive Transfer von mathematischen Regeln auf neue Aufgaben oder die breite Anwendung allgemeiner Problemlösestrategien. Welche Lernbedingungen solche erwünschten Transferleistungen fördern, ist ein Forschungsthema der Pädagogischen Psychologie. So hat sich unter anderem gezeigt, dass es nicht möglich ist, über das Lernen bestimmter Inhalte (z.B. alte Sprachen oder Mathematik) einen inhaltsunspezifischen Transfer (etwa logisches Denken schlechthin) zu erreichen. Schon eher ist die Reichweite zu fördern durch das Einüben von Strategien (z.B. zum effektiven Lesen) und von

Metakognition (vgl. S. 51), wobei es auch wichtig ist, dass das Übertragen an möglichst verschiedenartigen Aufgaben geübt wird (vgl. Gage & Berliner 1996; Hasselhorn & Hager 1998).

Immer wieder wird man gerade bei praxisnahen Themen wie »Erziehungsstile« oder »Lehrmethoden« bestätigt finden, dass es kaum einmal lineare Ursache-Wirkungs-Beziehungen gibt (»Maßnahme A wirkt so, B wirkt so«), aus denen man feste Handlungsrezepte ableiten könnte. Jeder einzelne Faktor ist in ein mehr oder minder *komplexes Bedingungsgefüge* eingebunden. Nehmen wir als Beispiel die Wahl von Lehrmethoden: Hier ist zum einen zu berücksichtigen, welche Art von Lernziel man verfolgt (vgl. S. 31 zu den Lernzielebenen von Bloom). Denn was sich z.B. für die Vermittlung reproduzierbaren Sachwissens als ökonomische Methode erweist, mag für die Förderung von Fähigkeiten zur selbstständigen Problemanalyse gänzlich ungeeignet sein und umgekehrt. Zum anderen sind bei der Methodenwahl auch Dispositionen der Lernenden zu beachten (z.B. intellektuelle Fähigkeiten, Vorkenntnisse, Interessen, Misserfolgs- oder Erfolgsorientierung usw.). Dies spricht dafür, die pädagogische Praxis vielfältig und flexibel zu gestalten. Allerdings ist es kaum möglich, alle relevanten Bedingungen und ihre Wechselwirkungen (sofern sie überhaupt bekannt sind) zu überschauen und im praktischen Handeln zu berücksichtigen. So mag denn die Pädagogische Psychologie zwar wichtige wissenschaftliche Orientierungshilfen geben, aber mit solch komplexem Geschehen wie Erziehung und Unterricht umzugehen kann nicht einfach angewandte Wissenschaft sein, sondern bleibt in gewissem Grade immer eine Art »Kunst« (vgl. Gage 1979).

Weit weniger als etwa die Klinische Psychologie wird die Pädagogische Psychologie von Kontroversen zwischen den *theoretischen Strömungen* beherrscht. Doch selbstverständlich sind diese auch hier wieder zu finden, insbesondere bei der sozial-emotionalen Seite (der Erziehung im engeren Sinne). Einflussreiche Beiträge kommen unter anderem von der »personzentrierten« Richtung, die sich von der »klientenzentrierten« Therapie von Carl Rogers herleitet (vgl. S. 134/165 ff. über Humanistische Psychologie). Sie betont menschliche Haltungen wie Wärme, Akzeptanz und Echtheit, die Einfühlung in das Erleben des Kindes bzw. Kommunikationspartners (»aktives Zuhören«), das Mitteilen eigener Empfindungen (»Ich-Botschaften«) und das gleichberechtigte Aushandeln von Konfliktlösungen (vgl. Tausch & Tausch 1998; Gordon 1989). Vom Behaviorismus und seiner Lernpsychologie stammen Techniken zur »pädagogischen Verhaltensmodifikation«. Anfangs war dies in erster Linie der richtige Einsatz von positiver Bekräftigung, Nichtbekräftigung und Bestrafung. Inzwischen ist auch die Verhaltensmodifikation »kognitiver« geworden, wodurch die bewusste Problemklärung, die Selbststeuerung, Selbstbewertung usw. mehr Gewicht erhalten (im Überblick Rost 1998b) – wie überhaupt kognitivistische Sichtweisen in verschiedenen Bereichen der Pädagogischen Psychologie erheblich an Einfluss gewonnen haben (etwa Wahl, Weinert & Huber 1997; Mietzel 1998; Greif & Kurtz 1996). In gewissem Maße gilt dies auch für »interaktionistische« und »systemische« Ansätze, die das Verhalten aller Mitglieder eines »Systems« (z.b. einer Schulklasse, eines Lehrerkollegiums, einer Familie) als eng verflochtenes Gesamtgefüge betrachten, das auch nur gemeinsam und kooperativ (statt individuell) zu verändern sei (vgl. zur Theorie: Brunner & Huber 1989, Käser 1993; zur Praxis: Redlich & Schley 1981; Hennig & Knödler 1998).

4. Arbeit und Beruf: Arbeits- und Organisationspsychologie

Die Praxisfelder »Arbeit« und »Organisation« sind miteinander verknüpft, da Arbeit typischerweise in Organisationen geleistet wird. Die *Organisationspsychologie* beschäftigt sich mit dem »Erleben und Verhalten von Menschen in Organisationen, genauer gesagt damit, das Verhalten (und soweit möglich das Erleben) zu beobachten, zu beschreiben und zu erklären, in Entscheidungszusammenhängen zu prognostizieren und in Interventionsfällen auch zu intervenieren« (Schuler 1995, S. 1). Organisationen sind strukturierte, zielorientierte und überdauernde soziale Gebilde, zu denen z.b. Schulen, Parteien, Kirchen, Verwaltungen und Betriebe zählen. Fragen der Personalführung und Kommunikation stehen im Vordergrund. Die *Arbeitspsychologie* dagegen richtet ihr Augenmerk auf Probleme der wechselseitigen Anpassung von Mensch und Arbeit (vgl. Semmer & Volpert 1994). Sie beschäftigt sich mehr mit personbezogenen Problemstellungen, z.b. mit der Feststellung der beruflichen Eignung und optimalen Selektion der Bewerber, mit Maßnahmen zur Verbesserung der Arbeitszufriedenheit und -motivation und mit Fragen der Aus- und Weiterbildung der Mitarbeiter.

Bei der *Eignungsfeststellung*, die differentiell-psychologisch orientiert ist, wird eine Aussage darüber getroffen, ob der Bewerber die individuellen Voraussetzungen für die berufliche Tätigkeit mitbringt. Dabei stützt man sich auf Ergebnisse von Leistungs- und Persönlichkeitstests, Interviews und Gruppendiskussionen. Zur Ermittlung der Anforderungen, nach denen die Eignung gemessen werden soll, werden Tätigkeitsanalysen und psychologische Merkmale der im Beruf Tätigen herangezogen. Die Aufgabe besteht dann in einer optimalen Zuordnung des Dispositionsgefüges eines bestimmten Bewerbers zum Profil der beruflichen Tätigkeit (»Person-Job-Fit«).

Die *Auslese* ist von der Eignung zu trennen, da in sie auch nichtpsychologische Kriterien mit eingehen (z.b. Ertragslage des Unternehmens, Rationalisierungsmaßnahmen). Seit einiger Zeit haben »Assessment Center« als eine multiple Verfahrenstechnik zur Einschätzung beruflicher Kompetenzen und zur Prognose beruflicher Entwicklungen von Führungskräften an Bedeutung ge-

Strategien der Arbeitsgestaltung	Ziele der Arbeitsgestaltung
Korrektive Arbeitsgestaltung	Korrektur erkannter Mängel (z.B. Beschaffung ergonomisch angemessener Stühle, *nachdem* Nacken- bzw. Rückenschmerzen eingetreten sind)
Präventive Arbeitsgestaltung	Vorwegnehmende Vermeidung gesundheitlicher Schädigungen und psychosozialer Beeinträchtigungen (z.B. Beschaffung geeigneten Mobiliars *bevor* Beschwerden auftreten können)
Prospektive Arbeitsgestaltung	Schaffung von Möglichkeiten der Persönlichkeitsentwicklung (z.B. Angebot verschiedener Formen der Arbeitsgestaltung zwischen denen die Betroffenen, etwa Sekretärin und Sachbearbeiterin, *wählen* und die sie gegebenenfalls *verändern* können)

Tafel 44: Strategien und Ziele der Arbeitsgestaltung (leicht verändert aus Ulich 1995, S. 190)

wonnen. Sie bestehen aus mehreren eignungsdiagnostischen Instrumenten und leistungsrelevanten Aufgaben. An einem solchen Beurteilungsverfahren nehmen üblicherweise mehrere Personen als Beurteilte und auch mehrere Personen als unabhängige Beurteiler teil (vgl. Schuler & Funke 1995). Zur Abschätzung des Leistungsverhalten der Führungskräfte haben sich Persönlichkeitsmerkmale als starke Prädiktoren erwiesen, die mit Selbstverantwortlichkeit, Selbstwertschätzung, Selbstwirksamkeit, Selbststeuerungsfähigkeit und Neigung zu Risikoverhalten zu tun haben (vgl. Weinert 1998, S. 106ff.).

Auf die *Arbeitssituation* beziehen sich solche Fragestellungen, die die betriebliche Arbeitstätigkeit und ihre Rahmenbedingungen zum Gegenstand haben. Hierzu zählen vor allem die Analyse des Anforderungsprofils der Arbeitstätigkeit (»Arbeitsanalyse«) sowie die Untersuchung und Gestaltung der Arbeitsbedingungen (»Arbeitsgestaltung«, z B. räumliche Bedingungen, Licht/ Beleuchtung, Farbe, Lärm, Klima). Die Tafel 44 gibt einen Überblick über Strategien der Gestaltung und der angestrebten Ziele.

Weiterhin beschäftigt sich die Arbeitspsychologie mit der Ermittlung und Beseitigung von Unfallursachen sowie mit Problemen der Arbeitsbelastung (z.B. durch Schichtarbeit, geringe Entscheidungsspielräume, Monotonie). Die Tafel 45 zeigt hierzu die Gesundheitsrisiken für verschiedene Berufe. Sie sind am höchsten bei Berufen mit starker psychischer Beanspruchung und gleichzeitig geringer Entscheidungskontrolle.

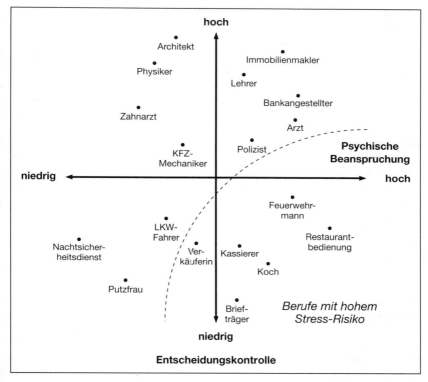

Tafel 45: Gesundheitsrisiken für ausgewählte Berufe (aus Weinert 1998, S. 239).

Die Folgen können psychischer Art (z.B. Beeinträchtigung der intellektuellen Flexibilität) oder psychophysischer Art sein (z.b. Ermüdung, psychosomatische Störung). So wurde z.b. festgestellt, dass Schichtarbeiter ein bis zu achtmal höheres Risiko haben, an Magengeschwüren zu erkranken, als Arbeiter unter regulären Bedingungen (vgl. Frieling & Sonntag 1987, S. 123ff.). In den letzten Jahren ist der Frage, wie Individuen ihre Arbeitsbelastungen bewältigen können (»Coping« und »Stressmanagement«), vermehrt Aufmerksamkeit geschenkt worden (vgl. Greif, Bamberg & Semmer 1991).

Mit den Wandlungen der Arbeitswelt verändert auch die Arbeitspsychologie ihr Profil: Immer mehr Menschen sind in Verwaltung und Dienstleistungsbereichen beschäftigt, wo planerische, koordinierende und überwachende Tätigkeiten die früher vorherrschenden körperlichen Tätigkeiten in der Produktion abgelöst haben und das Informationsmanagement eine immer bedeutendere Rolle zu spielen beginnt. Kommunikations-, Medien- und Informationstechnologie gewinnen deshalb einen beherrschenden Einfluss in der Arbeitswelt. Die Arbeitsgestaltung des herkömmlichen »Mensch-Maschine-Systems« macht zunehmend der Gestaltung einer »Mensch-Multimedia-Interaktion« im Verbundsystem einer teamorientierten Organisationsstruktur Platz (vgl. Weinert 1998).

Die *Organisationspsychologie* hat person-, gruppen- und organisationsbezogene Schwerpunkte. Zu den personbezogenen zählen die Interaktion des Individuums mit der ihm gestellten Aufgabe (z.T. identisch mit Aufgaben der Arbeitspsychologie) und Konzepte der *Personalentwicklung*, die sich mit systematisch geplanten Maßnahmen zur Ausbildung, Erhaltung und Wiedererlangung der beruflichen Qualifikationen beschäftigen (vgl. Holling & Liepmann 1995). In ihren mehr gruppenbezogenen Schwerpunkten beschäftigt sie sich mit den Interaktionen der Individuen in ihren organisatorisch vorgegebenen Rollen (Vorgesetzter, Nachgeordneter, Gleichgestellter), mit der Interaktion von Individuum und umfassender Organisation sowie mit Fragen der Personalführung, der Gestaltung von Arbeitsgruppen und ihrer inneren Aufgabenteilung, der Lösung von Sachproblemen und der Bewältigung sozialer Konflikte in Organisationen (vgl. Rosenstiel, Molt & Rütting 1995; Weinert 1998, S. 347ff.). Organisationsbezogene Fragestellungen sind z.B. die Einstellungen zur Organisation in ihrer Gesamtheit (»Organisationsklima«) oder Sozialisationseffekte von Organisationen auf ihre Mitglieder.

Seit geraumer Zeit wird auch die Organisation insgesamt in ihrem Aufbau und Ablauf beachtet. Diese Sichtweise ist in der Forschung und Praxis der *Organisationsentwicklung* aufgenommen worden (vgl. Gebert 1995). Sie ist ein geplanter, gelenkter und systematischer Prozess, der zur Veränderung der Kultur, der Systeme und der Verhaltensweisen in der Organisation beitragen soll. Ziel ist es, die Effektivität der Organisation bei der Lösung ihrer Probleme zu verbessern (vgl. Rotering-Steinberg 1993). Seit einigen Jahren hat auch das Konzept der »Lernenden Organisation« an Bedeutung gewonnen. Es macht darauf aufmerksam, dass es für Organisationen immer wichtiger wird, sich anbahnenden gesellschaftlichen Wandlungsprozessen proaktiv zu stellen und sich nicht nur reaktiv den Veränderungen anzupassen. Lernende Unternehmen können durch »generatives Lernen« ihre Organisationsziele und die damit zusammenhängenden Werte und Einstellungen neu bewerten und sich dadurch ihre Kreativität und Innovationskraft erhalten (vgl. Weinert 1998, S. 579ff.).

In der Arbeits- und Organisationspsychologie sind verschiedene theoretische Positionen vertreten worden. Auch hier haben in den vergangenen Jahren kognitivistische Ansätze eine dominante Rolle eingenommen (vgl. S. 163ff.). Durch die tiefgreifenden gesellschaftlichen Wandlungsprozesse, die auch die Arbeitswelt verändert haben, ist die Nachfrage nach psychologischem Knowhow sehr angestiegen. Beiträge der empirisch fundierten Arbeits- und Organisationspsychologie zur Mitgestaltung der Arbeitswelt werden deshalb in der Wirtschaft, aber auch innerhalb der Psychologie heute mehr beachtet als früher (vgl. Bungard 1996).

5. Gesundheit und Krankheit: Gesundheitspsychologie, Medizinische Psychologie, Psychosomatik, Verhaltensmedizin

Aus psychologischer Sicht werden Gesundheit und Krankheit, anders als in der Biomedizin, nicht auf rein somatisches Geschehen begrenzt. Dies entspricht auch der Gesundheitsdefinition, die die Weltgesundheitsorganisation gegeben hat: »Gesundheit ist der Zustand des vollständigen körperlichen, geistigen und sozialen Wohlbefindens und nicht nur die Abwesenheit von Krankheit und Gebrechen.« Gesundsein und Kranksein sind danach an eine erlebende und sich verhaltende Personen gebunden: Es ist der Mensch und nicht einfach nur ein körperlicher Organismus, der in seiner Lebenswelt unter den Bedingungen und Anforderungen seines Lebens erkrankt bzw. gesund bleibt. Gesundheit und Krankheit sind deshalb immer zugleich in ihren psychischen, sozialen, ökologischen und physischen Bezügen zu sehen: Gesundsein bzw. Kranksein resultiert aus den wechselseitig aktiv gestalteten Beziehungen des Menschen mit seiner Umwelt.

Näher betrachtet stellt sich Gesundheit in dieser Perspektive als ein aktives und erfolgreiches Bemühen der Person dar, (a) die kulturellen Anforderungen (z.b. schulische und berufliche) zu meistern (»Produktive Anpassung«) und (b) eigene Wünsche und Vorstellungen (z.b. ein Sänger zu werden, eine Familie zu gründen) in seinem Leben zu verwirklichen (»Selbstverwirklichung«) und (c) dabei eine dynamische Balance zwischen diesen einzelnen Anforderungen und Aspirationen herzustellen. Die Komponente der Produktiven Anpassung repräsentiert die kognitiv-behavioristische Anforderungs-Ressourcen-Forschung, die vor allem in die Stressforschung Eingang gefunden hat. An zentraler Stelle steht dort das Konzept des »Coping«. Damit sind individuelle Kompetenzen der Bewältigung von Anforderungen angesprochen, die als »Coping-Stile« bezeichnet werden (z.B. Janke, Erdmann & Kallus 1997; Muthny 1997). Die Komponente der »Selbstverwirklichung« entstammt der humanistisch-psychologischen Tradition in der Psychologie, die die individuelle Entfaltung von Motiven und Kompetenzen, die Selbstbewusstwerdung, die Wert- und Zielverwirklichung und das kongruente Selbsterleben als zentrale Elemente des Gesundseins bzw. Gesundwerdens thematisiert (vgl. Paulus 1994).

Subjektives Wohlbefinden, das die Weltgesundheitsorganisation als zentrales Element in ihrer berühmten Gesundheitsdefinition benennt, ist Begleiterscheinung und Folge dieser beständig neu auszutarierenden Balancierungen

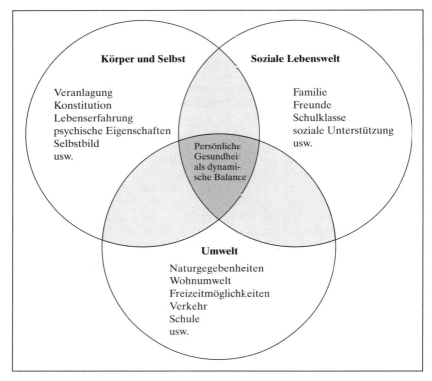

Tafel 46: Persönliche Gesundheit als dynamische Balance am Beispiel der Lebenswelt eines Schülers

(s. Tafel 46). Ob es einer Person gelingt, ihre Balance zu erreichen, hängt davon ab, welche Ressourcen bzw. Risikofaktoren sie als Person in die jeweilige Situation mitbringt und welche in ihrer Umwelt vorhanden sind (vgl. auch Becker 1997).

Im Kern wird dieses Konzept nicht nur in der Psychologie, sondern auch in den angrenzenden Sozialwissenschaften weithin akzeptiert. Es gilt sicherlich für viele der heute vorherrschenden chronischen Erkrankungen (z.B. Rheuma, Krebs, Herz-Kreislauf-Erkrankungen). Diese sind im hohem Maß von kulturell geprägten Lebensweisen des einzelnen Menschen abhängig. Die anderen Faktoren, die sich ebenfalls auf die Gesundheit und Krankheit auswirken, sind die biologisch-genetischen Gegebenheiten, die vorherrschenden Umweltbedingungen und Merkmale des Gesundheitssystems (s. Tafel. 47, auf Seite 148).

Mit Fragen und Problemstellungen, die um das Themenfeld Gesundheit kreisen, beschäftigt sich die *Gesundheitspsychologie*. Sie kann verstanden werden als ein »wissenschaftlicher Beitrag der Psychologie zur (1) Erhaltung und Förderung von Gesundheit, (2) Krankheitsvorbeugung, (3) Identifizierung von gesundheitsförderlichen und gesundheitsbeeinträchtigenden Faktoren, (4) Bestimmung der Definition, der Ätiologie und Genese sowie der Diagnose von Gesundheitszuständen und Gesundheitsverhalten und (5) Analyse, Evaluation und Optimierung des Gesundheitssystems« (Dlugosch & Schmidt 1992, S. 124). In all diesen Feldern hat diese noch junge psychologische Disziplin rasch Fortschritte erzielt und komplexe gesundheitspsychologische Modelle für ihren Gegenstandsbereich entwickelt (zur Übersicht: Schwenkmezger 1994, Schwarzer 1997). Innerhalb der sich ebenfalls entfaltenden Gesundheitswissenschaften hat sie eine wichtige Position erlangt (vgl. Hurrelmann & Laaser 1998, Weitkunat, Haisch & Kessler 1997).

Für die Modellbildungen hat das von Aaron Antonovsky (1979, 1997) entwickelte Konzept des Kohärenzgefühls besondere Bedeutung gewonnen (vgl. Franke 1997). In ihm sind drei Merkmale zusammengefasst, die mittlerweile als wesentliche persönlichkeitspsychologische Determinanten von Gesundheit gelten können: Verstehbarkeit, Bewältigbarkeit, Sinnhaftigkeit. Verstehbarkeit umschreibt das Ausmaß, in dem Reize und Situationen des alltäglichen Lebens als sinnvoll, nachvollziehbar und vorhersagbar erlebt werden. Bewältigbarkeit meint das Ausmaß, in dem die Anforderungen des Alltags mit den verfügbaren Ressourcen als bewältigbar wahrgenommen werden. Sinnhaftigkeit bezieht sich auf das Ausmaß, in dem die Probleme und Anforderungen des alltäglichen Lebens als solche erlebt werden, für die es sich einzusetzen lohnt (vgl. Faltermaier 1994; Schwenkmezger 1994).

Mit der Ausrichtung auf das Gesundheitsverhalten hat die Gesundheitspsychologie ein weites und neues Themenfeld aufgespannt, das sich deutlich von der Klinischen Psychologie abgrenzt, in deren Zentrum Auffälligkeiten und Störungen des Erlebens und Verhaltens stehen. Sie hat aber Gemeinsamkeiten mit ihr im Bereich der Prävention, wo es um die Vorbeugung, Vermeidung oder Minimierung von Gesundheitsrisiken in der Umwelt, aber auch im Verhalten der Menschen geht.

Die *Medizinische Psychologie* bearbeitet im Vergleich mit diesen beiden Disziplinen ein begrenztes Feld. Sie hat das »Verhalten und Erleben aller Kommunikationspartner im ärztlichen Berufsfeld zum Gegenstand« (Huppmann 1988, S. 2f.). Dazu zählen die Patienten, die Angehörigen, das Pflegepersonal und die Ärzte. Im Mittelpunkt steht die Analyse der Arzt-Patient-Beziehung, die Sensibilisierung und Schulung der (angehenden) Ärzte für diese Beziehung. Sie bildet das Fundament für eine gelingende Gesundheitsberatung, Diagnostik, Therapie und Rehabilitation. Weitere Themen der medizinischen Psychologie sind: (1) Das Erleben und Verhalten der Patienten: Wie er-

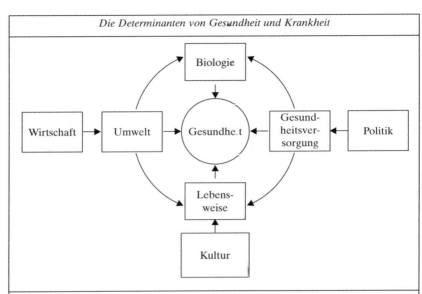

Tafel 47: Wichtige Determinanten von Gesundheit und Krankheit und ihre Bedeutung als Todesursachen (nach Badura 1994, S. 61)

leben sie z.B. ihre eigene Erkrankung? Wie empfinden sie das Klima des Krankenhauses bzw. der Station? Mit welchen Gefühlen und Gedanken begleiten sie medizinische Eingriffe? Inwieweit befolgen sie ärztliche Anweisungen? Welche Vorstellungen haben sie darüber, was krank und was gesund macht? etc., (2) die Pflegepersonal-Patient-Beziehung: Wie gestaltet sich der Umgang mit den Patienten? Wie kann mit schwierigen oder schwerkranken Patienten angemessen umgegangen werden? Welche Belastungen empfinden Pflegepersonen im Umgang mit Patienten? etc. (3) das Verhältnis von Pflegepersonal und Ärzten zu Angehörigen: Wie können Angehörige in die Therapie oder den Pflegeprozess eingebunden werden? Wie sind sie angemessen auf die Rückkehr des Patienten vorzubereiten? etc., (4) die intra- und interprofessionelle Kooperation zwischen Ärzten und Pflegepersonal im Krankenhaus, der Praxis etc.

Anders als in der Klinischen Psychologie ist der Gegenstand der Medizinischen Psychologie also nicht primär das abnorme Erleben und Verhalten und dessen Behandlung im Sinne von Beratung und Therapie. Es gibt allerdings auch hier Überschneidungen. So muss in schwierigen medizinischen Situationen den Patienten geholfen werden, die psychischen Begleiterscheinungen angemessen zu verarbeiten. Neben Kindern im Krankenhaus ist z.b. an chronisch kranke Patienten zu denken, an Erkrankungen, die sehr schmerzhaft sind, und an solche, die mit gravierenden Einbußen der Lebensqualität einhergehen (z.B. Brustamputationen, Niereninsuffizienz). Diese Patienten sind oftmals überfordert und benötigen klinisch-psychologische Hilfestellung. Aber nicht nur sie, sondern auch das betreuende Pflegepersonal ist in solchen Situationen auf professionelle psychologische Unterstützung angewiesen. Zuweilen wird die Medizinische Psychologie deshalb auch als ein Teilgebiet der Klinischen Psychologie aufgefasst, hat aber mit ihrem Fokus auf Krankheit und ihre Behandlung einen deutlich anderen Schwerpunkt.

Mit der Gesundheitspsychologie teilt die Medizinische Psychologie die Ausrichtung auf die Förderung der Gesundheit die das letzte Ziel der medizinischen und pflegerischen Interventionen ist. Kenntnisse über die »Salutogenese« (die Entstehung von Gesundheit) können den Blick auf die Ressourcen lenken, die in der Person des Patienten und in seinem Umfeld liegen (vgl. Bartsch & Bengel 1997). Darüber hinaus hat die Medizinische Psychologie aber, wie gesagt, auch deutlich andere Akzente als die Gesundheitspsychologie.

Das Gleiche gilt für die Psychosomatik und Verhaltensmedizin. Auch sie haben eine andere Ausrichtung als die Gesundheitspsychologie, teilen mit ihr aber die Ressourcenorientierung der salugenetischen Sichtweise (vgl. Lamprecht & Johnen 1997). Im engeren Sinn befassen sie sich mit der Rolle von Erlebens- und Verhaltensfaktoren in der Ätiologie, Genese und Behandlung von Erkrankungen.

Die *Psychosomatik* geht von psychischen Ursachen von Erkrankungen aus und hat damit stärker die Person im Blickfeld. Sie bringt inadäquate Erlebnisverarbeitung mit funktionalen Störungen (z.b. Tics) oder auch Organschädigungen (z.b. Magengeschwüren) in einen Zusammenhang. Psychosomatische »Spezifitätstheorien«, die von psychoanalytisch beeinflussten Theoretikern vertreten werden, nehmen an, dass die Art der körperlichen Erkrankung sich bestimmten unbewussten frühkindlichen Konflikten zuordnen lässt. In den sog. »Non-Spezifitäts-Theorien« wird hingegen behauptet, dass die körperliche Symptomatik mit einer erworbenen oder angeborenen Verletzlichkeit (»Vulnerabilität«) bestimmter Organsysteme zu erklären sei, nicht aber mit einer bestimmten Art von Konflikten. Seit einiger Zeit wird vor allem das Stress-Konzept als integrierender nichtspezifischer Ansatz zur Erklärung psychosomatischer Erkrankungen genutzt.

Im psychologischen Stress-Modell von Lazarus (s. auch S. 165) ist vor allem die Diskrepanz zwischen der erlebten Anforderung und den selbst eingeschätzten Bewältigungsmöglichkeiten für die Entstehung von Stress bedeutsam. Als Auslöser (»Stressoren«) kommen in Betracht: äußere Reize (Lärm, Gefahrensituationen, Leistungsanforderungen), soziale Reize (soziale Isolation, zwischenmenschliche Probleme) oder akute innere Konflikte. Treten gravierende Stressoren ein (z.b. Tod des Lebenspartners), können daraufhin mittel- bis längerfristig häufiger psychosomatische Erkrankungen auftreten.

Ein solcher Zusammenhang ist aber nicht regelhaft. Verschiedene personale Faktoren spielen hier mit hinein. In Verbindung mit den angedeuteten »Vulnerabilitäten« können z.b. die Neigung zu depressiven Verstimmungen und Hilflosigkeitserlebnissen, Ängste oder Ärger das Auftreten von Erkrankungen begünstigen. Personale Faktoren können aber auch als Schutz- und Bewältigungsdispositionen, etwa als internale Kontrollüberzeugungen, Selbstwirksamkeitserwartungen bzw. als Kohärenzgefühl gesundheitserhaltend wirken (vgl. Becker 1992).

Andere verursachende Momente von Erkrankungen können im eigenen gesundheitsriskanten Verhalten liegen: Menschen schädigen ihre Gesundheit, indem sie sich (a) falsch ernähren, (b) im Übermaß Genussmittel zu sich nehmen, (c) sich kaum oder nur einseitig körperlich bewegen, (d) unzureichende Körperhygiene betreiben oder (e) sich leichtsinnig im Straßenverkehr und am Arbeitsplatz verhalten. Auch solche gesundheitsschädigenden Verhaltensweisen können in einen Zusammenhang mit dem Stresskonzept gebracht werden. Sie sind dann als nicht gelungene Versuche zu verstehen, konflikthafte, belastende oder überfordernde Lebenssituationen angemessen zu bewältigen. Für den Bereich gesundheitlicher Belastungen von Kindern und Jugendlichen gibt es dazu reichhaltige Befunde (vgl. z.B. Hurrelmann 1994, Kolip, Hurrelmann & Schnabel 1995).

Die *Verhaltensmedizin* verfolgt gegenüber der Psychosomatik einen breiteren Ansatz (vgl. Hahlweg, Florin, Haag u.a. 1989; Hellhammer & Ehlert 1991). Gesundheit und Krankheit werden als komplexes multisystemisches Geschehen betrachtet. Die »Erforschung und das Zusammentragen der krankheits- und gesundheitsrelevanten Faktoren bei der Entstehung, dem Fortschreiten oder bei der Heilung von Krankheiten auf jeder der Systemebenen und die Integration dieser Faktoren in ein empirisch überprüfbares Handlungsmodell« ist nach Hoefling (1993, S. 697) die anspruchsvolle Hauptaufgabe der Verhaltensmedizin. Der Verhaltensbegriff wird von ihr sehr weit gefasst. Körperzelle, Organ, Mensch und Umwelt »verhalten« sich regelgebunden in miteinander vernetzten Systemen. Die Forschung auf den unteren Systemebenen in den Feldern der Psychoendokrinologie, Psychoneurobiologie, Psychoimmunologie, Psychoneurologie steht allerdings erst am Anfang. Auf den Systemebenen Organ, Mensch und Umwelt gibt es durch die verhaltenstherapeutische Forschung eine Vielzahl von empirisch abgesicherten Erkenntnissen und Belegen für die Wirksamkeit verhaltensmedizinischer Interventionen (z.B. Gestaltung medizinischer Aufklärungsgespräche, Schmerzlinderungsmethoden für unterschiedliche Erkrankungen, Stärkung internaler Kontrollüberzeugungen zur Unterstützung ärztlicher Primärbehandlung).

Kapitel 6
Theoriegeleitete Betrachtungsweisen
(»Richtungen«)

Wer sich mit der wissenschaftlichen Psychologie beschäftigt, sieht sich nicht nur einer verwirrenden Fülle von Befunden gegenüber, sondern auch einer Vielfalt von »Theorien«. Darunter sind »Mini-Theorien«, die sich nur auf eng umgrenzte Phänomene beziehen (z.B. auf eine optische Täuschung). Dann gibt es Theorien mittlerer Reichweite, die komplexere Problembereiche, wie z.B. Angst, Aggression, Hilfsbereitschaft, Leistungsmotivation oder seelische Gesundheit, umfassen. Schließlich gibt es grundlegende theoretische Richtungen in der Psychologie: Sie schaffen einen Bezugsrahmen, aus dem die unterschiedlichsten psychischen Phänomene in jeweils typischer Art beschrieben und erklärt werden. Im übertragenen Sinne liefern sie spezifische »Brillen«, mit denen man psychisches Geschehen betrachtet (vgl. Herzog 1984).

Diese Orientierungen können nach verschiedenen Kriterien unterschieden werden. Nach Allport (1958, S. 16) scheiden sich die Geister ganz grundlegend an Fragen wie diesen: »Wird das System von außen oder von innen bestimmt? Ist es nur reaktiv oder ist es aktiv, ist es mechanisch bestimmt oder bis zu einem gewissen Grade spontan?« Nach solchen und anderen Kriterien lassen sich in der heutigen Psychologie zumindest drei Hauptströmungen unterscheiden: Tiefenpsychologie, Behaviorismus und Kognitivismus (z.B. Schönpflug & Schönpflug 1997). Daneben wird vielfach noch die Humanistische Psychologie als eine eigenständige Position angeführt (z.B. bei Zimbardo 1995). Zudem hat »systemisches« Denken mittlerweile so sehr an Bedeutung gewonnen, dass wir es als eine weitere Theorierichtung anführen möchten.

Diesen Sichtweisen liegen, wie sich z.T. schon in den Bezeichnungen andeutet, verschiedene Auffassungen über die menschliche Natur zugrunde. Wieweit sie grundsätzlich angemessen sind, kann wohl kaum durch die psychologische Forschung entschieden werden; hiermit beschäftigt sich die philosophische Anthropologie. »Menschenbilder« geben aber gedankliche Gerüste vor, aus denen heraus psychologische Theorien entwickelt werden. Diese können sich als mehr oder weniger nützlich zur Erklärung psychischen Geschehens erweisen und damit wiederum bestimmte anthropologische Annahmen stützen oder in Frage stellen.

Da aber durch sie letztlich keine Entscheidung darüber möglich ist, was das »Wesen« des Menschen ist, was das »Wesentliche« des Menschseins ausmacht,

Besondere Betonung bei	Psychoanalyse	Behaviorismus	Kognitivismus	Humanistische Psychologie
aktuellen Prozessen	Motivation, Motiv.-Konflikte, größtenteils unbewusst	Äußeres Verhalten (Bewegungen)	Denken	Ganzheitlich kognitiv-emotionale Prozesse
situativen Bedingungen	Subjektive Situationsbedeutung, mitbestimmt durch unbewusste Impulse	Objektive Situation als Auslöser, Hinweisreiz oder Bekräftiger	Subjektive Situationsbedeutung, bestimmt durch aktuelle gedankliche Verarbeitung	Subjektive Situationsbedeutung, »individuelle Welt«
Dispositionen	Eigenschaften (Charakterzüge)	Habits (Verhaltensgewohnheiten)	Kognitive Strukturen (z.B. Pläne, Begriffe)	Selbstkonzept, Werthaltungen u.a.
	Stärkere Gewichtung der Person gegenüber der Situation	Stärkere Gewichtung der Situation gegenüber der Person	Dynamische Wechselwirkung zwischen Person und Situation	Stärkere Gewichtung der Person gegenüber der Situation
Entwicklungsbedingungen	Angeborene Triebe, verschiedene Reifungsstadien, prägender Einfluss früher Lebenserfahrung	Verhalten wird über die gesamte Lebensspanne hinweg gelernt (konditioniert)	Lernprozesse, vor allem kognitive; Individuum als Mit-Gestalter der Entwicklung; z.T. auch Reifungsprozesse	Kognitives Lernen, Individuum als Selbstgestalter, Selbstverwirklichungstendenz

Tafel 48: Charakterisierung von Theorierichtungen im Rahmen der grundlegenden Aspekte des psychischen Systems (s. S. 98ff.)

kann es auch nicht die »eine«, »richtige« psychologische Theorie geben, die alle psychischen Phänomene umfasst. Es gibt vielmehr verschiedene theoretische Perspektiven, deren Bedeutung mit den Epochen, den Gesellschaftssystemen und den Kulturen wechseln kann (vgl. auch Lück 1996, Wehner 1990).

Wir fassen zunächst die wesentlichen Grundannahmen der fünf genannten Sichtweisen vereinfachend zusammen:

- *Tiefenpsychologie (Psychoanalyse u.a.):* Der Mensch ist bestimmt durch unbewusste Antriebe. In die grundlegenden Ziele und Motive seines Handelns hat er nur geringe Einsicht.
- *Behaviorismus:* Der Mensch ist das Produkt allgemein gültiger Lernprozesse. Er ist letztlich determiniert durch Umweltgegebenheiten.
- *Kognitivismus:* Der Mensch handelt als vernunftorientiertes Wesen aus bewusster Erkenntnis und Einsicht.
- *Humanistische Psychologie:* Der Mensch ist Gestalter seiner selbst. Sein inhärentes Ziel ist es, sich selbst zu verwirklichen.
- *Systemische Sichtweise:* Der Mensch ist ein komplexes System, das mit anderen Systemen umfassendere Systeme bildet. Erleben und Verhalten werden durch diese Einbettung entscheidend determiniert.

Man kann die Richtungen auch im Rahmen unserer vier theorieneutralen Grundaspekte charakterisieren, wie wir es in Tafel 48 versucht haben, allerdings ohne die systemische Sichtweise, die eine Sonderstellung einnimmt (s.u.). Durch diese Kennzeichnungen könnte der Eindruck entstehen, die theoretischen Richtungen existierten weitgehend unabhängig voneinander. Dies trifft aber nicht zu: Trotz der Unterschiede in den grundsätzlichen Positionen gibt es vielfältige Überschneidungen. So ist z.B. die systemische Sichtweise mit allen anderen verwoben. Auch weisen die zahlreichen Varianten, die sich aus jeder Theorierichtung entwickelt haben, eine mehr oder weniger große Nähe zu anderen Richtungen auf. So kann z.B. die Individualpsychologie Alfred Adlers als »Ableger« der Tiefenpsychologie gelten, sie enthält aber zugleich wesentliche Elemente der Humanistischen Psychologie. Der kognitive Behaviorismus hat, wie schon der Name sagt, neben den grundsätzlichen Positionen des Behaviorismus auch viele Elemente des Kognitivismus in sich aufgenommen (z.B. in der sozial-kognitiven Lerntheorie von Albert Bandura). Und die Persönlichkeitstheorie von Carl Rogers umfasst neben ihrer grundsätzlichen humanistisch-psychologischen Orientierung auch zentrale Elemente der kognitivistischen Position. Diese Aufzählung ließe sich fortführen. Tafel 49 macht die Berührungen und Zwischenstellungen psychologischer Theorien anschaulich.

1. Tiefenpsychologie (Psychoanalyse u.a.)

Schon in der Bezeichnung »Tiefenpsychologie« kommen mehrere Besonderheiten dieser Theorierichtung zum Ausdruck. Zum einen wird damit auf die zeitliche Tiefe verwiesen, auf die große Bedeutung, die den frühkindlichen Erfahrungen und ihrer Verarbeitung beigemessen wird. Zum anderen geht die Tiefenpsychologie von einem »Schichtenmodell« der Persönlichkeit aus und beschäftigt sich – bildlich gesprochen! – mit den tieferen Schichten, dem »Un-

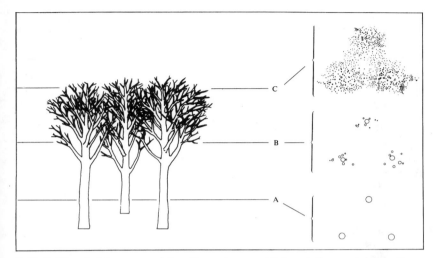

Tafel 49: Theorierichtungen und ihre Verzweigungen: Während die gemeinsamen Stämme jeder Richtung streng voneinander geschieden sind (Schnittebene A), ergeben sich mit der Vielfalt der Verzweigungen Berührungen und Zwischenstellungen (Schnittebene C) (bildliche Darstellung aus Schelp & Kemmler 1988, S. 12f., dort auf Therapieansätze bezogen)

bewussten« hinter dem Erleben und Verhalten. Hierin liegt im Übrigen auch ein aufklärerischer Aspekt der Tiefenpsychologie: Sie warnt vor »Oberflächlichkeit« im Studium psychischen Geschehens und will verborgene Bereiche der menschlichen Erkenntnis öffnen.

Begründer und zugleich auch bekanntester Vertreter dieser Theorierichtung ist Sigmund Freud (1856–1939). Die von ihm entwickelte »Psychoanalyse« wird zuweilen von Laien fälschlich mit der Psychologie insgesamt gleichgesetzt. Näher betrachtet ist die Psychoanalyse dreierlei zugleich: eine Persönlichkeitstheorie, eine Untersuchungsmethode und eine Therapiemethode (s. Freud Studienausgabe 1989; zur Übersicht: Köhler 1995, Mertens 1996).

Als *Persönlichkeitstheorie* betrachtet sie den Menschen als ein Energiesystem, dessen Basis in angeborenen Trieben besteht. In seinen letzten theoretischen Entwürfen nahm Freud zwei Triebe an: einen Sexual- und einen Aggressionstrieb. Ursprünglich hatte er nur den Sexualtrieb vorgesehen.

Die entscheidenden Vorgänge spielen sich nach Freud im Bereich des »Unbewussten« ab. Die Inhalte dieser psychischen Region sind stark mit Triebenergie besetzt und – da verpönt – aus dem Bewusstsein verdrängt worden. Das »Bewusstsein« selbst umfasst das Erleben, welches dem Individuum aktuell gegenwärtig ist; es hat in der Psychoanalyse relativ wenig Gewicht. Die wirklichen Ursachen und Ziele »hinter« den bewussten Vorgängen und Inhalten können vom Individuum nicht erkannt werden.

Freud ordnet die von ihm angenommenen Vorgänge drei Instanzen der Person zu, die er zusammen den »psychischen Apparat« nennt (vgl. Freud 1940/1994). Die erste Instanz ist das »Es«, das die unbewussten Impulse des Sexual- und Aggressionstriebes enthält, die auf sofortige Triebbefriedigung bzw. maximalen Lustgewinn drängen (»Lustprinzip«). Die zweite Instanz ist das »Ich«, das vorwiegend bewusste Funktionen wie Wahrnehmung, Denken usw. umfasst, die der Realitätsanpassung dienen (»Realitätsprinzip«). Das »Ich« hat zwischen den Impulsen des »Es« und den Erfordernissen der Realität zu vermitteln. Zugleich muss es auch die Anforderungen des »Über-Ich«

Wilhelm Busch zur
Funktion des Über-Ich

»Das Gute – dieser Satz steht fest – Ist stets das Böse, was man lässt!«
(Fromme Helene)

berücksichtigen. Dieses »Über-Ich« als dritte Instanz repräsentiert moralische Verbote und Gebote. Insgesamt gesehen stehen »Es« und »Über-Ich« antagonistisch zueinander, und das »Ich« ist Schauplatz der Kompromissbildung im Sinne der von ihm gesteuerten Realitätsanpassung (s. Tafel 50).

Die Psychodynamik der antagonistischen Instanzen führt dazu, dass keine feste Beziehung zwischen den inneren Eigenschaften und dem sichtbaren Verhalten besteht. Hohe Aggressivität als unbewusste Disposition muss sich nicht in aggressivem Verhalten zeigen, da »Abwehrmechanismen« des »Ich« (z.B. »Verdrängung«) ein ganz entgegengesetztes äußeres Erscheinungsbild bewirken können.

Die Persönlichkeitsentwicklung ist nach Freud eng gebunden an die verschiedenen Reifungsstadien, die der Sexualtrieb in Kindheit und Jugend durchlaufe (orale, anale, phallische und genitale Phase), und an die Entwicklung des »psychischen Apparates«. Die Erfahrungen in den ersten Lebensjahren gelten dabei als besonders wichtig für die gesamte weitere Entwicklung der Persönlichkeit.

Außer einer Persönlichkeitstheorie ist die Psychoanalyse auch eine *Untersuchungsmethode*, die versucht, unbewusste Bedeutungen des Redens und Handelns, der Träume und Phantasien oder auch der Wahnvorstellungen psychisch Kranker durch »Deuten« offen zu legen.

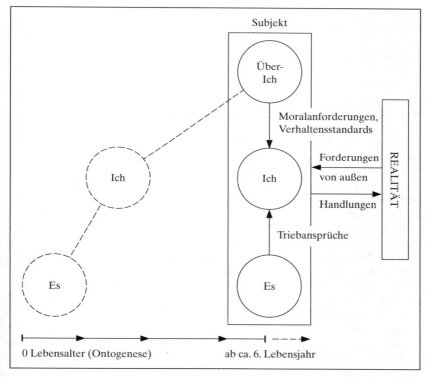

Tafel 50: Die Instanzen des psychischen Apparates: Ihre Entwicklung und Dynamik (nach Tillmann 1991, S. 58)

Schließlich ist die Psychoanalyse auch eine *Therapiemethode*. Ihr geht es um die Aufdeckung und Aufarbeitung bislang unbewusster Strebungen und Gefühle. Die Therapie konzentriert sich dabei besonders auf frühkindliche Erfahrungen und dadurch bedingte unbewusste Konflikte ihrer Patienten (im Überblick: Thomä & Kächele 1996).

In Bezug auf unser integrierendes Modell zeigt sich: Die Psychoanalyse beschäftigt sich bei den aktuellen Prozessen vor allem mit der Motivation, wobei diese überwiegend unbewusst sein soll. Das individuelle Verhalten und Erleben ergibt sich aus den Dispositionen (»Charakterzügen«), die ein Mensch bezüglich der drei Instanzen »Ich«, »Es«, »Über-Ich« besitzt (z.B. »schwaches Ich« »strenges Über-Ich«) und die ihrerseits auf frühkindliche Erfahrungen zurückgeführt werden. Die personalen Faktoren spielen also in der Psychoanalyse eine weit größere Rolle als die situativen (s. auch die Tafel 48, S. 153).

Freuds Psychoanalyse hat vielfache Abweichungen und Veränderungen erfahren (vgl. Kriz 1994). Schon früh haben sich Carl Gustav Jung (1875–1961) und Alfred Adler (1870–1937), beide zunächst Schüler und Mitarbeiter Freuds, von ihm getrennt und eigene tiefenpsychologische Schulen gegründet.

Im Unterschied zu Freud betont Adler (1920/1997) in seiner *Individualpsychologie* stärker soziale Faktoren und bewusste Denkprozesse. Aggressive und sexuelle Motive werden geringer bewertet. Auch wird kein deutlicher Trennungsstrich zwischen Bewusstem und Unbewusstem gezogen. Das Unbewusste ist der noch unverstandene Teil der Ziele und Absichten des Handels. Zentral ist für Adler die Erfahrung des *Minderwertigkeitsgefühls* und der Versuch seiner Überwindung im Geltungsstreben (»Kompensation«). Dies kann letztlich nur in der Gemeinschaft, in einer auf den Mitmenschen bezogenen Lebensweise, verwirklicht werden. Deshalb erhält die Förderung des *Gemeinschaftsgefühls*, vor allem in der Familie, eine besondere Bedeutung. Die »Individualpsychologie« betont gerade, dass der Mensch ein soziales Wesen ist, also das Gegenteil von dem, was man vielleicht auf Grund des Wortes »Individualpsychologie« vermuten mag. In der Bezeichnung soll zum Ausdruck kommen, dass der Mensch ein »unteilbares«, ganzheitliches Wesen ist. Nach Adler erwirbt er im Laufe seiner Entwicklung in der Auseinandersetzung mit den Umweltanforderungen die für ihn charakteristischen Personmerkmale und findet einen für ihn typischen Weg (»Lebensstil«) zur Überwindung der Mängelsituation (zur Übersicht s. auch Ansbacher & Ansbacher 1995, Hoffman 1997).

Auch Jung (1925/1995) wendet sich in seiner *Analytischen Psychologie* gegen die starke Betonung der Sexualität im Persönlichkeitssystem von Freud. Er hält zwar am Konzept der sexuellen Triebenergie fest, erweitert sie aber zu einer allgemeinen Lebensenergie. Er akzeptiert wie Freud die Bedeutung des Unbewussten, weitet den Begriff allerdings erheblich aus durch die Annahme eines *kollektiven Unbewussten*. Es beinhaltet die verdichteten Erfahrungen der gesamten Menschheitsgeschichte, die als »Urbilder« mit symbolischer Bedeutung, als so genannte »Archetypen«, in der Analyse erfahrbar werden. Solche Symbole seien z.B. auch in Märchen, Mythen, in der Religion und in der Kunst zu finden (z.B. das »Mandala«). Die Deutung der »Archetypen« ist der wichtigste Bestandteil der analytischen Therapie. Dagegen spielt die Analyse unbewusster affektiv-triebhafter Impulse eine geringere Rolle. Ziel der menschlichen Entwicklung ist nach Jung die Selbstintegration (»Selbstverwirklichung«, »Individuation«). Gegenüber Freuds eher naturwissenschaftlich-mechanistischer Psychoanalyse erscheint Jungs »Analytische Psychologie« eher philosophisch und religiös-mystisch (zur Übersicht Jung 1997, s. auch Jacobi 1998).

In weiteren Entwicklungen der Psychoanalyse ergeben sich andere Schwerpunktbildungen. So wird in der sog. *Ich-Psychologie* das »Ich« stärker autonom gesehen als bei Freud, wodurch die Psychoanalyse ein weniger mechanistisches Gepräge bekommt (s. Hartmann 1997, Drews & Brecht 1981).

Die *Neopsychoanalyse* (z.b. Horney, Fromm, Sullivan), die sich vor allem in den USA entwickelte, lehnt die ausschließliche Orientierung an der Triebtheorie Freuds ab und betont stärker soziale und gesellschaftliche Einflüsse auf die menschliche Entwicklung und Persönlichkeit. Auch die Instanzenlehre wird weitgehend verlassen und das Unbewusste als eigene Schicht wird eher zu einem Randphänomen. Ebenso wird der Aufschlüsselung von Träumen, Symbolen etc. keine besondere Bedeutung mehr beigemessen (s. Pongratz 1983, Wyss 1991).

In jüngerer Zeit erlangten *Objektbeziehungstheorien* große Bedeutung, die vor allem von Kernberg (1992) in die Diskussion gebracht worden ist (vgl. auch Wolf, Ornstein, Ornstein u.a. 1989). Sie gehen davon aus, dass die realen frühkindlichen Beziehungen, zumeist die Mutter-Kind-Beziehungen, für die Entwicklung des Kindes von entscheidender Bedeutung sind. In ihnen verwirklicht das Kind seine angeborenen Neigungen, kognitive und affektive Bindungen zu Objekten in der Welt herzustellen. Diese Theorien wollen ein besseres Verständnis für die in der heutigen psychotherapeutischen Praxis vielfach anzutreffen psychischen Störungen bieten, in denen Beziehungs-, Selbstwert- und Selbstgefühlsprobleme zentral sind. Sie lassen sich nach diesem Ansatz auf reale Konflikte zwischen »Selbst«, äußerer Umgebung und dem inneren Milieu der betroffenen Person zurückführen, wie sie in den frühen Beziehungsformen der Kindheit bestanden haben (vgl. Mahler 1989).

Diese Theorien haben sich schon weit entfernt von der ursprünglichen Position der Freudschen Psychoanalyse. Sie zählen aber noch zu den tiefenpsychologischen Ansätzen, da unbewusste psychische Kräfte und frühkindliche Erfahrungen auch bei ihnen eine bedeutende Rolle spielen.

2. Behaviorismus

Der Behaviorismus, der vor allem in den Vereinigten Staaten populär wurde, geht in seiner ersten Ausformulierung auf den amerikanischen Psychologen John B. Watson (1878–1958) zurück. Ein weiterer bedeutender Vertreter dieser Richtung ist Burrhus F. Skinner (1904–1990). Es existieren verschiedene Richtungen innerhalb des Behaviorismus; wir erwähnen hier nur den »orthodoxen« und den »kognitiven« Behaviorismus (vgl. Schorr 1984).

Im *orthodoxen Behaviorismus* werden innere Prozesse, die nur der Introspektion (Selbstbeobachtung) zugänglich sind, von der wissenschaftlichen Analyse ausgeschlossen, da sie sich nicht eindeutig objektivieren lassen. Sie werden nur insoweit in die Betrachtung genommen, als sie durch Operationalisierung beobachtbar und messbar zu machen sind; z.B. kann Hunger (als subjektiver Zustand) in ein objektiv beobachtbares Phänomen verwandelt werden, wenn er als Zeit seit der letzten Nahrungsaufnahme definiert wird. Dieses

S	-	O	-	R	-	KV	-	C
Stimulus		*Organismus*		*Reaktion*		*Kontingenz-verhältnis*		*Konsequenzen*
Hinweisreize auf – Verstärkung oder – Bestrafung		Bedürfnis-zustand		Auf verschiedenen Ebenen: – Beobachtbares Verhalten – Körperliche Reaktionen		Zeitlich-räumlicher Zusammenhang, in dem bestimmte Konsequenzen auf eine Reaktion erfolgen (z.b. immer, manchmal, nur im Elternhaus)		– Verstärkung (positiv, negativ) – Bestrafung (aversiv, Verlust) – Keine

Tafel 51: »Verhaltensgleichung« im deskriptiv-behavioristischen Ansatz (in Anlehnung an Kanfer & Phillips 1975)

Vorgehen ist für den gesamten Behaviorismus ein charakteristisches Merkmal. Seine naturwissenschaftlich-methodische Grundhaltung, die Beobachtbarkeit und intersubjektive Überprüfbarkeit wird zum wichtigen Kriterium wissenschaftlicher Erkenntnis. Orthodoxe Behavioristen, wie z.b. Skinner (1973, 1974), verneinen die Notwendigkeit der Annahme kognitiver Prozesse und Strukturen in der Person. Eine ausführliche Beschreibung des Verhaltens, seiner auslösenden Reize und seiner Konsequenzen (»Verhaltensanalyse«) genügen, um es »erklären« und um Voraussagen über die Auftretenswahrscheinlichkeit des Verhaltens machen zu können. Dieser Behaviorismus wird daher auch als »deskriptiver Behaviorismus« charakterisiert (s. Tafel 51).

Verhaltensdispositionen beruhen nach dem Behaviorismus auf Lernen. Der Einfluss von Reifungsprozessen und individuellen Unterschieden in den Erbanlagen wird gering eingeschätzt. Der Mensch ist das, was er gelernt hat. Die Individualität des Einzelnen liegt in seiner individuellen Lerngeschichte begründet. Die Lernprozesse selbst werden zumeist

»Junge, hab ich diesen Kerl schon konditioniert! Jedes Mal wenn ich den Hebel herunterdrücke, wirft er Futter herein« (aus Pervin 1993, S. 365)

als Verknüpfungen zwischen situativen Reizen und Reaktionen aufgefasst; die Lernarten der »klassischen Konditionierung« und der »operanten Konditionierung« (vgl. S. 69ff.) werden als Lernvorgänge schlechthin betrachtet. Sie sind in ihren Bedingungen objektiv analysierbar. Von den allgemein gültigen Lerngesetzen her gesehen, nimmt der Mensch keine Sonderstellung ein, sondern gleicht sogar infrahumanen Lebewesen wie Ratten, Mäusen, Tauben, an denen die Lerngesetze vornehmlich untersucht worden sind.

Hier knüpft vielfach die Kritik an: Menschen sind doch keine Ratten! Menschliches Erleben und Verhalten ist viel komplexer. Kritisiert wird auch die z.T. extreme Betonung situativer Einflüsse und die Vernachlässigung der biologisch-genetischen Ausstattung des Menschen.

Allerdings schätzen andere Urteiler durchaus den Optimismus, der der menschlichen Entwicklung und Lebensgestaltung entgegengebracht wird: Durch Veränderung der Umwelteinflüsse lässt sich Verhalten verändern. In dieser Einsicht liegt einer der wesentlichen Ausgangspunkte für die Entwicklung der Verhaltenstherapie. Sie ist eng mit der Geschichte des Behaviorismus verbunden (vgl. Schorr 1984).

Betrachtet man den Behaviorismus aus unserem integrierenden Modell, so liegt das Schwergewicht auf den situativen Anregern, auf der Verhaltensreaktion des Individuums und auf den darauf folgenden situativen Konsequenzen: Ausgangs- und Endpunkt ist also die Situation. Die Veränderung und damit die Entwicklung des Individuums geschieht durch Lernprozesse. Als Dispositionen werden gelernte situationsspezifische Verhaltensgewohnheiten (Habits) angenommen, die zu Habitsystemen organisiert sind und das Verhaltensrepertoire, das verfügbare Verhalten des Individuums, darstellen.

Seit den Zeiten Watsons hat sich der Behaviorismus verändert. Anfänglich ganz auf die Analyse beobachtbaren Verhaltens konzentriert, hat er in den siebziger Jahren eine »kognitive Wende« genommen. Immer mehr kognitive Prozesse, die sich nicht direkt beobachten lassen, werden seitdem in die Verhaltensbeschreibung und -erklärung mit einbezogen (vgl. Bartling, Echelmeyer & Engberding 1998).

> Wilhelm Busch über
>
> **Behaviorismus**
>
> »Wie wolltest Du Dich unterwinden, kurzweg die Menschen zu ergründen. Du kennst sie nur von außenwärts. Du siehst die Weste, nicht das Herz.«
>
> (Tobias Knopp)

Dadurch ist aus dem ursprünglichen Behaviorismus der *Kognitive Behaviorismus* hervorgegangen (vgl. Bandura 1979, Meichenbaum 1995). Mit dieser Wende wird aber nicht die grundsätzliche Vorstellung aufgegeben, nach der das Verhalten letztlich ausgelöst und aufrechterhalten wird durch situative Einflüsse. Gelerntes Verhalten ist damit immer noch »Reaktion« (ein »Response« in der Terminologie des Behaviorismus). Doch werden zwischen Reiz und Reak-

S	-	WP	-	IV	-	V	-	C
Situation		*Wahrnehmungs-prozess*		*Innere Verarbeitung*		*Handeln / Erleben*		*Konsequenzen*
Überdauernde bzw. akute interne bzw. externe Vorbedingungen und Ereignisse (z.b. räumliche, zeitliche, materielle Bedingungen; Bedürfnislage, Gedanken, Vorhaben des Handelnden)		Orientieren, Aufnehmen und Kodieren von Information		Interpretation und Bewertung der Situation; Handlungsvorbereitung		Auf verschiedenen Ebenen: – Beobachtbares Verhalten – Subjektives Erleben – Körperliche Reaktionen		– Verstärkung (positiv, negativ) – Bestrafung (aversiv, Verlust) – Keine

Tafel 52: »Verhaltensgleichung« im kognitiv-behavioristischen Ansatz (in Anlehnung an Bartling, Echelmeyer & Engberding 1998, S. 36)

tion vermittelnde Prozesse und Strukturen (z.b. Ergebnis- und Selbstwirksamkeitserwartungen, Attribuierungsgewohnheiten) angenommen (s. Tafel 52).

Zugleich wird dem Individuum eine, wenn auch begrenzte, aktive Rolle gegenüber der Umwelt und bei der Steuerung von Lernprozessen zugesprochen. Dies bedeutet auch, dass durch die Veränderung des eigenen Verhaltens die Verknüpfungen (»Kontingenzen«) mit den Konsequenzen verändert werden können. Bandura (1979, S. 221) formuliert dies so: »Der oft gehörte Satz: Verändere die Kontingenzen, und du veränderst das Verhalten, sollte reziprok ergänzt werden: Verändere das Verhalten, und du veränderst die Kontingenzen.«

Mit diesen Auffassungen werden die Übergänge zum Kognitivismus als weiterer Betrachtungsweise psychischen Geschehens fließend. Im Gegensatz zu diesem ist aber für den Behaviorismus entscheidend, dass auch die vermittelnden kognitiven Prozesse auf reizgebundenem Lernen beruhen. Das Individuum kann sie nicht aus eigener »geistiger« Aktivität heraus erschaffen. Sie unterliegen in ihrer Entstehung und Veränderung den gleichen Lerngesetzmäßigkeiten wie anderes Verhalten auch (vgl. Kryspin-Exner 1994).

3. Kognitivismus

Der Kognitivismus (lat. cognitio = Erkenntnis) ist eine breite Strömung der heutigen Psychologie, die die Interaktionen des Menschen mit seiner Umwelt

Diese Bildvorlage entspricht dem Prinzip der »Vexierbilder« in den Rätselecken von Zeitungen. Man kann sie als »Bild einer jungen Frau« oder als »Portrait einer Hexe« sehen. Das »Umkippen« des einen Seheindrucks in den anderen wird durch den Wechsel des Fixationspunktes erreicht. – Hier wird deutlich: Der Wahrnehmungseindruck ist nicht das Ergebnis der Einwirkung einer bestimmten Summe von Einzelreizen. Entscheidend ist vielmehr die nach Gestaltprinzipien erfolgende Verarbeitung und Organisation dieser Reize.

Tafel 53: Verarbeitung und Organisation von Wahrnehmungsreizen nach Gestaltprinzipien (aus Thomae & Feger 1976, S. 24)

als Ausdruck eines kontinuierlichen Informationsaustauschs betrachtet (vgl. Hoffmann 1994). Ein früher Vorläufer kann in der *Bewusstseinspsychologie* Wilhelm Wundts (1832–1920), des Begründers der erfahrungswissenschaftlichen Psychologie, gesehen werden. Diese war zu Zeiten Freuds aktuell, und seine Psychoanalyse kann auch als eine Reaktion auf diese Strömung, die das psychische Geschehen mit den bewussten psychischen Vorgängen gleichsetzte, verstanden werden. Zu den Wegbereitern des Kognitivismus zählt auch die *Gestaltpsychologie*, die einen Höhepunkt in den 20er- und 30er-Jahren dieses Jahrhunderts erlebte. Sie konnte zeigen, dass die Wahrnehmung und das Denken, wie Verhalten und Erleben generell, Resultate von kognitiven Prozessen der Strukturierung und Umstrukturierung sind. Aus dem Bereich der Wahrnehmungsprozesse sei ein Beispiel zur Verdeutlichung angeführt (s. Tafel 53).

Kognitivistische Anschauungen gibt es in vielen Varianten. Auch in den beiden zuvor dargestellten theoriebezogenen Betrachtungsweisen gibt es kognitivistische Anklänge, z.B. in Gestalt der psychoanalytischen Ich-Psychologie und des kognitiven Behaviorismus. Bezugnehmend auf diese Entwicklungen wird deshalb auch ganz allgemein von einer *»kognitiven Wende«* in der Psychologie gesprochen.

Die Kognitivisten gehen davon aus, dass das Verhalten von Menschen typischerweise von komplexen *Handlungsplänen und -steuerungen* zur Erreichung von Zielen bestimmt wird (Wie kann ich mein körperliches Idealgewicht erreichen? Wie kann ich erreichen, dass die Kollegen meinem Vorschlag zustimmen? usw.). Um diese kognitive Selbststeuerung zu betonen, bevorzugen Kognitivisten den Begriff des »Handelns« gegenüber dem des »Verhaltens«. Von unserem integrierenden Modell aus betrachtet, werden im Kognitivismus die Prozesse zwischen Reizaufnahme und Verhalten betont, vor allem die Prozesse des Wahrnehmens und Denkens sowie die ihnen zuzuordnenden Dispositionen.

Mit der Betonung der erkennenden Funktionen werden auf der Seite der Person auch deren schöpferische Fähigkeiten hervorgehoben: Sie ist kein reaktiv Informationen verarbeitender Organismus, sondern ein seine Umwelt reflektierendes und vernunftorientiert handelndes Subjekt. Das Individuum erzeugt somit selbst Information, verleiht dem, was es wahrnimmt, seine eigene *individuelle Bedeutung*, die wiederum sein weiteres Handeln bestimmt. Durch das Handeln verändert das Subjekt die Situation, die es wiederum wahrnimmt und der es Bedeutung verleiht usw. So steht der Mensch in einem beständigen Wechselverhältnis zur ihn umgebenden Situation bzw. aktuellen Umwelt. Man findet hier interaktionistische Auffassungen wieder, die unter anderem auch in der Entwicklungspsychologie (s. S. 113ff.) und in der Persönlichkeitspsychologie (s. S. 109ff.) zur Geltung kommen.

Durch ihre kognitiven Tätigkeiten bauen sich Menschen eine *kognitive Ordnung der Wirklichkeit* auf. Sie gewinnen Einsicht in die vielfältigen Zusammenhänge der Situationen (»Verstehensprozesse«) und funktionalen Abhängigkeiten (»Erklärungsprozesse«). Aus solchen strukturierten Erfahrungen können sie z.b. Erwartungen über Handlungsergebnisse ableiten (»Wenn ich viel und fett esse, schade ich meiner Gesundheit«) oder Ursachen von Ereignissen bestimmen (»Umweltbelastungen gefährden meine Gesundheit«).

So haben beispielsweise kognitivistische Auffassungen in der psychologischen Stress-Forschung eine herausragende Bedeutung erlangt – bei einem Phänomen also, das vielen Menschen primär körperlich-affektiver Natur zu sein scheint. In dem bekannten Stress-Modell von Richard Lazarus (vgl. Nitsch 1981) ist das Erleben von Stress ein Ergebnis von zwei Einschätzungen der Person (s. Tafel 54): (1) Nimmt sie ein Ereignis als persönliche Bedrohung, als Verlust bringend oder – positiv – als Herausforderung wahr? (2) Bewertet sie die eigenen Bewältigungschancen (z.b. eigene Kompetenz; Hilfen der Umwelt) als gut oder schlecht?

Groeben und Scheele (1977) haben ganz im Sinne des Kognitivismus für die Einführung eines erkennenden Subjektes (»epistemologisches Subjektmodell«) in die Psychologie plädiert. Als entscheidendes Argument gegen das »behaviorale Subjektmodell« führen sie das Selbstanwendungsargument an: Der behavioristische Psychologe und Forscher sieht sich selbst kognitivistisch, als erkennendes, aktives Subjekt, welches sich z.b. bestimmte Experimente überlegt, sie durchführt, auswertet und die Ergebnisse interpretiert. Seine Versuchspersonen sieht er – gemäß orthodoxer behavioristischer Auffassung – als überwiegend umweltabhängig und reizdeterminiert, weder zur Reflexivität und Rationalität noch zur Autonomie befähigt. Diese Auffassung läuft auf zwei Psychologien hinaus: dort die weitgehend determinierte Versuchsperson, hier der zu Einsicht und autonomer Entscheidung befähigte behavioristische Psychologe und Forscher. In der kognitiv orientierten Psychologie wird zwischen Wissenschaftler und Laien eher eine Gleichrangigkeit angestrebt. Kognitivisti-

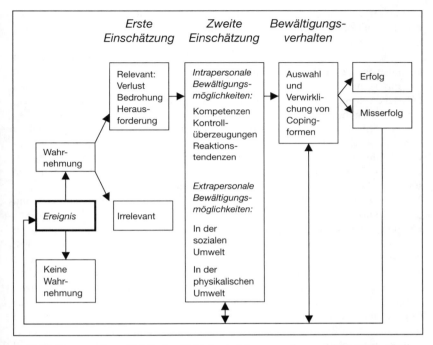

Tafel 54: Stress aus kognitivistischer Sicht (in Anlehnung an Lazarus & Folkman 1984)

sche Psychologie knüpft deshalb auch mehr als andere Richtungen am Denken der Alltagsmenschen an und macht auch die »Naive Psychologie« zum Gegenstand ihrer Forschung (vgl. Lehr & Thomae 1991)

4. Humanistische Psychologie

Mitte der fünfziger Jahre entwickelte sich in den USA die sog. Humanistische Psychologie, zu deren Vertretern vor allem Charlotte Bühler, Abraham Maslow, Carl R. Rogers, Fritz Perls und Viktor E. Frankl gehören. Die Humanistische Psychologie verstand sich neben klassischer Psychoanalyse und orthodoxem Behaviorismus als »dritte Kraft« (Maslow 1973/1994) und wandte sich vor allem gegen die mechanistischen Menschenbilder, wie sie seinerzeit in diesen beiden Richtungen vertreten wurden (vgl. Quitmann 1996). Heutzutage sind die Unterschiede nicht mehr so gravierend. Mit der Weiterentwicklung von Psychoanalyse, Behaviorismus und Humanistischer Psychologie ergaben sich in den letzten Jahrzehnten auch Berührungspunkte. Ein verbindendes Glied ist neben anderen der Kognitivismus, der alle drei Theorierichtungen beeinflusst hat.

In den anthropologischen Annahmen der humanistisch-psychologischen Grundströmung finden sich daher auch viele Übereinstimmungen mit dem Kognitivismus. Sie übernimmt aber nicht dessen rationalistische Sicht vom Menschen, sondern betont vielmehr die emotional-motivationalen Komponenten (vgl. Hagehülsmann 1994).

Von zentraler Bedeutung ist das *bewusste Erleben*, worunter eine Ganzheit von Kognitionen, Emotionen und Motivationen der sich selbst und die Umwelt erfahrenden Person zu verstehen ist (vgl. Rogers 1961/1998). Die humanistischen Psychologen gehen vor allem der Frage nach, wie Individuen sich selbst erleben, was sie über sich denken, welche Gefühle und Motivationen sie bei sich selbst wahrnehmen (»Selbstkonzept«) und wie sie ihre Umwelt und die Mitmenschen erleben. Neben der Ganzheitlichkeit betonen diese Theoretiker den *Prozesscharakter* des Erlebens: Es befindet sich in einem ständigen Vorgang des »Sich-Entwickelns« und »Sich-Klärens« (vgl. Lockowandt 1994, Kollbrunner 1995).

Die Mehrzahl der humanistischen Psychologen nimmt an, dass die Entwicklung vorangetrieben wird durch eine dem Menschen innewohnende *Tendenz zur Selbstverwirklichung*. Unter günstigen Umweltbedingungen kommt es zur Entfaltung individueller Motive und Kompetenzen und zu einer vertieften Selbst-Bewusstwerdung. Handelt der Mensch in Einklang mit der Selbstverwirklichungstendenz, führt sie ihn zu größerer Autonomie, Selbsterfüllung und Sinnfindung (vgl. Paulus 1994). Maslow (1954/1981) hat hierzu ein hierarisches Modell menschlicher Bedürfnisse entwickelt. Damit sich das Wachstums-Motiv der Selbstverwirklichung voll entfalten kann, müssen danach erst andere wichtige »Defizit«-Bedürfnisse hinreichend befriedigt worden sein (s. Tafel 55).

Dagegen messen die existentialistisch-humanistisch orientierten Psychologen (z.B. Frankl, May) einer inhärenten Selbstverwirklichungstendenz keine große Bedeutung bei. Für sie bedeutet Selbstverwirklichung die vom Individuum immer wieder zu leistende Aufgabe, in sich wandelnden selbstbestimmten Lebensentwürfen dem Leben und der eigenen Existenz Sinn zu verleihen. Auf diese Weise wird das Individuum zum »Schöpfer« seiner selbst und kreiert sich immer wieder neu. Sich dieser Aufgabe zu stellen und damit auch das Risiko einzugehen, im Leben zu scheitern, ist nach existentialpsychologischer Überzeugung die grundlegende Bedingung für ein authentisches, psychisch gesundes Leben. Die Scheu, in lebenswichtigen Fragen Verantwortung für sich zu übernehmen, sich zu entscheiden und damit Verpflichtungen einzugehen, führt zu Sinnkrisen und existentiellem Schulderleben (vgl. Frankl 1956/1993).

Selbstverwirklichungsbedürfnisse
(Bedürfnis nach Entfaltung der Persönlichkeit:
Bedürfnis nach Wahrhaftigkeit, Schönheit,
Güte, Lebendigkeit, Individualität,
Gerechtigkeit, Sinnhaftigkeit etc.)

Bedürfnisse nach Wertschätzung
(Bedürfnis nach Wertschätzung und
Anerkennung durch andere, Bedürfnis nach
Selbstschätzung und Selbstachtung)

Bedürfnisse nach Zugehörigkeit und Liebe
(Bedürfnis nach Kontakt, nach Freundschaft,
nach Aufnahme durch seinesgleichen etc.)

Bedürfnisse nach Sicherheit
(Bedürfnis nach Schutz vor Bedrohung, vor Krankheit
und Schmerz, Bedürfnis nach Wohnung, nach Absicherung
im Alter und gegen Arbeitslosigkeit etc.)

Physiologische Bedürfnisse
(Hunger, Durst, sexuelle Bedürfnisse, Bedürfnis
nach körperlichem Wohlbefinden,
nach Entspannung, lustvollen sinnlichen Erfahrungen etc.)

Tafel 55: Hierarchie der Bedürfnisse nach Abraham Maslow (in Anlehnung an Maslow 1981)

5. Sozusagen quer dazu: Systemische Sichtweise

Neben den vier genannten theoretischen »Grundströmungen« hat sich in den letzten Jahren, sozusagen quer zu diesen, eine systemische Sichtweise entwickelt, die immer mehr an Bedeutung gewinnt. Sie überträgt Einsichten aus der »Allgemeinen Systemtheorie« (Bertalanffy) auf die Beschreibung und Erklärung psychischen Geschehens. Allgemein gesprochen bestehen Systeme aus Elementen, die »sich in Wechselwirkungen (einschließlich Rückwirkungen auf sich selbst) befinden oder sich gegenseitig konstituieren (erzeugen), sodass sie ein strukturiertes, von der jeweiligen Umwelt unterscheidbares Gesamt bilden«

(Schiepek 1998, S. 625). Als ein solches System kann das psychische Geschehen in einem Individuum gelten, aber auch die Beziehung zwischen mehreren Individuen (z.b. Familie) oder zwischen Individuen und »nichtmenschlichen Objekten« (z.B. Organisationen). Je nach Forschungsfrage bzw. je nach geplanter Intervention ist ein System mehr oder weniger umfassend definiert.

Am Beispiel der Familie können einige wichtige Charakteristika dieser systemischen Perspektive verdeutlicht werden. Die Familie ist psychologisch gesehen ein intimes Beziehungssystem von Eltern und Kindern mit einem gemeinschaftlichen Lebensvollzug. Es ist durch die Kriterien der Abgrenzung, Privatheit, Nähe und Dauerhaftigkeit näher bestimmt und umfasst vielfältige Familienformen (vgl. Schneewind 1998; Hofer, Klein-Allermann & Noack 1992). Systemtheoretisch zeichnet sich dieses intime Beziehungssystem unter anderem aus durch (vgl. hierzu v. Schlippe & Schweitzer 1998; Schneewind 1991):

- Ganzheitlichkeit: Die Familie ist eine durch Kommunikation verbundene Einheit, die mehr ist als die »Summe seiner Mitglieder«. Individuelle (= intrapersonale) Probleme (z.b. Magersucht einer Jugendlichen) sind im Kontext dieser Ganzheit (= interpersonal) zu verstehen.
- Zielgerichtetheit: Die Familie ist auf mehr oder minder bewusste Ziele ausgerichtet, durch die ihr gemeinschaftliches Leben Sinn und Kontinuität erhält (»Unsere Kinder sollen es einmal besser haben.«).
- Zirkuläre Kausalität: Die Interaktionen in der Familie sind wechselseitig aufeinander bezogen; Ursache und Wirkung sind im familialen Beziehungsgefüge deshalb nicht voneinander zu trennen.
- Homöostase: Die Familie strebt einen Gleichgewichtszustand an, verändert ihn aber als lebendes dynamisches System permanent und befindet sich so in einem ständigen »Fließgleichgewicht«.
- Hierarchie: Die Familie lässt sich immer als Subsystem von Übersystemen betrachten (z.B. Subsystem der Hausgemeinschaft) oder ist selbst Übersystem von Subsystemen (z.B. elterliches Subsystem, geschwisterliches Subsystem).

Am Beispiel eines Schülers mit problematischem Verhalten lässt sich zeigen, wie durch die systemische Perspektive seine Verhaltensauffälligkeiten (z.B. »depressiv«, »dumm«) in einem neuen Licht erscheinen und dem Beobachter (Lehrer, Berater) ein umfassenderes Verständnis ermöglichen (s. Tafel 56).

Die systemische Sichtweise der Familie ist zunächst vor allem in der Klinischen Psychologie aufgegriffen worden. Eine Vielzahl von Familientherapien sind dort entwickelt worden, zumeist aus einer Verbindung »herkömmlicher« Theorierichtungen mit systemtheoretischen Überlegungen (vgl. Kriz 1994, Textor 1998). Darüber hinaus hat der systemische Ansatz in dem sich entwickelnden Anwendungsfeld der Familienpsychologie starken Einfluss (vgl. Schneewind 1998, Petzold 1992).

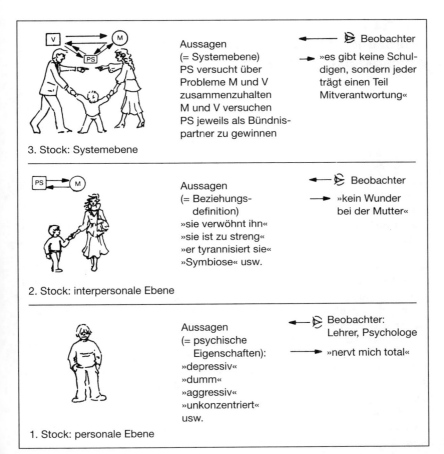

Tafel 56: »Stockwerksmodell« nach Hennig & Knödler (1998): »Der systemische Ansatz in der schulpsychologischen Einzelfallhilfe ist *nicht* irgendeine *neue* Therapieform, sondern eine *neue Sichtweise* des Problemschülers. Es geht darum, auf welcher Ebene, auf welchem Stockwerk ich den Schüler in seinen Verhaltensauffälligkeiten sehe und erlebe« (S. 39). (M = Mutter; PS = Problemschüler; V = Vater)

Über die Familie hinaus ist der systemische Ansatz in der Organisationspsychologie (vgl. Greif, Holling & Nicholson 1997; Weinert 1998) und in der Ökologischen bzw. Umweltpsychologie (vgl. Mogel 1996; Kruse, Graumann & Lantermann 1996) verbreitet. Sein Einfluss reicht aber viel weiter. Er hat auch die anderen theoretischen Grundrichtungen um diesen Aspekt ergänzt und zum Teil zu Neuinterpretationen veranlasst.

Kapitel 7
Grundlegende »Tätigkeiten« im Umgang mit psychologischen Fragen

Auch Laien tun, was Psychologen tun. Wenn ihnen menschliches Verhalten und Erleben zu einer Frage wird, versuchen sie, es
- zu beschreiben (»Der Otto sitzt immer nur still da und sagt nichts.«),
- zu erklären (»Weil er wegen der Kündigung so bedrückt ist.«),
- vorherzusagen (»Bald zieht der sich noch ganz von der Welt zurück.«),
- zu beeinflussen (»Könnten wir nicht was tun, um ihn etwas aufzumuntern?«),

und sie geben dabei auch Wertungen ab, die ausdrücken, ob sie etwas »problematisch«, »angemessen«, »befriedigend« usw. finden (»Der packt das auch ganz falsch an.«).

Im Prinzip bilden solche Tätigkeiten die Aufgabe einer jeden Wissenschaft, nicht nur der Psychologie. Zumindest gilt dies für das Beschreiben und Erklären. Ob das Werten in der Psychologie noch als wissenschaftliches Tun zu gelten hat, ist eine Streitfrage; unvermeidlich ist es in jedem Fall.

Laien unterscheiden sich gewöhnlich von Wissenschaftlern darin, dass sie die Tätigkeiten nicht so bewusst auseinander halten und dass sie überdies weniger strenge Anforderungen an Sorgfalt und Präzision stellen. Das Lernen von Psychologie soll letztlich dazu führen, dass man »besser« beschreibt, erklärt usw. Und »besser« heißt unter anderem: präziser, begründeter, systematischer und oftmals auch vorsichtiger.

1. Beschreiben

Ohne eine Beschreibung der relevanten Sachverhalte sind alle anderen Tätigkeiten nicht sinnvoll möglich. Will man etwas erklären oder vorhersagen, muss man angeben, *was* man erklären oder vorhersagen will. Das mag trivial erscheinen, und doch ist diese Forderung oft gar nicht so leicht zu erfüllen. So entstehen dann beispielsweise mühselige Diskussionen darüber, ob man durch »Autorität« Menschen zu »mündigen« Staatsbürgern erziehen kann – ohne dass »Autorität« und »Mündigkeit« präzise und übereinstimmend beschrieben wurden.

Vielfalt der »Ist-Aussagen«

Allgemein gesprochen besteht das Beschreiben im »Feststellen, was ist«. Das Wort »feststellen« hat bekanntlich eine doppelte Bedeutung: a) konstatieren, darlegen, b) ermitteln, erkunden. Die geläufige Bedeutung von »Beschreiben« meint nur das erste: Man stellt sprachlich dar, dass bestimmte Sachverhalte vorliegen, man benennt Erscheinungsformen und Merkmale. Bei der wissenschaftlichen Tätigkeit des Beschreibens kommt aber faktisch noch hinzu, was man tun muss, um solche Aussagen überhaupt machen zu können: z.b. etwas beobachten, auszählen, messen – eben das Feststellen im Sinne von »ermitteln«.

Die Art der Beschreibung kann von sehr konkret bis sehr abstrakt reichen. Man beschreibt
– sehr konkret, wenn man einzelne *Beobachtungen* mitteilt (»Der Otto sagt nichts«);
– relativ abstrakt und allgemein, wenn man verschiedene Beobachtungen zu einem *einschätzenden Urteil* zusammenfasst (»Franz ist ehrgeizig«);
– sehr abstrakt und allgemein, wenn man sich auf die Ebene von *Begriffsdefinitionen* begibt (»Aggression ist ein Verhalten, das ...«, »Unter Autorität verstehe ich ...«).

Manche Autoren sprechen nur bei konkreten Beobachtungen von Beschreibung. Dann braucht man allerdings einen anderen Oberbegriff für diese erste grundlegende Tätigkeit des »Feststellens, was ist«; es hat sich jedoch kein anderer eingebürgert.

Zur einer Beschreibung können auch quantitative Aussagen gehören, was ihr den Charakter einer *Messung* verleiht. Man kann Ausprägungsgrade angeben (»Intelligenzquotient: 115«) oder die Häufigkeit, mit der etwas auftritt (»in drei Minuten sagte der Redner 12 mal ›meine Damen und Herren‹«). Zahlenangaben sind natürlich in der empirischen Forschung außerordentlich bedeutsam. Wenn man z.b. über die »Aggressivität«, »Ängstlichkeit« oder »Lesefreude« von Jugendlichen etwas wissen will, so muss man nicht nur festlegen, wer als »Jugendlicher« gelten soll, sondern auch, nach welchen Kriterien die Aggressivität, Ängstlichkeit oder Lesefreude zu erfassen ist. Man muss sie so spezifizieren, dass man sie messen kann. Als Maßstab der Aggressivität könnte z.b. die Häufigkeit des Schlagens, Stoßens, Anschreiens und dergleichen in zehn großen Pausen auf dem Schulhof gelten. Nähme man ein anderes Messkriterium, das z.b. auch Spotten, Verleumden und dergleichen einschließt, könnten durchaus andere Häufigkeiten herauskommen. Wenn man einen Sachverhalt so beschreibt, dass man angibt, wie er gemessen wird, spricht man von *Operationalisierung* oder »operationaler Definition«.

Immer noch auf der Ebene der Ist-Aussagen, also der Beschreibung, bewegt man sich, wenn man die Vielfalt der Erscheinungen nach Merkmalen *klassifiziert und ordnet*. Dies ist aus der Einteilung von Pflanzen, Tieren, Autotypen usw. besonders geläufig. Psychologische Beispiele wurden in den vorangehenden Kapiteln zuhauf vorgestellt. Erinnert sei etwa an die Einteilung von Denkprozessen, von Lernprozessen, von Seiten einer Nachricht, von Personmerkmalen usw. Sie sind allerdings relativ subjektiv und theorieabhängig. »Eindeutiger« ist da meist die Klassifikation direkt beobachtbarer Verhaltensweisen.

Beschreiben durch Beobachtungen

Häufig werden Sachverhalte beschrieben, indem man mitteilt, was man gesehen oder gehört hat: »X meldet sich zu Wort«, »Y kaut an den Fingernägeln«, usw. Sichtbare Verhaltensweisen sind »im Prinzip« objektiv gegeben; sie sind für alle Beobachter in gleicher Weise feststellbar. Dennoch sind solche Beobachtungen nicht problemlos. Schon bei punktuellen Ereignissen wie Unfällen können mehrere Augenzeugen durchaus Verschiedenes »beobachtet« haben.

Noch schwierigere Probleme ergeben sich, wenn man sich auf Grund von Beobachtungen ein »Urteil« über Menschen bilden will und wissen muss, ob man wirklich »Typisches« beobachtet hat. Beispiel: Man sieht auf einem Kinderspielplatz, wie eine Mutter ihr Kind schlägt – gehört das nun zu ihrem »Erziehungsstil« oder ist es eine seltene Ausnahme?

Probleme gibt es also auf Seiten des Beobachters und auf Seiten des beobachteten Geschehens: (1) Es ist vom Beobachter abhängig, ob ein Ereignis überhaupt wahrgenommen wird. (2) Selbst wenn alle Beobachter dasselbe beobachten, weiß man oft nicht, wie »zufällig« oder wie »typisch« das beobachtete Geschehen ist (hierzu mehr auf S. 176 unter den Stichworten »Objektivität« und »Reliabilität«).

Die wissenschaftliche Psychologie versucht, diesen Schwächen durch Techniken des *systematischen* Beobachtens entgegenzuwirken (vgl. Selg, Klapprott & Kamenz 1992). »Systematisch« heißt, dass man von vornherein festlegt, wen und was man beobachten will, zu welchen Zeiten und in welchen Situationen. Für bestimmte Zwecke (z.B. für Gruppengespräche, Unterricht etc) sind sog. Beobachtungssysteme entwickelt worden, die sich aus mehreren Verhaltenskategorien zusammensetzen. Tafel 57 zeigt ein bekanntes Beobachtungssystem zur Erfassung der Lehrer-Schüler-Interaktion. Man kann für eigene Fragestellungen auch selber Beobachtungskategorien festlegen, ihre Klarheit und Nützlichkeit sollte man allerdings erproben. Denn außer bei ganz eng definierten Verhaltensweisen (z.B. Gebrauch des Wortes »bitte«) lassen die Kategorien einen gewissen Interpretationsspielraum zu, und eine sichere Registrierung des Verhaltens erfordert ein entsprechendes Beobachtungstraining.

Vom Lehrer ausgehendes Verbalverhalten	1 2 3 4	Gibt Informationen oder Meinungen Gibt Anweisung Stellt enge Frage Stellt weite Frage
Lehrer-Erwiderung	5 6	Akzeptiert a) Gedanken, b) Verhalten, c) Gefühle Ablehnung von a) Gedanken, b) Verhalten, c) Gefühlen
Schüler-Erwiderung	7a 7b 8	Voraussagbare Antwort an Lehrer Nicht-voraussagbare Antwort an Lehrer Antwort an Mitschüler
Vom Schüler ausgehendes Verbalverhalten	9 10	Beginnt Gespräch mit Lehrer Beginnt Gespräch mit Mitschüler
Anderes	11 Z	Stille Durcheinander

Tafel 57: Beispiel eines Beobachtungssystems (Verbal Interaction Category System von Amidon & Hunter, entnommen aus Grell, 1980, S. 52). Registriert wird die Häufigkeit, mit der die Verhaltensweisen in definierten Zeiträumen vorkommen.

Beobachten kann man nicht nur das akute *Verhalten* von Menschen, sondern auch die *Produkte* ihres Tuns, mag es sich dabei um Kunstwerke oder Müllberge handeln, um die Anzahl geschriebener Briefe oder geleerter Bierflaschen. Auch *physiologische* Vorgänge sind der Beobachtung zugänglich, zuweilen ganz direkt (z.B. Erröten, heftiges Atmen, Schwitzen), manchmal nur mit Hilfe von Apparaten (Muskelspannung, Hirnströme, elektrischer Hautwiderstand usw.). In all diesen Fällen – bei Verhaltensweisen, Produkten und physiologischen Vorgängen – ist es möglich, Häufigkeiten auszuzählen und/oder Intensitäten zu messen.

Beobachten muss nicht unbedingt ein Mensch einen anderen. In vielen Fällen ist auch *Selbstbeobachtung* möglich, eventuell sogar eine »systematische«. Man registriert z.B. in einer Strichliste oder einem Protokollbogen seinen eigenen Zigarettenkonsum, seine Wortmeldungen im Seminar oder das Auftreten einer Angstreaktion.

> Wilhelm Busch über
> **Systematische Selbstbeobachtung**
> »Sag, wie wär es, alter Schragen,
> wenn Du mal die Brille putztest,
> um ein wenig nachzuschlagen,
> wie Du Deine Zeit benutztest.«
> (Summa summarum)

Ausschließlich der Selbstbeobachtung zugänglich sind Erlebnisvorgänge. Wenn außenstehende Beobachter Anzeichen physiologischer Erregung wahrnehmen, können sie nicht sicher sagen, was der betreffende Mensch dabei erlebt, z.B. Angst oder Ärger oder Ungeduld. Genaues ist nur durch seine Mitteilungen zu erfahren (»das ist mir peinlich«). Natürlich kann man nie ganz sicher sein, dass die Person ihre Gedanken, Gefühle oder Wünsche richtig beschreibt. Vielleicht möchte sie etwas verbergen, vielleicht fehlen ihr die passenden Worte, vielleicht ist ihr Erleben nicht deutlich genug, oder es verändert sich gar durch die Selbstbeobachtung. Gerade Erlebnisvorgänge lassen häufig keine Angaben im Sinne strenger Beobachtungen zu. Viele Phänomene sind nicht präzise abzugrenzen, und Quantifizierungen sind nicht so zuverlässig wie bei einer Verhaltensbeobachtung. Die Angaben haben dann notgedrungen den Charakter von »Einschätzungen«.

Beschreiben durch subjektive Einschätzung

Je komplexer und unschärfer die Phänomene, umso schwieriger wird es, sie durch Beobachtungen zu beschreiben. Während man die Schnelligkeit eines Eisläufers mit der Stoppuhr messen kann, erfordert eine Kür im Eiskunstlauf die Zusammenfassung einer Fülle von Einzelbeobachtungen – sie wird »beurteilt«. Dabei kann der Begriff der *Beurteilung* in diesem wie in anderen Beispielen zweierlei bedeuten: (1) eine Reduktion der Eindrücke zu einer sprachlichen Kurzbeschreibung (»abwechslungsreich«, »akrobatisch« usw.) und (2) eine Einstufung nach einem Gütemaßstab (z.B. durch »Noten«). Beides wird zwar oft miteinander verknüpft, doch prinzipiell ist es auseinander zu halten. Sagt man etwa von einem Menschen, er sei »temperamentvoll«, so kann dies als reine Ist-Aussage, als Zusammenfassung von Eindrücken, gemeint sein – ohne positive oder negative Wertung. Um der Eindeutigkeit willen empfiehlt es sich, die Beurteilung in ihrer ersten Bedeutung als *Einschätzung* zu bezeichnen, in ihrer zweiten als *Bewertung*. Nur die Einschätzung »beschreibt«, wenngleich subjektiv, wie ein Phänomen »aussieht«. Bewertungen dagegen sind Güte-Urteile (mehr dazu S. 195ff.).

Wenn Menschen mit Hilfe von *Eigenschaftswörtern* beschrieben werden, sind dies Einschätzungen, keine Beobachtungen. Man kann nicht sehen, ob ein Mensch »sensibel«, »autoritär« oder »egoistisch« ist. Man versucht lediglich, eine Reihe von (eventuell sehr subjektiv ausgewählten) Wahrnehmungen unter einem einzigen Begriff zusammenzufassen. Die Urteiler sind sich der Subjektivität aber nicht immer bewusst und verwenden Eigenschaftswörter oft so, als bezeichneten sie etwas, was dem Objekt wirklich »eigen« sei. Dies trifft zwar zu, wenn man z.B. sagt: »Der Apfel ist faul« (= Beobachtung). Wenn man jedoch sagt: »Der Schüler ist faul«, so ist dies eine subjektive Einschätzung (die überdies meistens wohl auch negativ-wertend gemeint ist).

Ist Subjektivität schon nicht zu vermeiden, so kann man doch aus der Not eine Tugend machen und sie explizit mit ausdrücken. Beispiel: »Nach meinen Eindruck ist der Alex sehr dominant ...« oder – noch subjektiver – »Der Alex wirkt auf mich so dominant« (statt: »Der Alex ist dominant«). Im Extrem könnte die Beschreibung der anderen Person völlig durch die Beschreibung eigener Empfindungen ersetzt werden (sog. Ich-Botschaften; z.b.: »Ich fühle mich eingeengt«), was bei der Klärung zwischenmenschlicher Probleme durchaus hilfreich sein kann.

Schreibt man Menschen bestimmte Dispositionen zu, hat dies fast immer den Charakter einer Einschätzung. Zwar lassen sich konkrete Kenntnisse und Fertigkeiten (Sprachkenntnisse, manuelle Fertigkeiten etc.) hinreichend gut beobachten, aber sobald man allgemeinere Aussagen machen will, muss man über das Beobachtbare hinausgehen. Dabei lässt sich dann die Verwendung von Eigenschaftswörtern kaum vermeiden – ungeachtet der damit verbundenen Probleme (vgl. hierzu auch S. 79f.). Man braucht solche Wörter, um verschiedene Eindrücke auf einen kurzen Nenner bringen und sich in knapper Form zu verständigen.

Auch in der wissenschaftlichen Psychologie werden daher nicht nur Beobachtungen, sondern auch Eigenschaftswörter zur Charakterisierung von Menschen verwendet (»ängstlich«, »extravertiert«). Allerdings versucht man meist, ihre Bedeutung anhand konkreterer Unteraspekte zu präzisieren (etwa in Persönlichkeitstests). Besonders gebräuchlich ist es, direkte Einschätzungen wenigstens durch Quantifizierungen vergleichbar zu machen. Man benutzt dazu sog. Schätzskalen (Rating-Skalen), auf denen der Ausprägungsgrad der Eigenschaft durch Zahlenwerte zu markieren ist (vgl. Langer & Schulz von Thun 1974; Diekmann 1995). Zuweilen stellt man zwei Eigenschaften als Pole einander gegenüber, etwa so:

aktiv	1–2–3–4–5–6–7	passiv
unfreundlich	1–2–3–4–5–6–7	freundlich

Für bestimmte Forschungszwecke kann der Durchschnitt aus den Werten mehrerer Urteiler herangezogen werden.

Verfahren dieser Art werden auch zur Selbsteinschätzung verwendet. Häufiger aber gibt es hierfür Fragebögen mit ganzen Sätzen, bei denen man sich für Antwortkategorien wie »häufig – selten – gar nicht« oder auch nur »ja – nein« zu entscheiden hat:

Ich lasse mich leicht aus der Ruhe bringen	ja – nein
In Diskussionen rede ich gerne mit	ja – nein

In jedem Fall ist es einer »intuitiven« Zusammenfassung von Erfahrungen überlassen, ob man »im Ganzen« die eine oder die andere Antwort für treffender hält. Dadurch entstehende Zufallsfehler lassen sich vermindern, indem man zu der Eigenschaft, die ermittelt werden soll, eine Vielzahl von Einschätzungen erfragt.

Psychologische Diagnostik

Wie schon das vorangehende Beispiel des Fragebogens zeigt, steht das Beschreiben häufig im Dienste psychologischer Diagnostik. Zwar geht das Diagnostizieren in der Regel über bloßes Beschreiben hinaus und schließt auch die »Diagnose« als Erklärung des Ist-Befundes ein. Aber die eigentlichen psychodiagnostischen Verfahren liefern per se noch keine Erklärung. Sie sind vielmehr Instrumente zur genaueren Beschreibung von beispielsweise intellektuellen Fähigkeiten, Motivausprägungen, Einstellungen usw. So kann man etwa mit einem Intelligenztest bestimmte Leistungen quantitativ beschreiben (Stärken, Schwächen, Positionen innerhalb der Altergruppe). Wenn man daraus Erklärungen oder Vorhersagen ableitet (z B. für schulische und berufliche Schwierigkeiten), so sind das schon weiterführende Schritte, und die spielen sich in jedem Fall im Kopf des Untersuchers ab. (Einen Überblick zum Spektrum diagnostischer Erhebungen gibt Tafel 58; s. auch Amelang & Zielinski 1997, Jäger & Petermann 1995).

In der wissenschaftlich fundierten Diagnostik wird darauf geachtet, dass die eingesetzten Verfahren sogenannten Gütekriterien gerecht werden, die zum Teil schon angedeutet wurden (vgl. hierzu Lienert & Raatz 1998).

Das erste ist die *Objektivität*. Damit ist nicht gemeint, dass man weiß, wie der Sachverhalt »wirklich« ist, sondern dass die Befunde von der Person des Untersuchers unabhängig sind: Objektivität = intersubjektive Übereinstimmung. Dies ist bei Einschätzungen nur begrenzt erreichbar, bei systematischer Verhaltensbeobachtung schon besser, bei physiologischen Messungen sehr gut und ebenso bei Testverfahren, die für eine objektive Auswertung (meist durch Auszählen der Messwerte) konstruiert sind. Auch bei hoher Objektivität kann allerdings die anschließende Interpretation der Befunde viel subjektiven Spielraum lassen.

Das zweite Kriterium ist die sog. *Reliabilität*, Messgenauigkeit oder Zuverlässigkeit. Im physikalischen Bereich, z.B. bei der Längenmessung, gibt es da selten Probleme. Ein Zollstock misst bei demselben Tisch heute keine andere Länge als gestern. Solche Zuverlässigkeit ist in der Psychologie nicht erreichbar. Da misst man eher mit Maßstäben »aus lockerem Gummiband« (Selg u.a. 1992, S. 35). Die Ungenauigkeit hat verschiedene Gründe. Schon die erwähnte Abhängigkeit vom Untersucher senkt die Messgenauigkeit; insofern fließt das

1. *Lebensdaten aus objektiven Erhebungen bzw. grundsätzlich objektivierbaren Angaben*
   - Personaldaten und sozioökonomische Statusmerkmale
   - Angaben über Familie, Schule, Beruf; Sozialanamnese und medizinische Anamnese
   - Gegenwärtige Lebensbedingungen ... z.B. Wohnverhältnisse, Arbeitsplatz

2. *Lebensdaten aus subjektiver Sicht*
   - Erlebnisberichte und spontane oder provozierte Selbstbeurteilungen ...
   - Persönliche Vorgeschichte der psychosozialen und körperlichen Entwicklung ...
   - Schilderung einzelner Lebensbereiche wie Schule, Beruf, erlebte Familienbeziehungen ...
   - Autobiographische Darstellungen, Tagebücher, Selbstinterpretationen
   - Selbstbeurteilungen mittels standardisierter Verfahren: Befindens- und Stimmungsskalen, ... Anamnesefragebogen und Beschwerdenlisten, Fragebogen bzw. Skalen zur Erfassung von Interessen, Einstellungen, Werthaltungen
   - Ökologische und situative Daten aus subjektiver Sicht, z.B. Beschreibung von Arbeitsplatz, Krankenstation, Urlaubsort

3. *Fremdbeurteilungen durch teilnehmende oder unabhängige Beobachter* (z.B. Familienangehörige oder trainierte Fachleute) mit Protokollierung und Skalierung der Merkmale nach mehr oder minder formalisierten Systemen
   - Freie Verhaltensbeschreibung
   - Gezielte Verhaltensbeobachtung in ... Situationen mit typischen Leistungs- und Interaktionsforderungen; ... Beurteilung anhand von Kategoriensystemen (o.ä.) ...
   - Beurteilung von Sprache und nichtverbalen Kommunikationen bzw. Ausdruckserscheinungen (Mimik, Gestik, Handschrift)
   - Beurteilung von Interview- und Explorationsinhalten (psychodiagnostische Gesprächsführung)
   - Beurteilung von biographischem Material (Werke, Tagebücher, Träume, Briefe ...)
   - Beurteilung von Lebensdaten objektiver und subjektiver Art ...

4. *Standardisierte Persönlichkeitsfragebogen* zur Erfassung allgemeiner Persönlichkeitsmerkmale mittels itemanalysierter und empirisch-kriterienbezogen überprüfter Skalen
   - Mehrdimensionale Persönlichkeitsinventare
   - Eindimensionale Persönlichkeitsfragebogen

5. *Psychologische Tests* als Verhaltensstichproben in standardisierten künstlichen Situationen
   - Tests zur Erfassung allgemeiner Persönlichkeitsmerkmale (Verhaltensstile, »Temperament«, Motive und Psychodynamik): so genannte projektive Tests der Persönlichkeit, sogenannte objektive Tests der Persönlichkeit
   - Tests zur Erfassung der allgemeinen Intelligenz und der Kreativität
   - Tests zur Erfassung der allgemeinen oder schulischen Entwicklung ...
   - Tests zur Erfassung spezieller Funktionen und Fähigkeiten, z.B. Konzentrationsleistung und Gedächtnis, mechanisch-technisches Verständnis ...
   - Psychophysiologische und neuropsychologische Verfahren zur Erfassung von psychophysischer Aktivierung und Reaktivität, Stress, Vigilanz, Habituation usw.

Tafel 58: Informationsquellen der psychologischen Diagnostik (gekürzt nach: Fahrenberg 1977)

Kriterium der Objektivität in die Reliabilität mit ein. Aber zu ihr gehören noch weitere Einflüsse: Wenn z.B. eine Beobachtung oder ein Testbefund davon abhängt, ob man jemanden in einem »glücklichen« oder »unglücklichen« Augenblick untersucht, oder wenn Aufgaben durch Raten gelöst werden können, dann mindert dies die Reliabilität. Mit anderen Worten: Es geht um die Frage, wieweit die gewonnenen Daten wirklich »typisch« oder »repräsentativ« für viele denkbare Erhebungen sind, wieweit sie also von unerwünschten Zufallseinflüssen unabhängig sind und bei einer Wiederholung erneut gefunden würden. Um diese Messgenauigkeit zu erhöhen, kann man die Zahl von Aufgaben vergrößern, die Beobachtungszeiträume verlängern usw.

Nun kommt es aber nicht nur darauf an, dass man überhaupt genau misst, sondern dass man *das* genau misst, was gemessen werden *soll.* Das letztlich entscheidende Gütekriterium ist daher die sog. *Validität* oder Gültigkeit: Wieweit lassen die Befunde eine Aussage über eben den Sachverhalt zu, über den man etwas aussagen will? Wieweit sagt beispielsweise die – recht objektiv und reliabel messbare – Rechtschreibleistung etwas über die »Eignung« für die höhere Schule oder für eine Abteilungsleiterstelle im Kaufhaus aus? Oder: Ist die Häufigkeit, mit der jemand das Wort »ich« gebraucht, ein Gradmesser für eine »egozentrische« Haltung (und nicht etwa für »Offenheit« oder sonst was)? Die Validität hat also bereits mit Erklären und Vorhersagen zu tun. Prüfungen sind ein Beispiel, an dem jeder die Probleme mit diesen Gütekriterien leicht nachvollziehen kann. Die Abhängigkeit der Ergebnisse von der Person des Prüfers ist eine Sache der Objektivität. Die Reliabiliät erstreckt sich auf Aspekte wie die momentane Verfassung des Prüflings, Missverständnisse im Prüfungsgespräch, die zufällig drangekommenen Fragen usw. Die Validität schließlich betrifft die Frage, wieweit die Prüfung genau das ermittelt, was sie ermitteln soll, etwa die Problemlöse-Fähigkeit in einem bestimmten Sachgebiet (und nicht etwa die Neigung, dem Prüfer nach dem Munde zu reden, die Stressfestigkeit unter Zeitdruck o.a.).

Wie die Beispiele zeigen, geht es hier *nicht nur* um wissenschaftliche Probleme, sondern um grundsätzliche Fragen bei einer Aussage über Menschen und Sachverhalte. Wissenschaftler sind sich dieser Probleme allerdings eher bewusst als Laien und bemühen sich, ihre Erkenntnismethoden im Sinne der drei Gütekriterien zu verbessern. Nicht selten erweist sich das als sehr schwierig. So sind manche diagnostischen Instrumente bis heute umstritten geblieben; man denke etwa an die Graphologie.

Um festzustellen, wieweit ein Verfahren den Gütekriterien entspricht, ist man auf aufwendige Untersuchungen angewiesen, und die ermittelten Kennwerte müssen angegeben werden (z.b. im Test-Begleitbuch). Keineswegs ist es möglich, die Qualität durch bloßes Anschauen festzustellen, wie manche Laien glauben, die z.b. über einen Fragebogen ein negatives Urteil fällen, weil ihnen eine bestimmte Frage nicht einleuchtet. Auch versierte Psychologen können weder nach bloßem Augenschein beurteilen, in welchem Maße ein Verfahren die Gütekriterien erfüllt, noch können sie aus freier Intuition seriöse diagnostische Mittel konstruieren (wie das z.b. bei den sog. Psycho-Tests der Illustrierten geschieht).

2. Erklären

Obwohl es zweifellos sinnvoll ist, Sachverhalte zuerst zu beschreiben und dann zu erklären, wird diese Reihenfolge keineswegs immer eingehalten. Nicht selten bemühen sich Menschen um Erklärungen, bevor sie hinreichend genau angegeben haben, was sie eigentlich erklären wollen. Da spekulieren manche über die Ursachen der »Null-Bock-Mentalität von Jugendlichen«, ohne präzisiert zu haben, was sie mit diesem Ausdruck konkret meinen und was nicht. Da suchen andere nach einer Erklärung für »die« menschliche Aggression, ohne anzugeben, ob sie dabei an jähzornige Kinder, an Geiselnahme beim Bankraub oder an das Abwerfen von Bomben im Krieg denken. Das übergreifende Etikett wird zum Ersatz für eine Beschreibung, und wenn Phänomene einen gemeinsamen Namen haben, neigt man oft dazu, für sie auch eine gemeinsame Erklärung zu suchen, obwohl dies vielleicht nicht sachgerecht ist.

Erklärungen und Pseudo-Erklärungen

Erklärungen sind Angaben über das »Warum« von Sachverhalten. Sie nennen Bedingungen, Gründe, Ursachen, Abhängigkeiten; sie ordnen den Sachverhalt in allgemeine Gesetzmäßigkeiten ein (vgl. Breuer 1991). Nicht gemeint ist hierbei das Erklären im Sinne von »Erläutern«, das wohl meist auf ein differenziertes Beschreiben hinausläuft (»Kannst du mir den Begriff Autonomie erklären?«).

Das Erklären, um das es hier geht, setzt die Beschreibung von wenigstens zwei Sachverhalten voraus. Jeder Sachverhalt ist für sich allein keine Erklärung, sondern nur in Hinsicht auf einen *anderen* Sachverhalt. So kann man etwa Erscheinungen der Emotion oder des Sprechens jeweils beschreiben, und man kann sie zusätzlich in bestimmtem Kontext als Erklärung für etwas anderes ansehen: das Gefühl der Freude als Erklärung für die überschwengliche Begrüßung, die bissige Bemerkung von Herrn X als Erklärung für die saure Miene von Frau Y.

Genau gesehen kann man solche Abhängigkeiten auf zwei Weisen erläutern, die Laucken, Schick & Höge (1996) als Erklärungen erster und zweiter Ordnung bezeichnen (s. Tafel 59). Man kann sich darauf beschränken, dass zwischen Sachverhalt A (»unabhängige Variable«) und Sachverhalt B (»abhängige Variable«) ein Bedingungsverhältnis besteht: Wenn man dieses Medikament injiziert, geht das Fieber weg; oder: Wenn man Herrn X nach seinem Beruf fragt, fängt er an zu stottern. Dies wären Erklärungen erster Ordnung; sie beschreiben einen regelhaften Bedingung-Folge-Zusammenhang.

Man kann aber weiter fragen, *warum* das Medikament das Fieber senkt oder warum die Frage das Stottern auslöst. Erklärungen hierzu enthalten Aussagen über das, was sich in dem unsichtbaren Feld zwischen A und B (in der »Black box«) abspielt, also über die Vermittlungsprozesse, die den Bedingungszusammenhang zustande bringen. In unseren beiden Beispielen wären das Aussagen über biochemische Vorgänge bzw. über die Gedanken und Gefühle bei Herrn X. Diese Antworten auf die Warum-Frage wären Erklärungen zweiter Ordnung; sie sind gewöhnlich gemeint, wenn man von einer »Theorie« spricht. – Der Ausdruck »Bedingung« ist übrigens dem der »Ursache« vorzuziehen, da kein Faktor A gewissermaßen aus sich heraus die Folge B hervorbringen kann, sondern nur, wenn er auf Gegebenheiten trifft, die eine solche Wirkung zulassen. Darauf ist gleich noch einmal zurückzukommen.

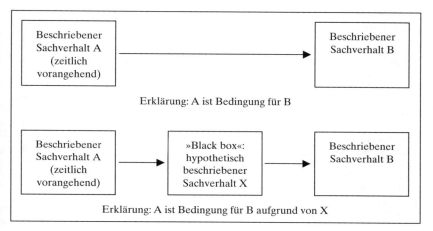

Tafel 59: Erklärungen erster und zweiter Ordnung

Im Alltag sind Menschen sehr oft damit beschäftigt, sich etwas zu erklären, ohne dass ihnen das immer klar bewusst ist. Das gilt besonders für psychologische Erklärungen. Sie sind nämlich, wie die Beispiele in Tafel 60 zeigen, häufig eine Voraussetzung dafür, um überhaupt handeln zu können. Solche subjektiven Ursachenzuschreibungen, auch *Attributionen* genannt, wurden bereits in verschiedenen Zusammenhängen erwähnt (vgl. S. 41, S. 53, S. 116).

Viele Erklärungen in der »naiven«, aber zuweilen auch in der wissenschaftlichen Psychologie, sind allerdings weder Erklärungen erster Ordnung noch zweiter Ordnung, sondern im Grunde Pseudo-Erklärungen.

»Denn eben, wo Begriffe fehlen, da stellt ein Wort zur rechten Zeit sich ein.«

(Goethe, Faust I)

Wenn man z.B. das Spielen mit einem Spieltrieb, das Nachahmen mit einem Nachahmungstrieb und aggressives Verhalten mit einem Aggressionstrieb erklärt, so hat man lediglich ein Wort angehängt und damit nicht mehr ausgesagt, als man ohnehin sehen kann, dass nämlich Menschen dieses oder jenes häufig tun. Es ist etwa so gehaltvoll, als würde man die Bewegungen der Gestirne mit einem »Drehtrieb« erklären. »Wir belegen beobachtbares Handeln mit einem Namen und glauben, dieser Name sei die verborgene Ursache des Handelns.« (Heckhausen 1980, S. 27)

Das schließt nicht aus, dass die Verwendung eines Wortes wie »Trieb« durchaus eine Erklärung enthalten *kann*: dann nämlich, wenn man den Trieb als das Erklärende eigenständig beschreibt, also unabhängig von dem Verhal-

Sich etwas erklären – ein alltägliches Geschäft

»(1) Jemand lobt mich: Ist es reine Liebenswürdigkeit, will er sich einschmeicheln oder habe ich das Lob wirklich verdient? (2) Ein Verkäufer preist mir unter mehreren Produkten des gleichen Artikels das teuerste an: Will er den größten Gewinn machen oder ist dieses Produkt wirklich das Beste? (3) Ein flüchtiger Bekannter lädt mich zu einem gelegentlichen Besuch ein: Ist es bloße Höflichkeit oder würde er sich tatsächlich freuen, wenn ich eines Tages in der Tür stände? (4) Ein Hochschulabsolvent mit sehr gutem Zeugnis bewirbt sich um eine Stelle: Ist er wirklich so gut oder kommt er von einer Hochschule, an der die Prüfungen leicht sind? In allen diesen Fällen liegt es auf der Hand, dass die Fragen nach den Gründen der Motivation von Handlungen (Beispiel 1–3), nach den Ursachen von Handlungsergebnissen (Beispiel 4) nicht lediglich intellektueller Neugier entstammen. Vielmehr ist ihre Beantwortung auch folgenschwer, wenn sie nicht zutreffend ist.«

Tafel 60: Beispiele für psychologische Attributionen (aus: Heckhausen 1989, S. 387)

ten, das erklärt werden soll. Im Falle des Triebes könnte das z.B. bedeuten: Aussagen über hirnphysiologische Vorgänge Auf- und Abbauprozesse, Ansprechbarkeit für bestimmte Reize usw. Nicht das Wort, sondern die inhaltliche Beschreibung entscheidet über den Erklärungswert.

Die Angabe von »Eigenschaften« ist ein weiteres Beispiel. Wenn man die Hilfeleistung eines Menschen mit dessen »Hilfsbereitschaft« erklärt, ist dies zunächst nur ein Wort. Um zu testen, ob mehr »dahintersteckt«, müsste man fragen: Woher weißt du, ob X »hilfsbereit« ist? Lautet die Antwort: »Weil er anderen hilft«, dreht sich die »Erklärung« im Kreis, ist also eine Pseudo-Erklärung. Wenn man hingegen »Hilfsbereitschaft« inhaltlich füllt, indem man beschreibt, dass dieser Mensch z.B. dazu neigt, sich in die Not anderer einzufühlen, sich selbst persönliche Verantwortung zuzuschreiben und dergleichen, dann kann dies zu einer nützlichen Erklärung (zweiter Ordnung) werden.

Man sollte sich dabei stets bewusst sein, dass Begriffe wie »Trieb«, »Motivation«, »Einfühlung« usw. sich nicht auf etwas direkt Feststellbares, sondern auf etwas Erschlossenes und Angenommenes beziehen. Man spricht daher von »hypothetischen Konstrukten«: Es sind Konstruktionen im Kopf der Betrachter, wenn auch keine freien Erfindungen. Die Konstrukte sind umso begründeter und zweckmäßiger, je besser sie mit empirischen Feststellungen in Einklang stehen. Dies zu überprüfen und die Konstrukte ggf. zu modifizieren, ist eine geradezu typische Aufgabe psychologischer Forschung. Sie kann beispielsweise dazu führen, das globale Konstrukte in spezifische Konstrukte ausdifferenziert werden, etwa »Intelligenz« in sprachliche, räumliche und andere Intelligenzformen oder »Aggression« in verschiedene Arten wie Vergeltung, Erlangungsaggression u.a.m. (vgl. S. 79ff. über personale Dispositionen).

In der Alltagspsychologie werden die unsichtbaren Phänomene zuweilen nicht wie hypothetische Konstrukte, sondern sozusagen wie reale »seelische Organe« verstanden. Gerade substantivische Begriffe wie »der Wille«, »das Gewissen« oder auch »die Seele« können bildhafte Vorstellungen wie von kleinen Wesen wecken, die im Menschen tätig sind. Viele Alltagsbegriffe, die solche Vorstellungen suggerieren, werden daher in der empirischen Psychologie nach Möglichkeit gemieden oder doch zumindest aufgeschlüsselt. So werden etwa anstelle des »Gewissens« gewöhnlich moralische Urteile, Schuldgefühle und moralisches Handeln untersucht.

Ein »Zusammenhang« sagt nichts über die »Verursachung«

Erklärt man einen Sachverhalt durch einen anderen, so stützt man sich gewöhnlich auf die Beobachtung, dass beide gemeinsam auftreten bzw. sich gemeinsam verändern (dass sie »kovariieren«). Man mag beispielsweise empirisch feststellen, dass Kinder, die viel fernsehen, auch aggressiver sind, und daraus schließen, dass die Filme das Verhalten der Kinder bedingen (wie es die Überschrift in der Zeitungsnotiz ausdrückt; s. Tafel 61). Doch ist dies gerechtfertigt?

Zunächst einmal ist zurückzufragen, wie beide Sachverhalte überhaupt festgestellt wurden. In unserem Beispiel müsste der Fernsehkonsum etwa durch die Dauer sowie durch Inhalte und Darstellungsformen der Sendungen definiert sein. Des Weiteren wäre zu spezifizieren, was »aggressiv« heißt: Welche

---

»Fernsehen macht aggressiv«

»HOUSTON, 7. Januar (Reuters). Kinder, die viel fernsehen, neigen zu größerer Aggressivität als gleichaltrige, die weniger Zeit vor dem Bildschirm zubringen. Zu diesem Schluss kam das amerikanische Psychologen-Ehepaar Jerome und Dorothy Singer in einer am Samstag veröffentlichten Studie. Die beiden an der Yale-Universität in New Haven tätigen Wissenschaftler haben bei einem einjährigen Versuch mit 140 drei- und vierjährigen Kindern festgestellt, dass auch Situationskomik und Sendungen, die Wettbewerbe enthalten, aggressives Verhalten bei viel Fernsehen konsumierenden Junioren auslöst.

In dem auf dem Jahreskongress der amerikanischen Gesellschaft für die Förderung der Wissenschaft in Houston (Texas) vorgelegten Untersuchungsbericht heißt es unter anderem, dass die aggressiveren Versuchskinder in der Überzahl aus Familien stammten, in denen die Eltern sich kaum darum kümmern, welche Programme ihre Sprösslinge sehen, und aus solchen Heimen, in denen ständig ferngesehen werde.«

Tafel 61: Eine Pressemeldung: Ist die Überschrift gerechtfertigt?

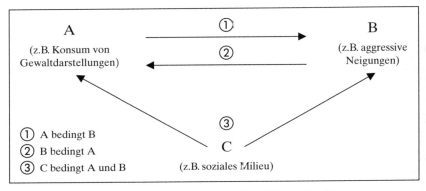

Tafel 62: Wie ein Zusammenhang zwischen A und B erklärt werden könnte

Verhaltensweisen wurden erfasst (körperliche Angriffe, Schimpfen usw.)? Wie wurde die Häufigkeit und Intensität aggressiven Verhaltens ermittelt? In welchen Situationen wurde beobachtet (Umgang mit Gleichaltrigen, mit Eltern usw.)? Oder wurde gar nicht beobachtet und stattdessen die Einschätzung von Eltern, Mitschülern usw. oder die Selbsteinschätzung erfragt?

Nehmen wir einmal an, es sei genau definiert, was mit »Fernsehen« und was mit »aggressiv« gemeint ist, und man fände tatsächlich einen statistischen Zusammenhang (Korrelation) – kann man dann daraus schließen, dass Fernsehen die Kinder aggressiv »macht«? Nicht sicher. Vielleicht ist es auch umgekehrt: Aggressive Kinder haben eine größere Vorliebe fürs Fernsehen oder speziell für Gewaltdarstellungen und schauen sich deshalb häufiger solche Sendungen an. Eine dritte Erklärung deutet sich bereits in der Zeitungsmeldung an: Die eigentlich erklärende Bedingung könnte nämlich das Erziehungsmilieu sein, und zwar zugleich für den hohen Fernsehkonsum und das aggressive Verhalten. Es ist auch möglich und im psychologischen Bereich sehr typisch, dass die Sachverhalte sich wechselseitig bedingen; es kann sogar das Verhalten der Kinder auf das Erziehungsmilieu zurückwirken und nicht nur umgekehrt. Die Untersucher der zitierten Studie sind übrigens mit methodischer Sorgfalt vorgegangen und haben keine Interpretation im Sinne von »Fernsehen macht aggressiv« vorgetragen (vgl. Singer, Singer & Sherrod 1980). Die Überschrift – die sich ja nicht einmal aus der Zeitungsmeldung selbst ableiten lässt – ist eine journalistische Vereinfachung, und zwar in einer Weise, die eben für Laienpsychologie typisch ist.

Schon bei relativ einfachen Zusammenhängen mit nur wenigen Variablen sollte man also mehrere Erklärungsrichtungen in Erwägung ziehen (s. Tafel 62); weitere und verwickeltere Zusammenhänge sind denkbar.

Feldstudien und Experimente

Wie kann man herausfinden, welche Erklärung zulässig ist? Wenn man in natürlichen Situationen Erhebungen durchführt und die Daten zusammenträgt (wie in dem erwähnten Fernsehbeispiel), wenn man also eine sog. *Feldstudie* durchführt, lässt sich die Frage nicht sicher entscheiden. Man kann allenfalls die eine oder andere Hypothese für plausibel halten. Eine kausale Interpretation ist nur möglich, wenn man sicher weiß, welche der Variablen vorangeht und welche nachfolgt.

Dies weiß man manchmal, wenn man in einer sog. Längsschnittstudie dieselben Personen in gewissen Abständen wiederholt untersucht. Wie ist beispielsweise eine Korrelation zwischen elterlicher Erziehung und dem Verhalten der Kinder zu interpretieren – was bewirkt was? Stellt man etwa durch wiederholte Erhebungen fest, dass das Verhalten von 5-jährigen Kindern mit der elterlichen Erziehung ein Jahr später enger korreliert als umgekehrt das Verhalten der 6-Jährigen mit der Erziehung ein Jahr zuvor, so kann man dies so deuten, dass die Eltern eher auf das kindliche Verhalten *re*agieren als umgekehrt. (Eron, Huesmann & Zelli 1991, fanden z.b. ein Ergebnis dieser Art für die Aggressivität von Kindern.)

Der bekannteste Weg, Ursache-Wirkungs-Beziehungen aufzudecken, ist das *Experiment*. Im Experiment werden einzelne Variablen willkürlich verändert, um zu beobachten, welche Folgen dies hat. Den experimentell gesetzten Einflussfaktor kann man allerdings nur dann zur Erklärung der Befunde heranziehen, wenn gleichzeitig alle anderen Bedingungen und der untersuchte Personenkreis vergleichbar gehalten werden. In strenger Form leistet dies nur eine künstliche Situation, ein sog. *Laborexperiment*. Ein Beispiel zum Problem von Gewaltdarstellungen: In einem Versuchsraum (wo also der Einfluss anwesender Eltern, der häuslichen Ausstattung usw. ausgeschaltet ist) wird Kindern ein kurzer Film mit Gewaltszenen vorgeführt. Anschließend erhalten sie Spielmaterial, das auch für aggressive Spiele geeignet ist. Das Verhalten der Kinder wird verglichen mit dem von anderen Kindern, die zuvor einen »gewaltlosen« Film gesehen haben.

Solche Experimente können einerseits die Wirkung einzelner Faktoren isolieren, haben aber andererseits den Nachteil, dass sie für das »reale Leben« weniger repräsentativ sind (dass es ihnen an »externer Validität« mangelt). Als zweiter Typ von Experiment wird daher vielfach das sog. *Feldexperiment* gewählt. Es findet in natürlicher Umgebung statt, und die Versuchspersonen wissen gar nicht, dass sie solche sind. Man simuliert z.B. am Rande einer Landstraße eine Panne oder einen Unfall, um das Hilfeverhalten der Vorbeifahrenden zu erforschen. Oder: Man veranstaltet in einem Jugendwohnheim eine »Filmwoche«, in der einige Häuser des Heimes mit gewalttätiger und andere mit »neutraler« Kost versorgt werden, und registriert dann das

Verhalten der Jugendlichen im Umgang miteinander. Die größere Lebensnähe des Feldexperiments erkauft man sich allerdings mit dem Risiko, dass die Ergebnisse auch von unkontrollierten Nebeneinflüssen der natürlichen Situation mitbestimmt sein können.

Alle Untersuchungsformen haben ihre Vor- und Nachteile, sie erfüllen unterschiedliche Funktionen im Forschungsprozess und müssen sich daher notwendigerweise ergänzen (vgl. Selg, Klapprott & Kamenz 1992, Diekmann 1995).

Bedingungsgefüge statt einzelner »Ursachen«

Welche kausalen Zusammenhänge man auch immer finden mag – sie gelten praktisch nie absolut, sondern nur relativ. Eine bestimmte Bedingung »führt« daher auch nicht zu einer bestimmten Folge, sondern begünstigt sie nur. Die Zusammenhänge sind stets statistische Trends, von denen es individuelle Abweichungen gibt. Selbst wenn beispielsweise das Rauchen unbestreitbar verschiedene Krebsarten fördert, wird man doch immer wieder die berühmten 90-Jährigen finden, die ihr Leben lang geraucht haben. Warum? Weil die jeweiligen Untersuchungen natürlich nie *alle* relevanten Faktoren erfassen. Im Falle des Rauchens könnten das z.b. erbliche Dispositionen, körperliche Bewegung, psychische Belastungen, Ernährungsgewohnheiten usw. sein.

Jeder Faktor hat nur relatives Gewicht innerhalb eines Bedingungs*gefüges* Er liefert daher auch nicht die ganze Erklärung, sondern nur eine Teilerklärung. Für psychische Phänomene gilt dies noch mehr als für biologische, da schon ganz unauffällige Einflüsse (z.b. das Stirnrunzeln des Versuchsleiters, die Tagesform eines Befragten) die Ergebnisse mitbestimmen können. Weil stets mehrere Bedingungen zusammenwirken, ist es auch problematisch, einen Faktor als die »Ursache« zu bezeichnen. Das Begießen einer Blume ist sicherlich eine Bedingung für ihr Wachstum, aber es bringt das Wachstum nicht hervor. Wenn schon, dann liegt die »Ursache« zum Teil in der Pflanze selbst (begossene Holzpfähle wachsen nicht). Ein anderes Beispiel: Wenn man sagt, die »Ursache« für einen Unfall sei überhöhte Geschwindigkeit, so ist dies, streng genommen, eine Vereinfachung. Hohes Tempo führt ja normalerweise nicht zum Unfall, sondern nur, wenn andere Bedingungen hinzukommen, z.B. eine schwierige Kurve, glatte Fahrbahn, mangelndes Fahrtraining. Die Beispiele zeigen: Wenn man von einer »Ursache« redet, kann das nur bedeuten, dass man eine bestimmte Bedingung besonders hervorheben oder vorrangig betrachten möchte.

In der Psychologie haben lineare Ursache-Wirkungs-Beziehungen überhaupt keinen Platz. Es ist nicht möglich, beispielsweise eine schlechte Schulleistung allein durch niedrige Intelligenz oder durch Mangel an elterlicher Hilfe oder durch sonst etwas zu erklären. Ebenso wenig kann Alkoholismus, Selbstsicherheit, soziales Engagement usw. jeweils durch irgendeine Einzelbedingung hervorgebracht werden, sondern immer nur durch das Zusammenwirken verschiedener Bedingungen. Erinnert sei daran (s. Kapitel 3), dass das aktuelle Verhalten stets aus dem Zusammenwirken von personalen und situativen Faktoren zu erklären ist – beide jeweils im Plural. Das gesamte Gefüge aller wirksamen Faktoren ist meist unübersehbar groß, und gewöhnlich kann man nur einen Teil von ihnen hinreichend erfassen.

Es wirken aber nicht nur »mehrere« oder »viele« Bedingungen zusammen. Zu beachten ist auch, dass die Bedingungen sich meist nicht einfach addieren, sondern untereinander in komplizierten Wechselwirkungen stehen, sich also gegenseitig beeinflussen (vgl. etwa S. 89ff. zur »Interaktion« von Person und Situation).

Dass die Einflüsse oft so zahlreich und die Wechselwirkungen so kompliziert sind, macht verständlich, warum psychologische Erklärungen und Vorhersagen nicht so »exakt« sein können wie in der Physik, sondern stets nur mehr oder minder gut begründete Wahrscheinlichkeitsaussagen sind. »Nichts außer Trivialitäten ereignet sich mit absoluter Sicherheit« (Meyer 1996, S. 55).

Erklären oder Verstehen?

Psychische Phänomene erklären zu wollen, indem man mit empirischen Methoden Bedingungszusammenhänge untersucht, ist keineswegs immer eine wissenschaftliche Selbstverständlichkeit gewesen. »Die Natur erklären wir, das Seelenleben verstehen wir« (Dilthey) war das Motto der »Verstehenden Psychologie«, die sich Ende des 19. Jahrhunderts gegen die damals beginnende Orientierung am Vorbild naturwissenschaftlicher Forschungsmethodik wandte.

Ein solcher Standpunkt wird in der heutigen Psychologie (jedenfalls wie sie gewöhnlich an den Universitäten gelehrt wird) kaum noch vertreten. Es herrscht die Überzeugung vor, dass das eigene Erleben als Basis für das Verständnis von Menschen, das intuitive Erfassen von Zusammenhängen und ähnliche »Verstehens«-Leistungen keine ausreichende wissenschaftliche Grundlage sein können. Das heißt jedoch nicht, dass das »Verstehen« allenfalls für praktische Problembewältigungen, etwa im zwischenmenschlichen Umgang, von Bedeutung ist, aber nicht für die Forschung. Es lässt sich leicht zeigen, dass man auch bei der Suche nach wissenschaftlich haltbaren Erklärungen nicht ohne Formen des »Verstehens« auskommt. Sie spielen sicherlich eine wichtige Rolle bei der *Bildung* von Hypothesen, wenngleich sie für ihre *Überprüfung* unzureichend sind (Bartenwerfer & Raatz 1979).

Vielen wissenschaftlichen Entdeckungen ist eine intuitive Folgerung aus Alltagsbeobachtungen, eine ungenaue Vermutung (»das kann so nicht stimmen«) oder ein Gefühl der Vertrautheit (»so was kenne ich von mir selbst«) vorausgegangen. Insbesondere bei Erklärungen zweiter Ordnung, die ja, jenseits der sichtbaren Zusammenhänge, Aussagen über Vorgänge in der »Black box« machen, sind Verstehensprozesse im Sinne intuitiver Vermutungen, Phantasien usw. unumgänglich. Die Präzisierungen geschehen dann allerdings in einem Wechsel von Hypothesenbildung und Überprüfung, korrigierter Hypothese, neuer Überprüfung usw.

Zwei weitere wichtige Funktionen des Verstehens für die empirische Forschung lassen sich nennen (Kriz, Lück & Heidbrink 1996). Zum einem ist schon die Auswertung von empirischem Rohmaterial, z.B. von Interviews oder Texten, auf verstehende, sog. »hermeneutische« Methoden angewiesen (Hermeneutik: Lehre von der Auslegung von Schriften). Zum anderen können auch die Endprodukte von Forschungen, nämlich Forschungsberichte oder überhaupt wissenschaftliche Literatur, nicht ohne Verstehensprozesse auf Seiten der Leser verarbeitet und nutzbar gemacht werden.

Dies alles gilt sicher nicht nur für die Psychologie, wenngleich die Anteile von »harter« Empirie und »weichem« Verstehen von Fall zu Fall verschieden sind. Vor allem bei Wissenschaften, die eher mit komplexen Bedingungsgefügen als mit linearen Kausalbeziehungen zu tun haben, ist es aber häufig unmöglich, ein Geschehen wissenschaftlich präzise zu erklären, während man es vielleicht immerhin ganzheitlich zu erfassen vermag, sodass man damit »arbeiten«, also z.B. Prognosen treffen oder Maßnahmen ergreifen kann.

3. Vorhersagen

Vorhersagen sind gewissermaßen »vorwärts gerichtete Erklärungen« (Laucken, Schick & Höge 1996). Der kausale Zusammenhang, den man zwischen den Sachverhalten A und B erkannt hat, dient auch dazu, das Eintreten bestimmter Ereignisse zu erwarten. – Wo kommt die Tätigkeit des Vorhersagens vor?
– In der Forschung stellt man eine »Hypothese« auf und leitet daraus ab, welche Befunde in einer bestimmten Untersuchung herauskommen werden.
– Bei Alltagsproblemen lassen sich Menschen von einer stillen Vorhersage im Sinne einer »Erwartung« leiten. Man entscheidet sich z.B. für eine Arbeitsmethode, weil man damit schneller voranzukommen glaubt, oder man trifft eine pädagogische Maßnahme, weil man sich von ihr eine bestimmte Wirkung erhofft.
– In ihrer ausgeprägtesten Form beziehen sich Vorhersagen auf längere Zeiträume: Wird dieser Straftäter wieder rückfällig werden? Wird diese Schülerin auf der Oberschule erfolgreich sein? Wird diese Ehe lange halten?

Vorrangig auf solche Vorhersagen im engeren Sinne, die mehr oder minder weit in die Zukunft gerichtet sind, bezieht sich die folgende Erörterung.

Wovon hängt die Vorhersage-Genauigkeit ab?

Zur Vorhersage gehören zwei Elemente: der Prädiktor und das Kriterium. Mit *Prädiktor* sind die Mittel gemeint, auf die man seine Vorhersage gründet, z.B. Bewerbungsgespräche, psychologische Tests, graphologische Gutachten oder Horoskope. Das *Kriterium* ist das, was vorausgesagt werden soll, z.B. der berufliche Erfolg oder ein krimineller Rückfall.

Laien glauben oft, die Vorhersage sei umso besser, je mehr Informationen man über eine Person besitzt. Danach erscheint es beispielsweise selbstverständlich, dass für den Schulerfolg auf dem Gymnasium das Grundschullehrer-Gutachten eine bessere Prognose liefert als eine vergleichsweise kurze testpsychologische Untersuchung – weil eben ein Lehrer die Kinder lange und von vielen Seiten »kennt«. Empirische Untersuchungen zum tatsächlichen Schulerfolg sprechen aber keineswegs für die Überlegenheit des Lehrerurteils, eher fürs Gegenteil (im Überblick Ingenkamp 1995). Wovon also hängt dann die Genauigkeit der Prognose ab? Hier einige Gesichtspunkte.

Wichtig ist zunächst, dass man nicht einfach viele, sondern dass man wirklich *bedeutsame* Faktoren erfasst. So könnte bei unserem Beispiel das Lehrerurteil stark von Fleiß und Ordnung des Kindes beeinflusst werden, obwohl diese für den späteren Erfolg vielleicht gar nicht so wichtig sind. Im Alltag kann man meist nur ganz subjektiv entscheiden, was wohl bedeutsam ist, und notfalls halten sich die Urteiler an leicht erkennbare Merkmale wie etwa Geschlecht, Alter, Hautfarbe usw. Die Forschung versucht stattdessen, den Voraussagewert bestimmter Merkmale empirisch zu ermitteln.

Damit verbindet sich gleich die Frage, wie gut man die bedeutsamen Faktoren *erfassen* kann. Hat man dafür keine zureichenden Mittel, nützt es wenig, die richtigen Faktoren zu erahnen. Nehmen wir an, eine Lehrerin veranschlage zu Recht intellektuelle Fähigkeiten wie abstrakt-logisches Denken, Sprachverständnis usw. ziemlich hoch bei ihrer Prognose für den Erfolg auf dem Gymnasium, so bliebe die Frage, wie diese erfassen kann. Vielleicht sind die Leistungen in der Grundschule dafür kein guter Indikator, weil sie auch von der Art des Unterrichts abhängen und weil die Notengebung (die ja die »Leistung« definiert) recht subjektiv ist. Auch die psychologische Diagnostik tut sich bei der Erfassung vieler Personmerkmale recht schwer, sie ist aber bemüht, die Prädiktoren nach den Gütekriterien der Objektivität, Reliabilität und Validität (hier: der prognostischen Validität) zu überprüfen (vgl. S. 176ff.). Sie weiß also, anders als Laien, um die Stärken und Schwächen von Prädiktoren.

Auch gute diagnostische Verfahren können aber die Weiterentwicklung nur vorhersagen, wenn die erfassten Faktoren *stabil* sind. Bei personalen Dispositionen ist die langfristige Stabilität recht unterschiedlich. Intelligenz ist z.B. stabiler als Einstellungen. Des Weiteren variiert die Stabilität mit dem Lebensalter.

Wie selbstverständlich war eben nur von Personfaktoren die Rede. Das ist zwar nahe liegend, weil man zuallererst auf die Personen schaut, über die man etwas sagen will. Um Verhalten oder Denkleistungen vorauszusagen, reichen allerdings Personfaktoren nicht aus; man muss auch die *Einflüsse der Situation bzw. der Umwelt* in Rechnung stellen. Und die lassen sich meist sehr schwer, zum Teil überhaupt nicht vorhersagen. Selbst wenn etwa die Dispositionen eines Schülers stabil bleiben, wird doch seine Leistung je nach den Lehrkräften, Mitschülern, Lerninhalten usw. in gewissem Grade unterschiedlich sein. Ebenso mag vielleicht ein Mitarbeiter, den man als sehr »kooperativ« erlebte, in einem anderen Kreis »mit niemandem zurechtkommen« und sich damit als »ungeeignet« erweisen. Hier liegt eine kaum überwindbare Grenze von Vorhersagen.

Probleme kann es auch am anderen Ende der Prognose geben: beim *Kriterium*. Wie beim Prädiktor stellt sich nämlich die Frage, wie das, was vorausgesagt werden soll, *erfasst* wird, wie also das Eintreffen der Vorhersage festgestellt wird. So ist etwa der Schulerfolg letztlich durch die Noten definiert. Die Treffsicherheit der Prognose hängt somit davon ab, nach welchen Maßstäben die jeweiligen Lehrkräfte auf dem Gymnasium ihre Zensuren vergeben. Sämtliche Unsicherheiten der Notengebung mindern also zwangsläufig die Voraussagbarkeit des Schulerfolgs. In anderen Fällen ist das, was vorausgesagt werden soll, so unscharf, dass man es durch ganz unterschiedliche Kriterien definieren könnte – etwa bei der Prognose des Berufserfolgs aufgrund einer Eignungsdiagnose. Misst man z.B. den »guten Arzt« an der Höhe seines Einkommens, am Urteil von Fachleuten, am Urteil der Patienten oder an was? Misst man den »guten Lehrer« am Urteil der Vorgesetzten, an der Beliebtheit bei Schülern, am Zensurendurchschnitt in seinen Klassen, an der eigenen Zufriedenheit oder wie? Es ist möglich, dass die Prognose sich nach dem einen Kriterium als zutreffend erweist, nach einem anderen Kriterium hingegen nicht.

Wenn Voraussagen nicht eintreffen, darf man dies also nicht ohne Weiteres auf den Prädiktor schieben (den Test, das Gutachten usw.); zum einem deshalb, weil spätere situative Einflüsse auch bei noch so guter Diagnostik kaum vorhersehbar sind, zum andern auch, weil vielleicht nicht so sehr der Prädiktor, sondern das Voraussagekriterium allzu wackelig ist: nicht objektiv, nicht reliabel, nicht valide genug.

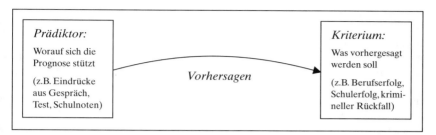

Tafel 63: Die Treffsicherheit einer Vorhersage hängt nicht nur von der Güte der Prädiktoren ab, auf die man seine Vorhersage stützt, sondern auch von der Güte des Kriteriums

Statistische Prognose und Einzelfall-Prognose

Da psychologische Vorhersagen nichts mit hellseherischen Fähigkeiten zu tun haben, müssen sie sich auf bestimmte Erfahrungen stützen. Im vorwissenschaftlichen Bereich mögen diese Erfahrungen sehr subjektiv ausgewählt sein: Man übernimmt z.b. gängige Meinungen oder stützt sich auf vergleichbar erscheinende Einzelfälle (z.b. auf das Schulschicksal eines Geschwisters oder Nachbarkindes).

Das Anliegen der wissenschaftlichen Psychologie ist es, den Vorhersagewert bestimmter Prädiktoren so genau wie möglich zu ermitteln. Dazu muss sie die Voraussagen an größeren Stichproben überprüfen. Denn in Einzelfällen kann man zufällig einen Glückstreffer oder eine Niete erwischen. Solche Untersuchungen liefern dann statistische Wahrscheinlichkeiten. Das heißt: Wenn man sich auf diejenigen Prädiktoren verlässt, die statistisch die höchsten Prognosewerte haben, werden *häufiger* richtige Urteile gefällt werden, wenngleich es offen bleibt, *welchen* Personen dies zugute kommt und welchen nicht. Immerhin lassen sich aus den Wahrscheinlichkeitsaussagen oftmals praktische Empfehlungen ableiten. Wenn man beispielsweise feststellen kann, bei welchem Personenkreis das Risiko für einen Herzinfarkt überdurchschnittlich hoch ist, kann man gegebenenfalls vorbeugend etwas dagegen tun. Oder Kinder, bei denen die Einschulungsdiagnose mit einiger Wahrscheinlichkeit Schulschwierigkeiten erwarten lässt, kann man in eine pädagogische Förderung aufnehmen.

Arbeitet man mit statistischen Wahrscheinlichkeiten, so wird man, wie gesagt, nicht in jedem Einzelfall einen Treffer landen, sondern nur in *mehr* Einzelfällen. Denn zu viele Faktoren spielen mit, darunter auch Situationseinflüsse und wackelige Kriterien. Wo das Schicksal konkreter Menschen von der Prognose abhängt – ob bei der Strafentlassung, der Schullaufbahn oder der beruflichen Karriere –, wird es diejenigen, die das Opfer einer Fehlprognose geworden sind, natürlich wenig trösten, wenn sie hören, die verwendeten Prognoseinstrumente hätten sich *im Durchschnitt* immerhin als besser erwiesen als alle anderen bekannten Verfahren. Den einzelnen betroffenen Menschen interessiert verständlicherweise keine Statistik. Ein Ausweg kann es manchmal sein, auf weitreichende Prognosen für einzelne Menschen ganz zu verzichten und stattdessen Gelegenheiten des »Probierens« zu schaffen (im Falle des Schulbesuchs etwa durch ein durchlässiges System statt einer frühzeitigen Entscheidung für eine Schulart).

4. Beeinflussen/Verändern

Bei vielen praktisch-psychologischen Problemen geht es letztlich um die Frage, wie man etwas beeinflussen und verändern, wie man z.B. Ängste abbauen oder das Arbeitsklima verbessern kann. Das Beschreiben, Erklären und Vorhersagen dient dann im Wesentlichen der Vorbereitung für die gezielte Einflussnahme. In manchen Arbeitsfeldern spielt sie zwar keine Rolle (z.B. Gerichtsgutachten, Eignungsuntersuchungen), doch insbesondere in den vielfältigen Praxisbereichen der klinischen, pädagogischen und sozialen Arbeit (Beratungsstellen, Kliniken, Heime, Schulen usw.) steht irgendeine Form des Beeinflussens und Veränderns deutlich im Vordergrund. Das Gleiche gilt für das Alltagsleben, wenn Menschen sich beispielsweise darüber unterhalten, wie ein Kind zu erziehen oder ein Partnerschaftskonflikt zu lösen sei.

Korrektur – Förderung – Prävention

Folgende allgemeine Typen von Veränderungsaufgaben lassen sich unterscheiden:
1. Beeinflussen und Verändern als *Korrektur*: In diesem Fall gilt der Ausgangszustand als »problematisch«, »gestört«, »unnormal«; die Intervention soll folglich in erster Linie etwas Negatives aufheben und nicht so sehr etwas Positives entwickeln. Hier liegt der Schwerpunkt von Aktivitäten, die insbesondere unter Begriffen wie »Therapie« oder »Rehabilitation« zu finden sind.
2. Beeinflussen und Verändern als *Förderung*: Bei dieser Zielsetzung strebt man einen höheren, »besseren« Zustand an, ohne dass der Ausgangszustand als problematisch gilt. Zu denken ist vor allem an Begriffe wie Erziehung, Unterricht, Ausbildung oder Training. Statt von Förderung kann man auch von »Optimierung« sprechen.
3. Beeinflussen und Verändern als *Prävention*: Hier geht es darum, das Eintreten eines schlechten Zustandes zu verhindern. Man greift ein, damit be-

stimmte Risiken sich nicht erfüllen. Beispiele hierfür sind das Erlernen von »Stressbewältigung« zur Prävention psychischer Probleme (auch Psychohygiene genannt) oder die Mitarbeiterschulung zwecks Unfallverhütung am Arbeitsplatz.

Zwischen Korrektur, Förderung und Prävention gibt es in der Praxis fließende Übergänge sowie gezielte Kombinationen. Manche praktischen Tätigkeiten lassen sich auch keinem der drei Typen eindeutig zuordnen. So kann etwa das »Beraten« vornehmlich korrigierende Ziele verfolgen und liegt dann nahe bei »Therapie«. Es kann aber auch der Förderung bzw. Optimierung dienen (etwa in Schule oder Ausbildung) und ebenso der Prävention des einen oder anderen Problems.

Zielprobleme und Wegprobleme

Das Verändern als gezielte psychologische Handlung ist nicht nur eine Sache der passenden Mittel. Zu fragen ist auch, von welchen Zielvorstellungen man sich leiten lässt.

So macht es einen Unterschied, ob ein Ziel positiv oder negativ formuliert ist. Wenn ein Schüler »stört«, scheint es selbstverständlich das Ziel zu sein, dass er *nicht* mehr stört. Aber statt der bloßen Negation sollte man vielleicht auch klarlegen, welche alternativen Verhaltensweisen man wünscht und auf welche Weise man eben diese fördern kann.

Ein weiteres Problem ist oft die Unbestimmtheit der Zielvorstellung. Was bedeutet z.B. die Empfehlung an Eltern oder Ehepartner, sich »verständnisvoller« zu verhalten? Oder was für ein Ziel hat jemand, der sich »selbst verwirklichen« oder »zufriedener« werden möchte? Das heißt also: Es ist nicht immer leicht, Ziele klar und konkret zu beschreiben. Gelingt dies jedoch, kann dadurch das praktische Handeln erleichtert werden (vgl. etwa Ziesing & Pfingsten 1997).

Zuweilen liegt das eigentliche Problem noch tiefer: Ein Mensch kennt seine eigenen Wünsche kaum, weiß nicht einmal zu sagen, welche Ziele er hat. In diesem Fall werden die Zielbeschreibungen sich vielleicht erst allmählich im Zuge des Veränderungsprozesses (Beratung, Therapie) herauskristallisieren.

Die Frage, *welche* Ziele man für erstrebenswert hält, ist eine Frage der *Bewertung*. Zielsetzungen sind letztlich immer Wertentscheidungen. Zuweilen legen Außenstehende (z.B. Eltern, Pädagogen, Kultusminister, Kirchen) bestimmte Ziele fest und geraten dabei mit den betroffenen Personen in Konflikt. Es ist wiederum eine Wertfrage, wann man einen Menschen auf Ziele hin verändern darf, die der Betroffene gar nicht teilt. In manchen Bereichen wie dem Justizvollzug ist dies rechtlich geregelt. Aber haben z.B. Eltern das »Recht«, das Verhalten von Kindern ändern zu wollen, weil es sie »stört« oder ihrem Geschmack zuwiderläuft? Selbst in Fällen, wo man nur über sich selbst eine Entscheidung trifft, verstrickt man sich vielleicht in langwierige Zielkonflikte und Abwägungen.

Auch das *Erklären* kann in die Zielbestimmung mit einfließen, etwa durch die Frage, welche Ziele überhaupt realistisch sein können, wenn das Problem auf diesen oder jenen Bedingungen beruht. Vor allem aber ist das Erklären natürlich für die *Mittel und Wege* der Veränderung von Bedeutung. Denn die Bedingungen, die man als Erklärung heranzieht, sind zugleich potentielle Ansatzpunkte für eine Veränderung. Laien schlagen häufig Lösungen vor (»Den Jungen muss man hart anfassen«, »Du musst deinem Mann klarmachen, dass ...«), ohne sich hinreichend mit den Gründen des Problems beschäftigt zu haben.

Die Formen psychologischer Einflussnahme sind außerordentlich zahlreich, wie etwa an der Vielfalt therapeutischer oder pädagogischer Maßnahmen zu sehen ist. Sie lassen sich jedoch nach einigen typischen Arten des Vorgehens ordnen. So haben sehr viele Wege mit der Einleitung von Lernprozessen, also der Änderung personaler Dispositionen, zu tun, während andere Maßnahmen primär auf eine Änderung der äußeren Situation abzielen. Im Einzelnen wird das Vorgehen stark von der theoretischen Orientierung bestimmt (s. »Klinische Psychologie«, S. 131 ff., »Pädagogische Psychologie«, S. 136 ff.).

Wissen ist noch nicht Praxis

Die Zielanalyse und das Nachdenken über ein geeignetes Vorgehen gehören zur Planung der Veränderung. Aber damit ist ihre Ausführung noch nicht gesichert. Die Ausführung erfordert nicht nur *Wissen*, sondern auch *Handlungsfertigkeiten*. Es reicht nicht aus, z.B. eine bestimmte Form des Beratungsgesprächs für sinnvoll zu halten – man muss sie auch »beherrschen«. Und das braucht Übung. Daher benötigen Therapeuten, Berater, Erzieher usw. eine Ausbildung, in der unter anderem auch das praktische Handeln trainiert wird.

Auch jenseits des eigentlichen psychologischen Vorgehens können etliche Hindernisse einer praktischen Umsetzung entgegenstehen. Häufig liegen sie in *mangelnder Kooperation* mit jenen Personen, die für eine Problemlösung wichtig wären. Oft ist es nicht einmal möglich, etwa mit Familienangehörigen oder Kollegen auch nur ein Gespräch zu führen, geschweige denn, sie zur aktiven Beteiligung zu bewegen, also z.B. alle Familienmitglieder für eine Familientherapie oder ein ganzes Lehrerkollegium für ein abgestimmtes Vorgehen gegen Gewalt in der Schule zu gewinnen.

In anderen Fällen liegen die Hindernisse einfach in *äußeren Gegebenheiten*. Hierzu zählen nicht nur Zeit, Geld und Räumlichkeiten. In Gefängnissen beispielsweise stoßen psychologische Absichten häufig an Grenzen, die durch Gesetze und Sicherheitsvorschriften gezogen werden. Oder in der Schule wird die pädagogisch sinnvolle Absicht, Schüler nach persönlichen Lernfortschritten zu bewerten, durch den Zwang zur Notengebung nach gleichem Maßstab eingeschränkt. In der Praxis erfordert das Verändern also nicht nur Wissen über psychologische Verfahren, sondern auch über Möglichkeiten, solche Hindernisse zu überwinden.

Sofern dies unmöglich ist, sind doch nicht zwangsläufig alle Bemühungen vergeblich. Manchmal ist es vernünftig, die Ziele zurückzustecken. Wenn etwa die Eltern nicht mitmachen, kann man für ihr Kind immer noch begrenztere Ziele anstreben, bei denen man die Eltern nicht unbedingt braucht.

Dennoch: Vieles, was psychologisch sinnvoll wäre, ist praktisch undurchführbar. Laien sind dann zuweilen von der Psychologie enttäuscht, weil sie im Grunde Rezepte erwartet haben, die in allen Lebenslagen funktionieren. Die Psychologie als Wissenschaft kann aber nur *Fundamente* für das Handeln liefern. Das Handeln selbst hat häufig viel mit persönlicher »Kunst«, mit einer kooperativen Umgebung, mit materiellen Möglichkeiten, mit politischen Entscheidungen und anderen Bedingungen zu tun.

5. Bewerten

Die vorangehenden vier Tätigkeiten werden in Lehrbüchern häufig als »Aufgaben der Psychologie« genannt, das Bewerten hingegen nicht. Dies ist insofern verständlich, als Wertungen jenseits der Psychologie *als Wissenschaft* liegen. Tatsache ist aber zugleich, dass nicht nur Laien, sondern auch Wissenschaftler im Umgang mit psychologischen Fragen *unvermeidlich werten*. Der entscheidende Punkt ist dann, wieweit sich die Wertungen auf gründliches Beschreiben und Erklären stützen, denn dadurch erhalten sie die »wissenschaftliche Fundierung«.

Beschreibungs-Bewertungs-Mischmasch

Wertungen sind Aussagen im Sinne von »gut – schlecht«, »angenehm – unangenehm«, »angemessen – unangemessen« usw. Sie sind Stellungnahmen anhand eines *Gütemaßstabs* und implizieren eine Bejahung oder Verneinung. Mit anderen Worten: Bewertungen sind *Soll-Aussagen*, während Beschreibungen Ist-Aussagen sind (vgl. S. 171).

In der Praxis wird beides oft miteinander verwechselt oder vermischt. Ein Beispiel: In einem Seminar über Gewalt unterscheidet der Dozent zwischen »krimineller« Gewalt (Raubmord, Vergewaltigung usw.) und »politischer« Gewalt (Krieg, Foltersysteme usw.). Daraufhin äußert eine Studentin, sie könne der Unterscheidung nicht zustimmen, da auch Kriege »kriminell« seien. Während der Dozent die Begriffe rein deskriptiv zur Klassifizierung von Sachverhalten benutzen wollte, verstand die Studentin das Wort »kriminell« offensichtlich im wertenden Sinne. Nur wenn man sich solch ein unterschiedliches Verständnis klarmacht, kann man sich lange Diskussionen darüber sparen, wer nun Recht hat.

Wertungen sind immer subjektiv, Beschreibungen hingegen können sowohl objektiv sein (Beobachtungen) als auch subjektiv (Einschätzungen eines Ist-Zustandes). Wertungen und einschätzende Beschreibungen werden leicht verwechselt, eben weil beide subjektiv sind. Auch werden für beide Aussagetypen gern Eigenschaftswörter verwendet, was ebenfalls den Unterschied leicht verwischt. Denn in Adjektiven (»großzügig«, »ängstlich«, »aggressiv«, »autoritär« usw.) schwingen meist Werttönungen mit – selbst dann, wenn man explizit nur eine Ist-Aussage beabsichtigt. Ein weiterer Grund der Verwechslung ist vermutlich, dass sowohl für Einschätzungen wie für Wertungen der Begriff der Beurteilung verwendet wird. Da die Unterscheidung wichtig ist, muss man in jedem Einzelfall wissen, wie eine Aussage gemeint ist. Eine Bewertung ist sie nur dann, wenn sie sich an einem Gütemaßstab orientiert.

Im Alltag werten Menschen vor allem in Fällen mit hoher »Ich-Beteiligung«, etwa wenn eigene Zielsetzungen, Entscheidungen und Handlungen berührt sind. Denn diese stützen sich zwangsläufig auf Urteile wie »zweckmäßig«, »falsch«, »besser«, »vernünftig« usw. Die Kraft der Wertungen macht nicht selten eine nüchterne, »wissenschaftliche« Haltung unmöglich. So fällt es Menschen auch schwer, wissenschaftliche Befunde einfach zur Kenntnis zu nehmen und auf der Ebene des Beschreibens und Erklärens zu erörtern, falls die Befunde den eigenen Anschauungen, Erziehungsprinzipien oder Lebensentscheidungen zuwiderlaufen. Berichtet man beispielsweise Müttern, die ihrer Kinder wegen den Beruf aufgegeben haben, von Forschungsergebnissen, nach denen die Berufstätigkeit im Durchschnitt (!) nicht schädlicher ist als die ständige Anwesenheit, so werden diese Mütter meist unmittelbar auf der Wertungsebene reagieren, etwa indem sie die Untersuchung pauschal als unglaubhaft zurückweisen oder in den Befunden sogleich eine (gar nicht gemeinte) Handlungsaufforderung sehen (»Wie soll ich das machen mit drei Kindern?«). Dies ist auch nur mühsam durch die nüchterne Erläuterung zu verhindern, dass der Durchschnitt ja nichts darüber aussagt, bei welcher Konstellation im Einzelfall die Berufstätigkeit oder die ständige Anwesenheit schädlicher oder günstiger ist.

Begründete Bewertungen

Auch Wissenschaftler und praktisch tätige Psychologen können gar nicht umhin zu werten, wollen sie nicht auf Entscheidungen und Handlungen verzichten. Wissenschaftler wählen Projekte aus, die ihren weltanschaulichen Zielsetzungen oder ihren Interessen entsprechen, sie halten bestimmte Forschungsmethoden für »geeignet« oder lehnen andere vielleicht ab, weil sie sie »ethisch nicht vertretbar« finden. Praktiker haben zu entscheiden, ob eine Maßnahme »sinnvoll« und ob ein Ergebnis »befriedigend« ist, und häufig auch, welche Ziele sie überhaupt anstreben »sollen«. So mag sich beispielsweise eine Eheberaterin in einem konkreten Fall fragen, ob ihr Beratungsziel der Fortbestand der Ehe sein sollte. Wertungen werden nicht nur von persönlichen Anschauungen, sondern auch von der bevorzugten Theorierichtung geleitet. Was gut in sie hineinpasst, wird gewöhnlich positiver aufgenommen als widersprechende Informationen.

Dennoch gibt es so etwas wie eine wissenschaftlich orientierte Bewertung, die sich, verglichen mit der »naiven«, vor allem durch zwei Bemühungen auszeichnet, nämlich
- die Bewertung so weit wie möglich auf wissenschaftlich fundierte Beschreibungen und Erklärungen zu stützen,
- zu erkennen, wo die wissenschaftliche Grundlage aufhört und die persönliche Wertung beginnt.

In diesem Zusammenhang ist auch der wissenschaftliche Terminus der »Evaluation« zu erwähnen. Mit dem Bewerten im definierten Sinne ist die Evaluation nicht gleichzusetzen. Sie ist vielmehr eine empirische Erfolgskontrolle, mit der beispielsweise untersucht wird, welche Wirkungen eine Werbekampagne gegen das Rauchen hat oder welche von zwei Lehrmethoden ein bestimmtes Lehrziel eher erreicht. Im Hintergrund steht hier durchaus ein »Soll-Kriterium« (eine Zielvorstellung), an dem die Befunde gemessen werden, und insofern läuft die Evaluation letztlich auf ein »Bewerten von Handlungsalternativen« hinaus (Wottawa 1993). Aber die Erhebung von Daten, also die systematische Beobachtung und andere Beschreibungsverfahren, bildet eine Haupttätigkeit bei der Evaluation. Sie liefert mithin die empirische Basis, auf die sich dann die (normativen) Bewertungen bzw. die Entscheidungen stützen: Ob es sich z.B »lohnt« oder »nicht lohnt«, für eine Aufklärungsaktion Geld auszugeben; oder ob die Vorteile von Methode A »stärker wiegen« als ihre Nachteile. Diese Wertungen können bei derselben (!) Befundlage durchaus unterschiedlich ausfallen.

Manche Wissenschaften haben übrigens weit mehr Wertungen zu treffen, als es in der Psychologie und anderen empirischen Wissenschaften üblich ist. Dies gilt besonders für sog. normative Wissenschaften. So sind in der Rechtswissenschaft bestimmte Tatbestände im Lichte von Rechtsnormen (also Soll-Aussagen) zu bewerten, und zwar unter möglichst präziser Beschreibung des Tatbestandes und der Normen. Oder in der Pädagogik ist das Setzen und Bewerten von Erziehungszielen (was »sollen« wir anstreben?) eine wichtige Aufgabe, während Fragen nach den Erziehungsmitteln zum großen Teil in die Psychologie übergehen.

Kapitel 8
Übertragung von Grundlagenwissen

In diesem Buch ist viel von Wissensübertragung die Rede, und bereits in Kapitel 2 haben wir angekündigt, hierzu später einige Demonstrationsbeispiele zu geben. Nachdem wir das Grundlagenwissen zum psychischen System (Kapitel 3) sowie zu den »Tätigkeiten« (Kapitel 7) vorgestellt haben, soll diese Ankündigung nunmehr eingelöst werden.

1. Beispiele zur Anwendung I: Zu unbekannten Themen Überlegungen anstellen

Was kann man tun, wenn man zu einem Thema etwas sagen möchte, das man noch nicht »gehabt« hat? »Grundlegende« Aspekte des psychischen Systems sollten hier weiterhelfen können, da sie ja überall gewisse Bedeutung haben. Ihre Anwendung auf unbekannte Themen könnte etwa so aussehen, dass man sich fragt: *Was hat dieses Thema zu tun mit ...?* – und jetzt geht man die grundlegenden Aspekte durch.

Beispiel 1: Hilfeleistung. Versuchen Sie zunächst einmal selbst, das integrierende Modell (in der Form von Tafel 64) auf die Psychologie der Hilfeleistung anzuwenden.
– Denkpause –
Nun ein paar stichwortartige Bemerkungen darüber, wie wir uns die Anwendung in etwa vorstellen:
    Es ist sicher sinnvoll, erst mal zu beschreiben, um *was für Verhaltensweisen* es bei der Hilfeleistung geht. Am ergiebigsten ist es meist, sich konkrete Beispiele zu überlegen. Möglich wäre auch ein Definitionsversuch (»Von Hilfeleistung spreche ich, wenn jemand ...«).
    Hat man in dieser Weise den Sachverhalt »Hilfeleistung« präzisiert, so ginge es nun um die Erklärung des Verhaltens: Warum helfen Menschen und warum nicht?
    Zunächst die *inneren Prozesse*: Was könnte sich in einem Menschen abspielen, wenn er Hilfe leistet? Nehmen wir als Beispiel, dass jemand leblos am Straßenrand liegt. Wahrnehmen: Natürlich muss man auf die Situation über-

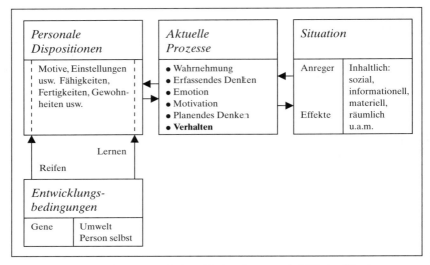

Tafel 64: Grundlegende Aspekte des psychischen Systems als Hilfe für Überlegungen zu unbekannten Themen: »Was hat das Thema zu tun mit ...?« (Das integrierende Modell von S. 99 wurde für diesen Zweck leicht verändert, so dass Stichwörter stärker hervortreten.)

haupt aufmerksam werden, sonst geschieht gar nichts; aber »Sehen« reicht nicht. Erfassendes Denken: Die Situation muss so interpretiert werden, dass hier eine Notlage vorliegen könnte (im Beispiel etwa: »Der Mensch ist bewusstlos oder verletzt und nicht nur übermüdet«), und dass man selbst eingreifen müsste und nicht irgendwelche anderen Menschen. Emotion: Könnten nicht Mitleid, Erschrecken, Schuldgefühl eine Rolle spielen, ob man hilft oder nicht? Das erfassende Denken und die Gefühle leiten dann auch schon zur Motivation über: Was ist das Ziel der Hilfeleistung, welche Befriedigung sucht der Helfende? Vielleicht einzig, dass es dem anderen Menschen besser geht (»intrinsische« Hilfemotivation); denkbar wäre aber auch die Erwartung von Belohnungen und Anerkennung oder die Vermeidung von Kritik bei unterlassener Hilfe. Man könnte somit ein breites Spektrum von Motivationen in Erwägung ziehen. Spielt auch planendes und problemlösendes Denken eine Rolle? Manchmal kann man wohl routinemäßig und »instinktiv« helfen, manchmal sind sorgfältiges Nachdenken und gute Lösungsideen vonnöten.

Das Verhalten und die inneren Prozesse werden zum Teil durch die *Situation* bestimmt. Was heißt das hier? Von Bedeutung dürfte sein, um welchen Anlass es geht (Autopanne, Gewalt gegen Schwächere o.a.) und welcher Mensch Hilfe benötigt (gute Bekannte oder Fremde, Starke oder Schwache,

Freunde oder Feinde). Auch die Anwesenheit anderer Personen könnte eine Rolle spielen: Ob andere die Hilfeleistung vormachen, ob sie untätig bleiben oder ob man ganz alleine ist.

Dann die *personalen Faktoren*: Unterscheiden sich Menschen in ihrer »Hilfsbereitschaft«? Ist das eine allgemeine Eigenschaft oder sind Menschen für bestimmte Arten der Hilfe leicht ansprechbar, für andere kaum? (Hat z.B. jemand, der gerne bei Autopannen hilft, auch ein offenes Ohr für Sorgen?). Außerdem: Zu den Dispositionen könnten auch Fähigkeiten und Kenntnisse gehören, die man zum Helfen braucht.

Und schließlich die *Entwicklungsbedingungen*: Wie kommen die individuellen Dispositionen zu diesen oder jenen Hilfeleistungen zustande? Da könnten sicher Lernprozesse in der Familie eine Rolle spielen, z.b. das Vorbild der Eltern, aber auch persönliche Erfahrungen mit Mitmenschen. Oder könnte vielleicht auch so etwas wie ein Hilfeinstinkt angeboren sein?

Dies sind nur einige mögliche Überlegungen, die man ohne spezielle Vorkenntnisse zu diesem Thema anstellen könnte und die zu Hypothesen oder vertiefenden Fragen führen können. Vorsichtshalber sei betont, dass es natürlich nicht eine bestimmte »richtige« Lösung für die Bearbeitung gibt. In der Literatur zur Hilfeleistung (z.B. Bierhoff 1992, Hunt 1992) findet man natürlich auch andere Aufgliederungen der Prozesse und Faktoren, und zum Teil mögen sie der speziellen Thematik »Hilfeleistung« genauer gerecht werden. Die Verwendung der »grundlegenden Aspekte« erlaubt aber immerhin eine Groborientierung, um ein unbekanntes Thema einigermaßen geordnet und begründet aufzuschlüsseln und zumindest weiterführende Fragen zu formulieren.

Die anderen Beispiele möchten wir weniger ausführlich darstellen, da das Anwendungsprinzip wohl verständlich geworden ist.

Beispiel 2: Aggression. Das Gegenteil von Hilfeleistung, nämlich aggressives Verhalten, lässt sich, obwohl äußerlich ganz andersartig, in analoger Weise aufschlüsseln (vgl. Nolting 1997). Unter anderem ist leicht zu erkennen, dass wiederum bei den aktuellen Prozessen die Art und Weise, wie jemand eine Situation interpretiert (z.b. als »bedrohlich«, als »gegen mich« gerichtet), von Bedeutung ist, oder dass man bei den situativen Bedingungen zu fragen hätte, gegenüber welchen Personen aggressives Verhalten gezeigt oder unterlassen wird, ob andere Menschen als Mitaggressoren oder Zuschauer fungieren usw.

Hilfeleistung und Aggression sind beide als Formen des Umgangs mit anderen Menschen zu verstehen und damit in die Kategorie des »Sozialverhaltens« einzuordnen. Insofern ist das nächste Beispiel wieder andersartig:

Beispiel 3: Lernstörungen. Sinnvollerweise würde man am Anfang – konkret und/oder als Definition – zu beschreiben versuchen, was man unter einer »Lernstörung« versteht. Anders als in den vorangehenden Beispielen sind die aktuellen (aufnehmenden und einwirkenden) Prozesse weniger auf andere Menschen, sondern primär auf bestimmte Aufgaben und Inhalte gerichtet. Zu bedenken wäre unter anderem: Das »aufmerksame« Wahrnehmen, das Verstehen und Interpretieren von Inhalten, die emotionale Reaktion bei bestimmten Aufgaben (z.b. Vergnügen, Widerwillen), natürlich die Motivation, mit der jemand lernt (die von Pädagogen so viel zitierte »Lernmotivation«, von Neugier bis Angst vor Strafe), das überlegte und zielgerichtete Vorgehen bei der Bewältigung der Aufgaben (planendes, problemlösendes Denken) und schließlich das sichtbare Verhalten, in dem sich die »Lernstörung« äußert (wird bei Fallanalysen meist am Anfang stehen). Auch die situativen Bedingungen haben hier einen anderen Akzent: Obwohl soziale Faktoren durchaus eine Rolle spielen (z.b. können die »Störungen« vornehmlich bei bestimmten Lehrkräften auftreten), sind als situative Bedingungen doch zunächst einmal die Art der Aufgaben und der Inhalte von Interesse (mündliche oder schriftliche Anforderungen, bestimmte Fächer usw.), daneben auch Faktoren der äußeren Lernsituation (z.B. Arbeitsplatz). An die personalen Bedingungen denkt man gewöhnlich zuallererst, etwa in der typischen Laienfrage »dumm oder faul?« (die so zweifellos zu global ist). Und wenn man nach den Entwicklungsbedingungen weiterfragt, wird hier neben Umwelteinflüssen sicher auch die Möglichkeit angeborener Schwächen zu erwägen sein. (Ein Fallbeispiel zu einer Lernstörung und ihrer Veränderung finden Sie im nächsten Abschnitt, S. 206 ff.)

Erneut möchten wir betonen, dass die Aufgliederung der Faktoren von Lernstörungen auch anders aussehen kann, ohne dass dies unseren vier Grundaspekten widerspricht. Wenn beispielsweise in manchen Büchern als »Ursachenbereiche« von Lernstörungen die »Person« selbst, die »Familie« und die »Schule« genannt werden (z.b. Sander 1981), so stimmt dies auf den ersten Blick nur im Punkt »Person« mit den grundlegenden Aspekten überein, da dort »Familie« und »Schule« nicht explizit erwähnt sind. Beide Bedingungsbereiche lassen sich aber leicht zuordnen, und zwar jeweils in zwei Funktionen: zum einen als aktuelle Situationsfaktoren im Moment des Lernverhaltens, zum anderen als Umweltbedingungen in der bisherigen Entwicklung.

Beispiel 4: Intelligenz. Gewöhnlich wird unter »Intelligenz« so etwas wie die Denkfähigkeit eines Menschen verstanden, also eine personale Disposition. Dies bedeutet nun, dass der Bezug zum integrierenden Modell hier anders aussieht als bei den vorangehenden Beispielen Hilfeleistung, Aggression und Lernstörung. Während dort das Gesamtsystem unter einer bestimmten Fragestellung zu betrachten war (»warum helfen Menschen?«), richtet sich bei Intelligenz das Interesse lediglich auf eine Komponente, auf einen bestimmten *Ausschnitt* des Systems. Man könnte daher knapp von einem »Ausschnitts-Thema« sprechen und die anderen Themen etwa als »Integrative Themen« bezeichnen (mehr hierzu auf S. 214f.). Die sichtbare Leistung ist natürlich nicht nur eine Frage der Intelligenz, sondern Ausdruck eines ganzen Menschen in einer konkreten Situation. Ein Begriff wie Intelligenz meint eine gedachte Größe (»Konstrukt«), die von den übrigen Komponenten abstrahiert. Für die Aufschlüsselung dieser Disposition würde das integrierende Modell nicht viel beitragen. Es würde wohl nahe legen, dass dazu sowohl Fähigkeiten des Erfassens als auch des Einwirkens gehören könnten, und es würde die klassische Frage nach den Entwicklungsbedingungen aufwerfen (Anlage-Umwelt-Problem). Im Übrigen würde es aber mehr darauf hinweisen, in welchem System-Umfeld Intelligenz steht, als dass es für die Ausdifferenzierung dieses Konstruktes selbst viel hergäbe. – Die Aufgabe des integrierenden Modells liegt eben primär bei den »integrativen« Themen. Es sei aber daran erinnert, dass Praxisprobleme immer »integrativ« sind, da sie es naturgemäß mit »ganzen« Menschen zu tun haben.

Was eben über Intelligenz gesagt wurde, gilt ähnlich für eine Vielzahl weiterer Themen: z.B. produktives Denken, Motivation, kognitives Lernen, Entwicklung des Denkens usw. – sie alle wären im beschriebenen Sinne »Ausschnitts-Themen«.

Nachbemerkung: Die vorangehenden Beispiele für »Themen« waren, streng genommen, lediglich thematische Stichwörter. Begriffe wie Hilfeleistung, Aggression oder Intelligenz verweisen auf Sachverhalte, die man unter diesen oder jenen Gesichtspunkten betrachten könnte. Erst diese Gesichtspunkte machen aus dem Stichwort ein Thema im eigentlichen Sinne. Denn ein Thema sollte eine bestimmte Zielrichtung bzw. Fragestellung haben. Da die Aufschlüsselung von »Stichwort-Themen« solche Gesichtspunkte liefert, hilft das dargestellte Verfahren insofern auch, zu einem Thema mit Zielrichtung zu gelangen.

2. Beispiele zur Anwendung II: Praxisfälle analysieren

Wie für den Umgang mit unbekannten Themen lassen sich die grundlegenden Aspekte des psychischen Systems auch für die Analyse von Praxisfällen – die in gewissem Grade ja immer neuartig sind – nutzen. Wenngleich das Vorgehen ähnlich ist, sei doch an Unterschiede zwischen Themen und Praxisfällen erinnert (vgl. S. 34): So sind Praxisfälle immer »integrativ«, weil sie es mit »ganzen Menschen« zu tun haben; und man muss überdies herausfinden, welche Faktoren nicht nur überhaupt bedeutsam sein könnten, sondern welche in dem betreffenden Einzelfall tatsächlich besonders bedeutsam sind.

Um als »Leitfaden« zur Analyse von Fallbeispielen zu dienen, haben wir das integrierende Modell in Fragen umformuliert, zu denen man im konkreten Fall Informationen suchen müsste (s. Tafel 65).

Personale Bedingungen (Dispositionen) (z.T. erschließbar, z.T. Vermutungen, z.T. erfragbar)	**Aktuelle Prozesse**	**Situative Bedingungen** (beobachtbar, erfragbar)
Welche Motive, Einstellungen u.Ä. sind für diesen Menschen typisch? z.B. Ängstlichkeit, Altruismus, bestimmte Interessen, Streben nach Anerkennung, Leistung usw.; Einstellungen zur Umwelt und zu sich selbst Welche Fähigkeiten, Fertigkeiten, Kenntnisse usw. zeichnen ihn aus? z.B. Denkfähigkeiten, Arbeitstechniken, kommunikative Fertigkeiten, eingeschliffene Reaktionen	Innere Prozesse (z.T. erschließbar, z.T. erfragbar, z.T. bei sich selbst erlebbar) Was sieht, was übersieht die Person? Wie interpretiert und bewertet sie? Was fühlt sie? Was ist ihr Ziel? Ist Verhalten geplant und gesteuert oder »automatisch«? --- Verhalten (beobachtbar) Was tut die Person? Was sagt sie? Auch Mimik, Gestik usw.	Anlässe: Bei welchen Aufforderungen, Fragen, Bemerkungen, Aufgaben, Themen usw.? Andere Personen: Gegenüber welchen Personen? Im Beisein von, im gemeinsamen Handeln mit wem? In welcher Stellung? Räumliche, materielle, klimatische u.a. Bedingungen --- Nachfolgende Bedingungen (Effekte): Welche Erfolge, Misserfolge, unmittelbare Umweltreaktionen (z.B. Beachtung, Zuwendung, Kritik, Nachgeben, Mitmachen) bringt das Verhalten?

Entwicklungsbedingungen (z.T. erfragbar)
Welche Lernprozesse (Modelle Bekräftigung/Bestrafung, Einsichten usw.) können den Dispositionen zugrunde liegen? Durch welche Lebenserfahrungen wurden sie vermittelt (z.B. elterliche Erziehung, Geschwister, Schule, Beruf; selbstinitiiert)? Reifungsprozesse (alterstypische Entwicklung, individuelle Anlagen)? Körperliche Verletzungen, Krankheiten und dergleichen.

Tafel 65: Leitfaden zur Analyse von Fallbeispielen – einige allgemeine, breit transferierbare Fragen.

Personale Bedingungen (Dispositionen)	**Aktuelle Prozesse**	**Situative Bedingungen**
Ängstlichkeit? Niedrige Selbsteinschätzung? Geringes Kontaktbedürfnis? Selbstgenügsamkeit? Andere Interessen? Mangelnde sprachliche oder körperliche Fertigkeiten? Mangelnde Beherrschung der »üblichen« Verhaltensnormen? Besondere Begabungen?	Innere Prozesse: Sieht Bedrohliches, Störendes? Denkt: Die mögen mich nicht? Wie uninteressant hier? Empfindet Groll? Langweilt sich? Ist zufrieden? Möchte was sagen, traut sich nicht? Möchte andere Dinge tun? Überlegt ihr Verhalten zu wenig? Zu viel? --- Verhalten Was heißt zurückgezogen? Z.B. äußert sich nicht, meidet Kontakte, blickt andere nicht an, sitzt still dabei, spielt für sich allein usw.	Gegenüber Eltern, Geschwistern, Spielkameraden? Zu Hause, im Unterricht, auf dem Schulhof? Gegenüber »Stärkeren«? Bei bestimmten Spielen, Aufgaben, sprachlichen Anforderungen usw.? --- Wie reagieren die anderen? Z.B. Beachtung, Aufforderungen, Nichtbeachtung, Tadel, Spott usw.

Entwicklungsbedingungen
Überbehütende Erziehung? Bekräftigung von Rückzug oder »Bravsein« durch elterliche Beachtung/Lob? Eltern als Modell? Gesellschaftliche Isolierung der Familie? Abwertung, Spott durch andere Kinder? Förderung von unüblichen Interessen und Talenten? Erbliche oder krankheitsbedingte Behinderungen?

Tafel 66: Hypothetisches Fallbeispiel zum »Leitfaden«: Eltern über ihre 12-jährige Tochter: »Unsere Anja ist so zurückgezogen« – einige fallbezogene Fragen.

Beispiel 1 ist die Aussage von Eltern über ihre 12-jährige Tochter: »*Unsere Anja ist so zurückgezogen.*« Für die Analyse dieses Problems könnte man den Leitfaden benutzen, um fallspezifische Fragen bzw. Vermutungen nach Art von Tafel 66 zu formulieren. Je nachdem, welche Antworten man im konkreten Fall fände, würden daraus unterschiedliche Erklärungen des Verhaltens und eventuelle Veränderungsmaßnahmen abzuleiten sein. Es empfiehlt sich in der Regel, die Analyse mit dem sichtbaren Verhalten und den Situationsaspekten zu beginnen, weil sie hinreichend »objektive« Ausgangspunkte bilden.

Beispiel 2 bezieht sich auf *Lernprobleme einer Schülerin*. Wir ziehen hierzu Textpassagen aus dem Buch von Florin und Rosenstiel (1976) heran, um gleich drei Fliegen mit einer Klappe zu schlagen. Erstens besteht die Transferübung darin, Grundlagenwissen, so wie wir es organisiert haben, in einem fremden Text wieder zu erkennen. Zweitens wird in dem Text die Tätigkeit des »Veränderns« recht ausführlich an einem Beispiel demonstriert, wofür in einem Einführungsbuch wie diesem ansonsten wenig Platz ist. Drittens geht es inhaltlich um Lernstrategien – und die dürften für alle Lernenden, auch für Psychologie-Lernende, von Interesse sein (vgl. hierzu auch Metzig & Schuster 1996).

Im ersten Teil des Textes von Florin & Rosenstiel (»Ausgangslage und Diagnose«) steht das Beschreiben und Erklären im Vordergrund. Beschrieben werden neben den Schulleistungen (= den Ergebnissen des Lernverhaltens) die Verhaltensweisen der Schülerin, innere Prozesse, personale Dispositionen und Situationsfaktoren; die Entwicklungsgeschichte wird nicht angesprochen.

Eine 18-jährige Oberschülerin, die aufgrund schlechter Noten in Gefahr ist, das Abitur nicht zu bestehen, kommt auf Anraten des Lehrers zum Psychologen. Die Erstbefragung ergibt, dass sie fast täglich neben dem Schulunterricht mindestens fünf Stunden lang arbeitet – dies sogar an den Wochenenden. Im Laufe dieser Arbeitszeit wird ihre Konzentration immer geringer; die Schülerin gibt zudem an, ihre Gedächtnisleistungen seien außerordentlich schlecht; sie habe in der Schule Mühe, den zu Hause gründlich und mit vielen Wiederholungen erarbeiteten Lernstoff wiederzugeben.

Das Ergebnis eines Intelligenztests sprach gegen einen generellen Begabungsmangel; auch die Subskalen des Tests gaben keine Hinweise auf spezifische Schwächen, auch nicht im Bereich der Merkfähigkeit. Die schulischen Leistungen sind in Mathematik befriedigend, in den übrigen Hauptfächern ausreichend; das Abitur ist dennoch gefährdet, weil die Leistungen der Schülerin in den »Lernfächern« Geographie und Geschichte als »mangelhaft« bewertet wurden. In diesen Fächern wird, nach Angaben der Schülerin, gefordert, dass man viel liest und das angelesene Wissen dann in der Schule in schriftlicher oder mündlicher Form wiedergibt. Zu Diskussionen über den Stoff ergebe sich im Unterricht wenig Gelegenheit, da die meiste Zeit für das »Abhören« benötigt werde. Sie selbst habe in diesen Fächern fast ausschließlich Misserfolgserlebnisse gehabt, fühle sich daher im Unterricht sehr unwohl und sehe den Schulstunden oft sogar mit Angst entgegen. Der Gedanke an mögliche schriftliche Tests beunruhige sie; außerdem stelle sie oft in den entsprechenden Schulstunden fest, dass sie unkonzentriert sei, vor allem dann, wenn sie fürchte, als Nächste aufgerufen zu werden. Und schließlich belaste sie immer wieder der Gedanke, warum sie – trotz ihres überdurchschnittlichen Fleißes – ausgerechnet in den so genannten Lernfächern versage, die von den Mitschülerinnen als besonders leicht eingeschätzt würden und ihnen zur Kompensation für schwächere Leistungen in den Hauptfächern dienten.

Um präzisere Informationen über das Arbeitsverhalten der Schülerin zu erhalten, wurde sie angeleitet, drei Tage lang über Arbeitszeit, Arbeitspausen, Stoffgebiet, Störgedanken und Konzentrationsfähigkeit Protokoll zu führen. Die Analyse dieser Aufzeichnungen bestätigt die Angaben der Schülerin und differenziert sie zugleich: Als einziges Kind einer relativ begüterten Familie bieten sich ihr günstige äußere Arbeitsbedingungen. Ein Schreibtisch, der ausschließlich ihren Hausaufgaben dient, steht ihr in ihrem Zimmer zur Verfügung. Störungen von außen, wie etwa Anrufe, werden in der Arbeitszeit auf ihren eigenen Wunsch durch die Mutter von ihr fern gehalten. Die Arbeitszeit neben dem Schulunterricht beträgt tatsächlich fünf bis sechs Stunden am Tag; die Schülerin legt dabei keinerlei geplante Arbeitspausen ein. Die Arbeit wird lediglich dann kurz unterbrochen, wenn die Schülerin sich eine Tasse Tee holt oder die Toilette aufsucht. Störgedanken sind häufig und mehren sich noch am späteren Nachmittag und Abend. Sie beziehen sich inhaltlich weitestgehend auf das schulische Versagen, wobei die Frage »Warum gerade ich?« im Mittelpunkt steht.

Der Arbeitsstil – insbesondere in den beiden kritischen Lernfächern – sieht wie folgt aus: Die Schülerin liest die aufgegebenen Texte und außerdem zusätzliche Literatur zum gleichen Thema. Dabei unterstreicht sie viel, oft ganze Passagen, und bemüht sich, ihr wichtig erscheinende Sätze wörtlich auswendig zu lernen. Da sie häufig merkt dass sie mit den Gedanken nicht bei der Sache ist, liest sie jeden Text – meist in unmittelbarer Folge – zwei- bis fünfmal durch. Sie legt den Text erst zur Seite, wenn sie glaubt, ihn hinreichend zu kennen, um ihn im Gedächtnis zu behalten.

Diese Informationen machten wahrscheinlich, dass für die unzureichenden Leistungen der Schülerin weder mangelhafte Fähigkeiten noch zu geringe Arbeitsbereitschaft, noch eine ungünstige äußere Lernsituation verantwortlich waren. Zwei Bedingungen führten jedoch offensichtlich zur Beeinträchtigung der schulischen Leistungsfähigkeit:
– ein Defizit im Bereich der Arbeitstechniken und
– eine Behinderung der Konzentrationsfähigkeit durch Angst vor der Wiedergabesituation und dem Versagen.

Im zweiten Teil des Fallberichts von Florin & Rosenstiel (»Intervention und theoretische Hinweise«) steht das Verändern im Vordergrund. Die Rede ist dabei größtenteils von der Verhaltensebene sowie von kognitiven Lernprozessen. Innere Prozesse wie Lernmotivation und Angst werden erwähnt. Angesprochen werden auch situative Bedingungen (Aufgabenarten, zeitliche Bedingungen, Anforderungen in der Schule). Die Maßnahmen richten sich, allgemein gesprochen, auf die Entwicklung neuer Dispositionen des Lernverhaltens, genauer: neuer Lernfertigkeiten. Dies geschieht insbesondere durch die Vermittlung von Wissen über effektives Lernen, durch eine Variante des Modell-Lernens (genaue Beschreibung des angestrebten Verhaltens durch den Berater) sowie durch Lernen am Erfolg (beim Ausprobieren der neuen Vorgehensweisen). Im Originaltext heißt es:

Grundsätzlich bestünde die Möglichkeit, die beiden genannten Störungsursachen synchron anzugehen. Da jedoch eine Verbesserung der Arbeitsmethodik und damit auch der Gedächtnisleistungen mit einiger Wahrscheinlichkeit bereits zu einer Reduktion der Angst in den Wiedergabesituationen führt, wurde im vorliegenden Fall geplant, das Therapieprogramm zunächst ausschließlich auf die Modifikation der Arbeitstechniken auszurichten. Für den Fall, dass unter dem Einfluss dieser Maßnahme die Angst in der schulischen Situation nicht behoben sein sollte, war geplant, diesen Problembereich anschließend gesondert anzugehen.

Im Hinblick auf die notwendige Modifikation des Arbeitsverhaltens seien die bisherigen Arbeitsgewohnheiten der Schülerin noch einmal zusammenfassend dargestellt:
1. Sie versucht, über sehr große Zeitspannen ohne Erholungspausen zu lernen. Die Konzentrationsfähigkeit – eingeschätzt auf einer Skala von 0 bis 10 – übersteigt nie den Wert 6 und sinkt gegen Abend auf die Werte 1 und 2 ab. Die gegen Ende der Arbeitsphase zunehmenden Konzentrationsschwierigkeiten sind mit hoher Wahrscheinlichkeit auf Ermüdung zurückzuführen.
2. Die Schülerin verhält sich beim Arbeiten stark rezeptiv. Sie liest viel, wiederholt auch lesend und versucht, vorgegebene Formulierungen wörtlich zu übernehmen. Ihr wichtig erscheinende Textstellen unterstreicht sie, um die optische Rezeption zu erleichtern und zu intensivieren. Die Tatsache, dass sie dabei auch lange Passagen durchgängig unterstreicht, lässt darauf schließen, dass sie nur wenig selegiert und nicht aktiv und kritisch einige wesentliche Aspekte herauszuarbeiten sucht.
3. Zur Verbesserung der Gedächtnisleistungen wiederholt die Schülerin häufig, und zwar jeweils unmittelbar nachdem sie versucht hat, sich den Stoff erstmals einzuprägen.
4. Die Schülerin lernt und wiederholt grundsätzlich allein. Da in der Schule kaum Diskussionsmöglichkeiten gegeben sind und sie auch zu Hause keine Diskussionspartner sucht, bleibt die Prüfungssituation die einzige Bedingung, unter der das Gelernte eigenständig formuliert werden muss.

Dieses Arbeitsverhalten ist insgesamt wenig effizient, und zwar aus folgenden Gründen:

zu (1): Das Arbeiten über fünf Stunden und mehr ohne Pausen muss zu Ermüdung führen. [...]

- Ca. alle 20 bis 30 Minuten sollte eine sehr kurze Pause (etwa ein bis zwei Minuten) eingeschaltet werden. Die Aktivitäten in dieser Pause sollten auf keinen Fall die Gefahr einer längeren Unterbrechung der Arbeit nahe legen, wie dies z.B. beim Blättern in einer Illustrierten oder beim Durchschauen der Plattensammlung der Fall sein könnte. Zu empfehlen wäre ein kurzes Aufstehen vom Schreibtisch, Sich-Rä-

keln, Öffnen des Fensters usw. Nicht anzuraten ist dagegen, wegen der erhöhten Ablenkungsgefahr, eine größere räumliche Distanzierung vom Arbeitsplatz.
- Nach jeder Stunde sollte eine etwas größere Pause (etwa fünf Minuten) eingeschaltet werden. In dieser Zeitspanne könnte die Schülerin etwas trinken, Obst essen usw.
- Wird über mehrere Stunden gearbeitet, so ist nach spätestens zwei Stunden eine wiederum größere Pause einzuplanen, die 20 bis 30 Minuten umfassen sollte [...]. In einer solchen Pause können bereits etwas umfangreichere Aktivitäten ausgeführt werden, z.B. ein kurzer Spaziergang, Schallplatten hören, telefonieren, eine Tasse Kaffee trinken usw.
- Nach einer Arbeitsphase von vier Stunden ist – auch wenn die bisher beschriebene Pausenregelung eingehalten wurde – eine längerfristige Unterbrechung notwendig. Bei der Tagesplanung ist darauf zu achten, dass diese ausgedehnte Pause mit einer der Hauptmahlzeiten zusammenfällt; dies insbesondere auch, weil der Tiefpunkt der individuellen Leistungsfähigkeit unmittelbar nach dem Mittagessen liegt.

Zu (2): Das rein rezeptive Lernen der Schülerin dürfte sowohl im Hinblick auf die spätere Reproduktion als auch – und hier wohl noch deutlicher – unter dem Aspekt einer selbstständigen Anwendung des Gelernten auf verwandte Probleme ungünstig sein. Die von ihr angewandte Lernmethode begünstigt lediglich die Stoffaufnahme. Stoffstrukturierung, -wiedergabe und -anwendung bleiben völlig untrainiert. Außerdem ist die bisherige Arbeitsweise wenig geeignet, Interesse an den Lerninhalten zu wecken und so eine intrinsische Leistungsmotivation aufzubauen. Eine solche Eigenmotivierung wird weit eher erreicht, wenn sich die Schülerin nicht rezeptiv verhält, sondern sich, kritisch und selbstständig Akzente setzend, unter dem Blickwinkel eigener Fragestellungen mit dem Text auseinander setzt.

Eine Lernmethodik, die diesen Zielen relativ gut gerecht wird, ist die von Robinson (1941) entwickelte *SQ3R-Methode* (S: Survey = Überblick, Q: Question = Fragestellung, R1: Read = Lektüre, R2: Recite = Eigenformulierung, R3: Review = Rückblick). Sie wurde der Schülerin erläutert und empfohlen. – Konkret sieht die Anwendung der Methode folgendermaßen aus:

Wenn man einen bestimmten Text durcharbeiten will, so schaut man sich zunächst zur groben Orientierung Titel, Kapitel- und Zwischenüberschriften an, blättert den Text durch, um zu sehen, ob bestimmte Termini hervorgehoben werden, und versucht einen Eindruck davon zu gewinnen, welche Art von Information gegebenenfalls in Tabellen und Darstellungen enthalten ist. Falls vorhanden, liest man außerdem Inhaltsverzeichnis, Vorwort, Zusammenfassung und Literaturhinweise, um sich durch diesen *Überblick* ein erstes Bild von dem zentralen Thema, den wichtigsten Fragestellungen, den Aufbaugesichtspunkten, dem Bezugsrahmen und den Ergebnissen der Arbeit zu verschaffen.

In einem nächsten Schritt wird man dann den Text – falls es sich um eine längere Abhandlung handelt – in kleinere Arbeitseinheiten aufgliedern. Die hervorgehobenen Textstellen, die Kapitelüberschriften, Darstellungen, Tabellen und Zusammenfassungen zeigen, wovon die jeweiligen Arbeitseinheiten handeln. Um sich zu selbstständiger Arbeit zu aktivieren, versucht man nun, zu diesen Punkten *Fragen* zu formulieren, und schreibt diese, wenn möglich, sogar auf. Dabei bewährt es sich, in der Fragestellung zunächst auf bereits Bekanntes zurückzugreifen (Was weiß ich schon zu diesem Thema? Wo und in welchem Zusammenhang sind mir diese Termini schon begegnet? Wie würde ich sie bei meinem jetzigen Wissensstand erklären?) und sich erst dann den neuen Informationen zuzuwenden. (Wie unterscheidet sich die hier vertretene Auffassung von anderen zum gleichen Themenbereich? Welche Hypothesen werden formuliert? Für welche fachlichen Bereiche sind die hier dargestellten Überlegungen bedeutsam? etc.) [...]

Nach der Formulierung einer möglichst umfassenden Fragenliste beginnt dann die eigentliche *Lektüre*. Dabei ist so vorzugehen, dass man gezielt Antworten auf jene Fragen sucht, die man zuvor ausgearbeitet hat. Ergeben sich beim Lesen neue Aspekte, die in der bisherigen Fragensammlung noch nicht berücksichtigt sind, so sollte man diese noch nachtragen.

Nach Beendigung der Lektüre (die sich zunächst auf nur kleine, später auf zunehmend größere Texteinheiten bezieht) werden die wichtigsten Informationen noch einmal mit eigenen Worten wiederholt, und zwar entweder rein gedanklich oder anfangs besser noch, indem man laut vor sich hin spricht In diesem Stadium der *Eigenformulierung* (nicht früher!) werden auch – auf Karteikarten oder Sammelzetteln – Notizen über das Gelesene gemacht. Nun erst ist nämlich gesichert, dass nicht mechanisch und unreflektiert Teile des Originalwerkes übernommen und quasi abgeschrieben werden, sondern dass – dem eigenen Denk- und Sprachstil entsprechend – nur notiert wird, was wirklich aufgenommen und durchdacht wurde. Besondere Aufmerksamkeit sollte in dieser Phase der Eigenformulierung den Beispielen geschenkt werden, die im Text angeführt sind; zusätzlich sollte man versuchen, zu den wichtigsten Inhalten jeweils selbst Beispiele zu finden oder zu konstruieren, die einen Bezug zum eigenen Erfahrungsbereich aufweisen und so ihrer subjektiven Bedeutsamkeit und Prägnanz wegen besonders gut im Gedächtnis haften.

Ist die Phase der Eigenformulierung abgeschlossen, so sollte man – gestützt auf die Notizen, die man angelegt hat – den Stoff noch einmal *wiederholen*. Dabei ist insbesondere zu beachten, dass das Gelesene nicht isoliert als von anderem abgegrenzter Wissensstoff eingeprägt wird; vielmehr sollte gezielt die Verbindung zu anderen Kenntnissen hergestellt werden. Dies geschieht etwa durch Fragestellungen wie: Lässt sich die Betrachtungsweise, die ich hier kennen lernte, auch auf andere Gebiete übertragen, an die vielleicht der Autor selbst nicht dachte? Wie stellt sich unter dem Aspekt des Neuerarbeiteten schon Bekanntes dar? Wo muss ich das Neuerlernte angesichts meines bisherigen Wissens einschränken und relativieren?

Die Schülerin wurde angeleitet, im Sinne dieser SQ3R-Methode zu arbeiten. Um sie mit der neuen Arbeitstechnik nicht zu überfordern, gleichzeitig aber eine rasche Aneignung der Lernmethodik zu begünstigen, wurde festgelegt, dass sie diese Vorgehensweise täglich, jedoch nur in den Fachgebieten Geschichte und Geographie, und jeweils nur 40 Minuten lang erproben sollte.

Zu (3): Ein weiteres Problem im Arbeitsverhalten der Schülerin bestand darin, dass sie jeweils den Stoff, den sie gerade gelernt hatte, unmittelbar anschließend noch einmal wiederholte, um ihn besser zu behalten. Diese Vorgehensweise ist ausgesprochen unökonomisch. Schon frühe empirische Untersuchungen (vgl. Rohracher 1951) zeigten, dass eine Wiederholung, gleich nachdem der Wissensstoff erstmals eingeprägt

und beherrscht wurde, lediglich einem »Überlernen« entspricht und die Gedächtnisleistung nur unwesentlich verbessert. [...]
Zur Ökonomisierung der Arbeitsweise wurde die Schülerin angeleitet, künftig folgendermaßen vorzugehen: Sie sollte den Stoff jeweils nur so weit lernen, bis sie ihn gerade beherrschte. Dann sollte sie ihn zur Seite legen und sich einem anderen Lerngebiet oder einer Freizeitbeschäftigung zuwenden. Als Faustregel gilt, dass der Stoff frühestens nach einem Tag wiederholt wird und danach, mit jeweils sich verdoppelnden Intervallen, so lange, bis er hinreichend sicher reproduziert werden kann.

Zu (4): Die Schülerin lernt beständig allein. Dadurch vergibt sie die Möglichkeit, das Erlernte in selbstständiger Formulierung anderen darzustellen. Genau dies aber wird in der Schule gefordert; die mündlichen Noten werden auf der Grundlage dieses Verhaltens gebildet. Die Anwendung der SQ3R-Methode, insbesondere die darin enthaltene Eigenformulierung und Forderung nach selbstständiger Fragestellung, regt bereits zur Diskussion – wenn auch vorerst nur mit sich selbst – an. Da die Wissensproduktion in der Schule jedoch in einer sozialen Situation erfolgt, sollte bei der häuslichen Arbeit auch diesem Aspekt Rechnung getragen werden.

Die Schülerin sollte also gelegentlich mit Freunden zusammen lernen, sich von ihnen abhören lassen und mit ihnen über den Stoff diskutieren. Hierbei übt sie sich bereits im Argumentieren mit anderen. Das Arbeiten in der Gruppe dient in diesem Fall zudem einem weiteren Zweck: Die Schülerin hat bisher Angst vor der Reproduktion in der Schule. Die Gruppensituation – als »harmlose«, aber dennoch mit der Schule eng assoziierte Reproduktionssituation – ermöglicht es ihr, im Sinne eines »Probehandelns« prüfungsähnliche Bedingungen zu meistern und durch zunehmende Sicherheit der Angst entgegenzuwirken. Dies gilt nicht nur bezüglich der Prüfung im Allgemeinen, sondern auch hinsichtlich spezifischer Aspekte: Die Schülerin lernt, auf unerwartete Fragen einzugehen, bei kritischen Einwendungen den eigenen Standpunkt zu verteidigen, den Stoff außerhalb der erlernten Gliederung darzustellen usw. Außerdem bietet die Gruppensituation die Möglichkeit, Inhalt und Form des eigenen Wissens am Stand der anderen zu überprüfen, auf diese Weise ein realistisches Anspruchsniveau zu bilden und gegebenenfalls das eigene Verhalten am Modell anderer auszurichten.

Nachdem die Schülerin drei Wochen lang unter Berücksichtigung der Pausenregelung und der SQ3R-Methode gearbeitet hatte, begann sie, sich in der Unterrichtssituation wohler zu fühlen. Zwar beteiligte sie sich noch nicht aktiv am Unterrichtsgeschehen, doch hatte sie bereits den Eindruck, sehr häufig die richtige Antwort zu wissen. Entsprechend verringerte sich auch ihre Angst, aufgerufen oder gar geprüft zu werden, und entsprechend seltener beschäftigten sich auch ihre Gedanken in der Schule mit diesem Thema. In der vierten Woche nach Therapiebeginn fand sie den Mut, eine Arbeits- und Diskussionsgruppe mit einigen Klassenkameradinnen zu initiieren. Und wiederum einen Monat später berichtete sie, dass ihre Angst vor dem Reden im Unterricht und speziell ihre Angst, »alles wieder vergessen zu haben«, fast vollständig verschwunden sei. Etliche mündliche und schriftliche Testsituationen in den kritischen Fächern hatte sie bereits erfolgreich bewältigt. Das aktive Lernen war der Schülerin zur Gewohnheit geworden, sie begann nun, sich auch in den übrigen Schulfächern kompetenter zu fühlen als zuvor.

Die beiden Beispiele können natürlich nicht darstellen, was alles zu praktisch-psychologischer Arbeit gehören kann. Von Interesse für unser Anliegen ist allerdings, dass viele Arbeitsweisen im professionellen Bereich ihren Schwerpunkt mehr oder minder deutlich auf dem einen oder anderen Aspekt des psychischen Gesamtsystems haben (s. auch S. 131 ff. über »Klinische Psychologie«). So stehen bei vielen Formen psychologischer Beratung und Therapie die inneren Prozesse (Gefühle, Gedanken, Motivationskonflikte usw.) im Vordergrund. Zumindest beginnen würde man mit ihnen immer dann, wenn ein Mensch ein Gespräch sucht und von belastenden Gefühlen erzählt. Bei der Verhaltenstherapie (zu der das Beispiel mit der Schülerin zu zählen ist) werden Verhaltensweisen und Situationsfaktoren stark beachtet. Auch bestimmte Umstände können dazu zwingen, sich primär auf solche Aspekte zu stützen, etwa wenn man ein Kind lediglich beobachten kann und auf Gespräche und Tests verzichten muss. Die personalen Dispositionen sind der typische Gegenstand der klassischen Diagnostik mit ihrem Arsenal an Testverfahren. Die Entwicklungsgeschichte schließlich kommt unter anderem bei der Erhebung einer »Anamnese« zur Geltung und wird bei umfangreichen Beratungen fast immer mit einfließen.

Im Alltag ist es sicher typisch, dass Menschen beim Auftreten von Problemen mit Dispositionsbegriffen beginnen: »Ich habe zu wenig Selbstbewusstsein«, »Karl ist so faul«, »Karla ist so aggressiv«. Die Fallanalyse besteht dann darin, diese Globalbeschreibungen aufzulösen (wie es etwa am Beispiel »Anja« demonstriert wird; S. 205), und das tut man, indem man zu den anderen »Kästen« des Gesamtsystems hinüberwandert.

Kapitel 9
Regeln zum sinnvollen Lernen von Psychologie: Rückschau und Zusammenfassung

Zum Abschluss möchten wir unsere Empfehlungen für den Umgang mit Psychologiebüchern und -seminaren in den folgenden sechs Punkten zusammenfassen.

1. Die Grundmoral von der Geschicht': Aus einem Nebeneinander ein Zueinander machen

Dieses Prinzip ist besonders wichtig, wenn man an der selbstständigen Verwendung von Wissen und der Umsetzung in »Tätigkeiten« interessiert ist, weniger hingegen, wenn es um Spezialwissen zu Einzelfragen geht. Um eine flexible Nutzung und einen Themen überschreitenden Transfer zu erleichtern, sollte das Wissen in hohem Maße »integriert« sein.

> »Dann hat er die Teile in seiner Hand, fehlt leider nur das geistige Band.«
> (Goethe, Faust I)

Integration wird gefördert, indem man die Wissensinhalte nicht additiv speichert, sondern auf vielfältige Weise miteinander verbindet und zu einem geordneten Zueinander, einer Struktur, organisiert. Wichtige Aspekte dieses Zueinanders sind vor allem
- *Über- und Unterordnungen:* Man stellt die Wissensinhalte nicht gleichrangig nebeneinander, sondern erkennt sie als allgemeinere und speziellere Aussagen, als abstrakte Prinzipien und konkrete Erfahrungen und ordnet sie demgemäß hierarchisch.
- *Relationen von Betrachtungsweisen:* Man achtet darauf, unter welcher Perspektive man einen Gegenstand betrachtet und in welchem Verhältnis diese zu anderen möglichen Perspektiven steht.
- *Funktionszusammenhänge:* Aussagen über einzelne Prozesse und Faktoren des psychischen Geschehens gliedert man in ein größeres »System« oder Wirkungsgefüge ein.
- *Bedeutungsverwandtschaften:* Man prüft die vielfältigen Begriffe und Aussagen, denen man in Texten und Seminaren begegnet, auf Ähnlichkeit und Unterschiedlichkeit.

Im Folgenden erläutern wir einige konkrete Regeln, die die Bildung eines Zueinanders in seinen diversen Aspekten erleichtern können.

2. Themen »einordnen«

Psychologie wird gewöhnlich über eine Vielzahl von Seminaren und Büchern gelernt, die unabhängig voneinander konzipiert sind und nicht aufeinander Bezug nehmen. Lernende sind sich durchaus bewusst, dass die Seminare und Bücher unterschiedliche »Themen« behandeln (das geht ja schon meist aus den Titeln hervor), aber häufig erkennen sie nur schwer, wie diese miteinander in Zusammenhang stehen.

Damit man sich beim Lernen neuer Wissensinhalte nicht primär von wechselnden Titeln leiten lassen muss, sondern sie zu einem Gesamtsystem organisieren kann, braucht man einen *übergeordneten, »themenneutralen« Bezugsrahmen*, in den sich beliebige Themen einordnen lassen. Folgt man dem in diesem Buch präsentierten Bezugsrahmen, so wären vor allem Fragen wie die folgenden zu stellen (s. auch S. 199ff.):
– Was hat das Thema mit den Grundprozessen des Denkens, der Motivation, des Lernens usw. zu tun?
– Inwiefern betrifft das Thema die aktuelle Person-Situation-Beziehung bzw. die Person in Interaktion mit anderen Personen?
– Inwiefern geht es um individuelle Personmerkmale (Dispositionen)?
– Inwiefern betrifft das Thema die Entwicklung der Person, etwa die alterstypische Entwicklung, die gezielte pädagogische Förderung etc.?

Weiterhin ist es nützlich, den »Typ« des Themas nach der Art der Perspektive zu kennzeichnen. So ist zunächst einmal zu unterscheiden, ob das Thema das Gesamtsystem unter einer bestimmten Fragestellung betrachtet oder ob es lediglich Ausschnitte des Systems untersucht. Der erste Typ sei hier als »integratives Thema«, der andere als »Ausschnittsthema« bezeichnet (vgl. S. 202).
Integrative Themen sind vor allem solche, die sich mit der Beschreibung, Erklärung und Veränderung von Verhalten/Handeln in bestimmten Erscheinungsformen befassen. Beispielsweise betrachtet man Menschen unter dem Gesichtspunkt, dass sie in der Schule oder Ausbildung schlechte Leistungen erbringen (Thema »Lernstörungen«), dass sie andere Menschen angreifen (Thema »Aggression«), dass sie in einer Gruppe in bestimmter Weise agieren und reagieren (»Konformität«, »Führungsverhalten« und andere Themen). Wenngleich es immer möglich ist, dass sich die Erörterung auf einzelne Systemaspekte zuspitzt (auf bestimmte Denkprozesse, Motivationen usw.), geht es doch zunächst um »ganze Menschen in Situationen«, und insofern sind im

Prinzip alle grundlegenden Aspekte des psychischen Systems für solche Themenstellungen von Bedeutung.

Demgegenüber konzentrieren sich *Ausschnittsthemen* von vornherein auf bestimmte Funktionsbereiche bzw. Subsysteme psychischen Geschehens, auf die optische Wahrnehmung, die Begriffsbildung, Motivationsvorgänge, bestimmte Lernarten oder anderes. Der funktionale Zusammenhang dieses Ausschnittes mit anderen Prozessen ist selbstverständlich nicht außer Acht zu lassen. Dennoch richtet sich die eigentliche Fragestellung eben auf einen bestimmten Systemausschnitt.

Zusätzlich zu dieser Unterscheidung lassen sich Themen nach Standpunkten der Betrachtung charakterisieren, wie sie in den Kapiteln 4 bis 6 inhaltlich ausgeführt wurden, also nach *systembezogenen, praxisbezogenen* und *theoriebezogenen Perspektiven*. Weitere Kriterien sind denkbar. So können auch *methodische* Problemstellungen (Diagnostik, Forschungspläne usw.) oder die *Tätigkeiten* des Beschreibens, Erklärens, Vorhersagens und Veränderns ein Kriterium für die Bildung oder Gliederung eines Themas sein.

Zu beachten ist, dass man es der bloßen Überschrift *nicht* immer ansehen kann, um welche Fragestellung es geht. Kurztitel wie »Intelligenz«, »Angst«, »Aggression«, »Selbstbild« usw. sind zunächst nur *Stichwörter* aus dem Psychologie-Lexikon, die sich sehr unterschiedlich füllen lassen. Wenn ein Studierender z.b. sagt: »Mein Prüfungsthema ist Aggression«, so ist noch völlig offen, ob er sich mit allgemeinen Aggressionstheorien befassen will, mit aggressivem Verhalten in der Familie, mit Gewaltkriminalität oder Kriegen, mit Aggressivität als Persönlichkeitsmerkmal, mit Aggression in verschiedenen Altersstufen, mit Instrumenten zur Aggressionsmessung, mit therapeutischen Möglichkeiten usw. Kaum jemand fasst nämlich alles gleichzeitig ins Auge, und so lohnt es sich, genau hinzuschauen, was man mit dem Benennen eines Themas eigentlich meint.

Nur wenn man ein Thema nicht als bloßes Stichwort, sondern als *Problemstellung* versteht, wenn seine Bearbeitung also Antworten auf bestimmte Fragen geben soll, kann man es sinnvoll einordnen. Durch eine solche Präzisierung erledigt sich dann meist auch die typische Studentenfrage, ob dieser oder jener Aspekt zu dem Thema noch »dazugehört«.

3. Immer mehrere Systemaspekte zugleich beachten

Aus dem Systemcharakter psychischen Geschehens ergibt sich, dass man nicht einzelne Prozesse, Dispositionen oder Situationsbedingungen isoliert betrachten darf, wenn man eine sinnvolle Erklärung oder Voraussage geben will. Stets ist davon auszugehen, dass viele Faktoren gleichzeitig für das fragliche Verhalten relevant sind und miteinander in einem Funktionszusammenhang stehen.

Damit ein Verhalten zustande kommt, müssen zumindest einige Faktoren in die gleiche Richtung wirken. Es ist auch möglich, dass bestimmte Faktoren zwar »psychisch aktiv« sind (z.b. eine soziale Einstellung, ein situativer Anreiz), sich aber im Verhalten nicht durchsetzen, weil andere Faktoren (z.B. Ängste, fehlende Fertigkeiten) ihnen entgegenwirken. Beim Zusammenspiel verschiedener Faktoren ist auch an die Möglichkeit von Kreisprozessen zu denken, sei es innerhalb einer Person (z.b. Interessen und Fertigkeiten fördern sich wechselseitig), sei es zwischen verschiedenen Personen (z.b. herrisches Verhalten von A und unterwürfiges von B bedingen sich in der Interaktion).

Wenn in der Literatur über empirische Untersuchungen berichtet wird, die Zusammenhänge zwischen einzelnen Variablen gefunden haben (z.b. die Schulleistung korreliert mit der Intelligenz), so sind diese Zusammenhänge nie im Sinne eines strengen Gesetzes »wenn a, dann b« zu verstehen. Sie können nur ein statistischer Trend, eine Wahrscheinlichkeitsaussage sein, da diejenigen Aspekte, die man in der Untersuchung erfasst hat, nicht für sich alleine stehen und durch andere, nicht erfasste Variablen des Gesamtsystems relativiert werden. Die statistischen Zusammenhänge sind für die Theoriebildung von größtem Interesse. Doch im konkreten Einzelfall können andere Zusammenhänge noch mehr Gewicht haben.

4. Fachtermini vergleichen

Viele Lernende werden – nicht nur in der Psychologie – durch eine Fülle von Fachbegriffen verwirrt. Das ist natürlich unvermeidlich, wenn man sich in ein fremdes Gebiet einarbeitet. Doch kommt es sehr darauf an, wie man damit umgeht.

Wenn man von »Begriffen« spricht, ist damit häufig ein Terminus, ein Wort, eine Bezeichnung gemeint, obwohl, genau genommen, die *Bedeutung* dieses Wortes den Begriff ausmacht. Beides ist insofern auseinander zu halten, als zuweilen dasselbe Wort Verschiedenes bedeutet (wie jedes Kind vom »Teekesselraten« weiß) oder verschiedene Wörter denselben Inhalt meinen. Wer etwa die zahlreichen Bezeichnungen, die für Typen des Lernens in Gebrauch sind, jeweils für andere Lernarten hält, kommt auf ein chaotisches Sammelsurium.

Viele Termini werden im Kontext bestimmter Theorien eingeführt. Manchmal ist dies unvermeidlich, weil es um neue Konstrukte geht. Zuweilen liegt die Neuartigkeit aber mehr auf der sprachlichen Ebene, und bei näherem Hinsehen stellt sich heraus, dass sich der Bedeutungsgehalt eines neuen Terminus nicht oder kaum von anderen bekannten unterscheidet, ohne dass dies vom Autor erläutert wird.

Man sollte sich daher beim Lernen Fragen folgender Art stellen: Was hat dieser Terminus für einen sachlichen Gehalt? Kenne ich einen solchen Sachverhalt schon unter anderem Namen? In welchem Verhältnis steht er zu anderen mir bekannten Termini: Ist er z.b. ein Oberbegriff von, eine Variante von, eine Differenzierung von, eine Ergänzung zu XY? Die Auseinandersetzung mit den begrifflichen Beziehungen kann dem Lernenden kein Buch abnehmen, auch kein Lexikon. Die Literatur ist so heterogen, dass immer ein Rest an Eigenarbeit bleibt. So konnten auch die vorangehenden Kapitel dieses Buches lediglich versuchen, einige häufig vorkommende psychologische Termini aufzunehmen und in einen Zusammenhang mit anderen zu stellen. Nicht selten wird man begriffliche Relationen nur unzureichend klären können, etwa weil ein Terminus von verschiedenen Autoren stillschweigend unterschiedlich verwendet wird. Dann ist es vielleicht schon ein gutes Lernergebnis, wenn man diesen Wirrwarr überhaupt bemerkt, und natürlich ein noch besseres, wenn man die unterschiedlichen Bedeutungsgehalte umschreiben kann.

Schwierigkeiten beim Lernen neuer Begriffe ergeben sich zum Teil auch aus der Tatsache, dass manche Wörter im wissenschaftlichen Bereich Bedeutungen haben, die sich mit dem alltäglichen Sprachverständnis nicht ganz decken (z.b. »Reifung«, »Anpassung« oder »Problemlösen«). Dies sollte man sich klarmachen, damit man psychologische Texte nicht missversteht.

5. Den Transfer auf Beispiele und Praxisfälle üben

Bei dieser Empfehlung geht es ebenfalls um das Herstellen eines Zueinanders, und zwar vornehmlich im Kontext aktiven Anwendens.

Sinnhaltiges Lernen bewegt sich weder allein auf der abstrakt-allgemeinen noch auf der konkreten Ebene, sondern stellt zwischen beiden Verbindungen her. Ein hoher Grad an Verständnis offenbart sich in der Fähigkeit, *zwischen Abstraktem und Konkretem hin- und herpendeln zu können*. Wer nur auf der konkreten Erfahrungsebene bleibt, dem fehlen die übergreifenden Zusammenhänge, und er kann die Vielfalt schwer in eine Ordnung bringen. Wer andererseits nur auf einer abstrakten Ebene lernt, wie sie in vielen Lehrbüchern und Seminaren dominiert, der wird diese Inhalte möglicherweise reproduzieren, ohne sich darunter wirklich etwas »vorstellen« und ohne das abstrakte Wissen übertragen zu können. Diese Schwäche liegt auch dann vor, wenn man das abstrakte Wissen nur mit *den* Beispielen erläutern kann, die im Lehrangebot mitgeliefert werden.

Der entscheidende Verständnistest besteht also darin, das Wissen auf neue, selbst gewählte Beispiele zu übertragen. Dies wird von Lernenden oft als mühsam empfunden. Aber der Lerneffekt ist ungleich größer, als wenn man Buchtexte und Mitschriften lediglich wiederholt. Falls die Übertragung auf neue

Beispiele nicht gelingt, sollte man herauszufinden versuchen, warum sie nicht gelingt. So kann aus der Schwierigkeit eine produktive Frage werden.

Erläutert man ein abstraktes Prinzip (eine Motivationstheorie, ein Lerngesetz usw.) anhand eines Beispieles, so dient dies der Veranschaulichung und Vertiefung. Etwas anderes ist es hingegen, wenn man von *Praxisfällen* ausgeht und diese unter allgemeine Prinzipien einzuordnen sucht. Denn in der Praxis sind all jene Aspekte miteinander verbunden, die in der Lehre meist getrennt voneinander behandelt werden. Praxisfälle sind zwar ebenfalls Beispiele, aber sie repräsentieren nicht bestimmte Prinzipien, sondern gleich ein ganzes Bündel davon. Denn Praxis betrifft immer das psychische Gesamtsystem (»ganze Menschen«), und welche Aspekte im jeweiligen Fall von besonderem Interesse sind, gerade das muss erst analysiert werden. Ein umfassendes Wissensgefüge zur systematischen Analyse von Praxisfällen zu nutzen ist daher eine Übung eigener Art – allerdings eine sehr hilfreiche, sofern man sein Lernen auf praktische Verwertbarkeit ausrichten will. Hilfreich auch deshalb, weil in der Lehre die Beispiele und Übungsfragen meist so gewählt sind, dass sie zu dem gerade behandelten Lehrstoff gut passen. Praxisprobleme hingegen richten sich nicht nach irgendeinem thematischen Kontext und fordern nicht speziell das Wissen, das man gerade durchgenommen hat. Soweit also die Ausbildung nicht von selbst solche Analyseübungen anbietet, lassen sich Erfahrungen aus dem privaten Alltag oder Praktikum sowie Fallschilderungen in der Literatur dafür nutzen.

6. Sich der Psychologie bewusst werden, die man ohnehin im Kopf hat

Wer sich als Laie mit Physik beschäftigt, füllt Wissenslücken; er lernt etwas *dazu*. Wer sich hingegen als Laie mit Psychologie beschäftigt, der lernt *um*. Diese Aussage ist sicher etwas überspitzt, trifft aber im Kern einen wichtigen Tatbestand. Jeder Mensch hat nämlich schon eine vorwissenschaftliche Psychologie im Kopf, die ihm dazu dient, sich im Leben zurechtzufinden. Sie besteht nicht aus Kenntnissen, die nach definierten, von Fachleuten anerkannten Methoden gewonnen wurden, sondern sie ist ein »Überzeugungswissen« – ein Gemisch aus »Volksweisheiten« (»die äußere Ordnung spiegelt die innere Ordnung«), Verallgemeinerungen aus persönlichen Erfahrungen (»Studenten sind unruhige Mieter«), ideologischen und weltanschaulichen Glaubenssätzen sowie einigen wissenschaftlichen Erkenntnisbrocken.

»Überzeugungswissen« bringt jeder Mensch vor allem in solche Lebensfelder mit, die häufig Urteile und Entscheidungen verlangen: Umgang mit Menschen, Erziehung, Politik, Gesundheit usw. Die Entscheidungen stützen sich notgedrungen auf Annahmen darüber, wie Menschen sich entwickeln und beeinflusst werden können, aus welchen Anzeichen man welche »Charakterzüge« erschließen kann, wann Menschen »zusammenpassen« oder für bestimmte Aufgaben »geeignet« sind, was Kinder »brauchen« und was ihnen »schadet«, was sich »verwächst« und was man »fördern« kann usw. Vorwissenschaftliche psychologische Annahmen sind nicht unbedingt »falsch«. Sie können durchaus mit anerkannten wissenschaftlichen Aussagen übereinstimmen (und in vielen Fragen ist ja auch wissenschaftlich umstritten, was »richtig« ist). Doch ändert dies nichts daran, dass die Alltagspsychologie typische »Schwächen« aufweist. Sie sollen hier nicht mehr im Einzelnen erörtert werden, da diverse Aspekte in den vorangehenden Kapiteln, insbesondere in Kapitel 7, angesprochen wurden. Erinnert sei hier nur an wertgetönte Beschreibungen, an Erklärungen durch bloße Worte oder bildhafte Vergleiche (etwa psychische Organ-Vorstellungen), an lineares Ursache-Wirkungs-Denken, an einseitige Verhaltenserklärungen (etwa durch Überbetonung von pauschalen »Eigenschaften«) usw.

Unabhängig davon, wie die persönliche »Alltagspsychologie« aussieht, grundsätzlich hat sie eine ganz andere Funktion als die wissenschaftliche. Sie dient der schnellen Orientierung und nicht dem Streben nach Erkenntnis. In dieser Funktion kann sie allerdings auch das Lernen von wissenschaftlicher Psychologie behindern. Denn um die Orientierungsfunktion nicht zu gefährden, liest man aus wissenschaftlichen Informationen möglicherweise nur das heraus, was die eigenen Überzeugungen bestätigt, und weist das zurück, was ihnen widerspricht.

Da Diskrepanzen zwischen naiver und wissenschaftlicher Psychologie kaum vermeidbar sind, mögen Anfänger einen Psychologiekurs manchmal wie ein Verunsicherungsprogramm empfinden. Es ist aber sicher wichtig, die Diskrepanzen nicht auszublenden. Beim Lesen mag es hilfreich sein, sich das eigene Vorverständnis zum jeweiligen Thema zu vergegenwärtigen und gerade auf solche Aussagen des Textes zu achten, die diesem Vorverständnis zuwiderlaufen, statt lediglich die problemlosen Stellen zu unterstreichen.

Weiterhin sollte man die wissenschaftliche Psychologie immer wieder auf Alltagserfahrungen beziehen, die man bisher »naiv« betrachtet hat. Damit werden sicherlich nicht alle Diskrepanzen aufgelöst. Doch kann man so eher der Erscheinung entgegenwirken, dass unbemerkt zwei Psychologien unverbunden nebeneinander herlaufen: die bisherige Alltagspsychologie, die nach wie vor das persönliche Verstehen und Handeln bestimmt, und die neue, die akademische, die lediglich für die Prüfung gelernt wird.

Literaturverzeichnis

Adler, A. (1997). *Praxis und Theorie der Individualpsychologie* (10. Aufl.). Frankfurt Fischer (Orig. 1920).

Aebli, H. (1993/1994). *Denken: Das Ordnen des Tuns.* 2 Bde. (2. Aufl.). Stuttgart: Klett-Cotta.

Ajzen, I. (1991). The theory of planned behavior. *Organizational Behavior and Human Decision Processes,* 50, 179–211.

Allport, G.W. (1958). *Werden der Persönlichkeit.* Bern: Huber.

Allport, G.W. (1959). *Persönlichkeit* (2. Aufl.). Meisenheim/Glan: Hain.

Amelang, M. & Bartussek, D. (1997). *Differentielle Psychologie und Persönlichkeitsforschung* (4., überarb. u. erw. Aufl.). Stuttgart: Kohlhammer.

Amelang, M. & Zielinski, W. (1997). *Psychologische Diagnostik und Intervention* (2., korr., aktual. u. überarb. Aufl.). Berlin: Springer.

Anderson, J.R. (1996). *Kognitive Psychologie* (2., überarb. Aufl.). Heidelberg: Spektrum.

Ansbacher, H.L. & Ansbacher, R.R. (Hrsg.) (1995). *Alfred Adlers Individualpsychologie* (4., erg. Aufl.). München: Reinhardt.

Antonovsky, A. (1979). *Health, stress and coping.* London: Jossey-Bass.

Antonovsky, A. (1997). *Salutogenese. Zur Entmystifizierung der Gesundheit.* Tübingen: dgvt-Verlag.

Arbinger, R. (1997). *Psychologie des Problemlösens. Eine anwendungsorientierte Einführung.* Darmstadt: Primus.

Aschenbrenner, K. (1962). *Blick zu den Sternen.* Frankfurt: Salle.

Asendorpf, J. (1988). *Keiner wie der andere. Wie Persönlichkeitsunterschiede entstehen.* München: Piper.

Asendorpf, J.B. (1996). *Psychologie der Persönlichkeit.* Berlin: Springer.

Ausubel, D.P., Novak, J.D. & Hanesian, H. (1980). *Psychologie des Unterrichts.* 2 Bde. (2., völlig neubearb. Aufl.). Weinheim: Beltz.

Badura, B. (1994). Public Health: Aufgabenstellungen, Paradigmen, Entwicklungsbedarf. In D. Schaeffer, M. Moers & R. Rosenbrock (Hrsg.), *Public Health und Pflege. Zwei neue gesundheitswissenschaftliche Disziplinen* (S. 55–71). Berlin: Sigma.

Ballstaedt, S.P. (1997). *Wissensvermittlung. Die Gestaltung von Lernmaterial.* Weinheim: Psychologie Verlags Union.

Bandura, A. (1976). *Lernen am Modell.* Stuttgart: Klett-Cotta.

Bandura, A. (1979). *Sozial-kognitive Lerntheorie.* Stuttgart: Klett-Cotta.

Bartenwerfer, H. & Raatz, U. (1979). *Methoden der Psychologie.* Wiesbaden: Wissenschaftliche Verlagsgesellschaft / Bern: Huber.

Bartling, G., Echelmeyer, L. & Engberding, M. (1998). *Problemanalyse im therapeutischen Prozess. Leitfaden für die Praxis* (4., überarb. u. erw. Aufl.). Stuttgart: Kohlhammer.

Bartsch, H.H. & Bengel, J. (Hrsg.) (1997). *Salutogenese in der Onkologie.* Basel: Karger.

Bastine, R. (1998). *Klinische Psychologie. Band 1: Grundlegung der Allgemeinen Klinischen Psychologie* (3., überarb. u. erw. Aufl.). Stuttgart: Kohlhammer.

Baumann, S. (1998). *Psychologie im Sport* (2., überarb. u. erw. Neuaufl.). Aachen: Meyer & Meyer.

Becker, P. (1992). Die Bedeutung integrativer Modelle von Gesundheit und Krankheit für die Prävention und Gesundheitsförderung. In P. Paulus (Hrsg.), *Prävention und Gesundheitsförderung. Perspektiven für die psychosoziale Praxis* (S. 91–107). Köln: Gesellschaft für wissenschaftliche Gesprächspsychotherapie.
Becker, P. (1997). *Psychologie der seelischen Gesundheit. Band 1: Theorien, Modelle, Diagnostik* (2. Aufl.). Göttingen: Hogrefe.
Bergin, A.E. & Garfield, S.L. (Eds.) (1994). *Handbook of psychotherapy and behavior change* (4th ed.). New York: Wiley.
Bierbrauer, G. (1996). *Sozialpsychologie.* Stuttgart: Kohlhammer.
Bierhoff, H.W. (1990). *Psychologie hilfreichen Verhaltens.* Stuttgart: Kohlhammer.
Bierhoff, H.W. (1998). *Sozialpsychologie. Ein Lehrbuch* (4., überarb. u. erw. Aufl.). Stuttgart: Kohlhammer.
Birbaumer, N. & Schmidt, R.F. (1996). *Biologische Psychologie.* Berlin: Springer.
Bloom, B.S. (Hrsg.) (1976). *Taxonomie von Lernzielen im kognitiven Bereich* (5. Aufl.). Weinheim: Beltz.
Breuer, F. (1991). *Wissenschaftstheorie für Psychologen* (5., verb. Aufl.). Münster: Aschendorff.
Bruner, J. (1970). *Der Prozeß der Erziehung.* Düsseldorf: Schwann.
Brunner, E.J. & Huber, G.L. (1989). *Interaktion und Erziehung.* Weinheim: Psychologie Verlags Union.
Bungard, W. (1996). Perspektiven: Eine Standortbestimmung der Arbeits- und Organisationspsychologie. In W. Bungard et al. (Hrsg.), *Perspektiven der Psychologie. Eine Standortbestimmung* (S. 119–128). Weinheim: Psychologie Verlags Union.
Cattell, R.B. (1967). *The scientific analysis of personality.* Chicago: Aldine
Clemens-Ziegler, B. & Pawlowsky, P. (1994). Wirtschaftspsychologie. In R. Asanger & G. Wenninger (Hrsg.), *Handwörterbuch der Psychologie* (5., neugest. Aufl.) (S. 854–859). Weinheim: Psychologie Verlags Union
Corsini, R.J. (Hrsg.) (1994). *Handbuch der Psychotherapie.* 2 Bde. (4. Aufl.). Weinheim: Psychologie Verlags Union.
Cranach, M. v., Kalbermatten, U., Indermühle, K. & Gugler, B. (1980). *Zielgerichtetes Handeln.* Bern: Huber.
Davison, G.C. & Neale, J.M. (1998). *Klinische Psychologie* (5., aktual. Aufl.). Weinheim: Psychologie Verlags Union.
Diekmann, A. (1995). *Empirische Sozialforschung. Grundlagen, Methoden, Anwendungen.* Reinbek: Rowohlt.
Dlugosch, G.E. & Schmidt, L.R. (1992). Gesundheitspsychologie. In R. Bastine (Hrsg.), *Klinische Psychologie.* Band 2 (S. 123–177). Stuttgart: Kohlhammer.
Dörner, D. (1987). *Problemlösen als Informationsverarbeitung* (3. Aufl.). Stuttgart: Kohlhammer.
Dörner, D. (1996). Verhalten und Handeln. In D. Dörner & H. Selg (Hrsg.), *Psychologie. Eine Einführung in ihre Grundlagen und Anwendungsfelder* (2., überarb. u. erw. Aufl.) (S. 100–114). Stuttgart: Kohlhammer.
Drews, S. & Brecht, K. (1981). *Psychoanalytische Ich-Psychologie.* Frankfurt: Suhrkamp.
Dudel, J., Menzel, R. & Schmidt, R.F. (1996). *Neurowissenschaft. Vom Molekül zur Kognition.* Berlin: Springer.
Duncker, K. (1966). *Zur Psychologie des produktiven Denkens* (2. Aufl.). Berlin: Springer (Orig. 1935).

Dunn, J. & Plomin, R. (1996). *Warum Geschwister so verschieden sind*. Stuttgart: Klett-Cotta.
Edelmann, W. (1996). *Lernpsychologie* (5., vollst. überarb. Aufl.). Weinheim: Psychologie Verlags Union.
Ellis, A. (1976). *Die rational-emotive Therapie. Das innere Selbstgespräch bei seelischen Problemen und seine Veränderung*. München: Pfeiffer (Amer. Orig. 1962).
Eron, L.D., Huesmann, L.R. & Zelli, A. (1991). The role of parental variables in the learning of aggression. In D.J. Pepler & K.H. Rubin (Eds.), *The development and treatment of childhood aggression* (S. 169–188). Hillsdale: Erlbaum.
Ewert, O. (1974). Pädagogische Psychologie. In O. Ewert (Hrsg.), *Wörterbuch der Pädagogischen Psychologie* (S. 183–186). Freiburg: Herder.
Eysenck, H.J. (1976). *Sexualität und Persönlichkeit*. Wien: Europa Verlag
Fahrenberg, J. (1977). Psychologische Testverfahren *Medizinische Klinik*, 72, 825–839.
Faltermaier, T. (1994). *Gesundheitsbewußtsein und Gesundheitshandeln*. Weinheim: Psychologie Verlags Union.
Fisseni, H.J. (1998). *Persönlichkeitspsychologie. Ein Theorienüberblick* (4., überarb. u. erw. Aufl.). Göttingen: Hogrefe.
Fittkau, B. (Hrsg.) (1993). *Pädagogisch-psychologische Hilfen für Erziehung, Unterricht und Beratung*. 2 Bde. Aachen: Hahner.
Flade, A. (1987). *Wohnen – psychologisch betrachtet* Bern: Huber.
Fliegel, S., Groeger, W., Künzel, R., Schulte, D. & Sorgatz, H. (1993). *Verhaltenstherapeutische Standardmethoden. Ein Übungsbuch* (3., neu ausgest. Aufl.). Weinheim: Psychologie Verlags Union.
Florin, I. & Rosenstiel, L. v. (1976). *Leistungsstörung und Prüfungsangst*. München: Goldmann.
Forgas, J.P. (1995). *Soziale Interaktion und Kommunikation. Eine Einführung in die Sozialpsychologie* (3. Aufl.). Weinheim: Psychologie Verlags Union.
Franke, A. (1997). Zum Stand der konzeptionellen und empirischen Entwicklung des Salutogenesekonzeptes. In A. Antonovsky (Hrsg.), *Salutogenese. Zur Entmystifizierung der Gesundheit* (S. 169–190). Tübingen: dgvt-Verlag.
Frankl, V.E. (1993). *Theorie und Therapie der Neurosen. Einführung in Logotherapie und Existenzanalyse* (7., aktual. Aufl.). München: UTB (Orig. 1956).
Freud, S. (1989). *Studienausgabe*. 10 Bde. Frankfurt: Fischer.
Freud, S. (1994). *Abriß der Psychoanalyse*. Frankfurt Fischer (Orig. 1940).
Frey, D. & Greif, S. (Hrsg.) (1997). *Sozialpsychologie. Ein Handbuch in Schlüsselbegriffen* (2., erw. Aufl.). Weinheim: Psychologie Verlags Union.
Frey, D., Hoyos, C. Graf & Stahlberg, D. (Hrsg.) (1988). *Angewandte Psychologie. Ein Lehrbuch*. Weinheim: Psychologie Verlags Union.
Frey, D. & Irle, M. (Hrsg.) (1993/1985/1985). *Theorien der Sozialpsychologie*. 3 Bde. Bern: Huber.
Frieling, E. & Sonntag, K. (1987). *Lehrbuch Arbeitspsychologie*. Bern: Huber.
Gage, N.L. (1979). *Unterrichten – Kunst oder Wissenschaft?* München: Urban & Schwarzenberg.
Gage, N.L. & Berliner, D.C. (1996). *Pädagogische Psychologie* (5., überarb. Aufl.). Weinheim: Psychologie Verlags Union.
Gagné, R.M. (1980). *Die Bedingungen des menschlichen Lernens* (neubearb. Aufl.). Hannover: Schroedel.

Gardiner, H. (1991). *Abschied vom IQ. Die Rahmen-Theorie der vielfachen Intelligenzen.* Stuttgart: Klett-Cotta.
Gebert, D. (1995). *Interventionen in Organisationen.* In H. Schuler (Hrsg.), Lehrbuch Organisationspsychologie (2., korr. Aufl.) (S. 481–494). Bern: Huber
Giese, E. (Hrsg.) (1997). *Verkehr ohne (W)Ende? Psychologische und sozialwissenschaftliche Beiträge zur Verkehrswende.* Tübingen: dgvt-Verlag.
Gollwitzer, P.M. & Malzacher, J.T. (1996). Absichten und Vorsätze. In J. Kuhl & H. Heckhausen (Hrsg.), *Motivation, Volition und Handlung* (S. 427–468). (Enzyklopädie der Psychologie: Motivation und Emotion, Band 4.). Göttingen: Hogrefe.
Gordon, Th. (1989). *Familienkonferenz. Die Lösung von Konflikten zwischen Eltern und Kind.* München: Heyne.
Graumann, C.F. (Hrsg.) (1965). *Denken.* Köln: Kiepenheuer & Witsch.
Graumann, C.F. (1974). Soziale Interaktion. In F.E. Weinert, C.F. Graumann, H. Heckhausen & M. Hofer (Hrsg.), *Funkkolleg Pädagogische Psychologie.* Band 1 (S. 333–353). Frankfurt: Fischer.
Graumann, C.F. (Hrsg.) (1978). *Ökologische Perspektiven in der Psychologie.* Bern: Huber.
Graumann, C.F. & Métraux, A. (1977). Die phänomenologische Orientierung in der Psychologie. In K.A. Schneewind (Hrsg.), *Wissenschaftstheoretische Grundlagen der Psychologie* (S. 27–53). München: Reinhardt.
Grawe, K. (1995). Grundriß einer allgemeinen Psychotherapie. *Psychotherapeut, 40,* 130–145.
Grawe, K., Donati, R. & Bernauer, F. (1994). *Psychotherapie im Wandel. Von der Konfession zur Profession* (3. Aufl.). Göttingen: Hogrefe.
Greif, S., Bamberg, E. & Semmer, N. (Hrsg.) (1991). *Psychischer Stress am Arbeitsplatz.* Göttingen: Hogrefe.
Greif, S., Holling, H. & Nicholson, N. (Hrsg.) (1997). *Arbeits- und Organisationspsychologie. Internationales Handbuch in Schlüsselbegriffen* (3. Aufl.). Weinheim: Psychologie Verlags Union.
Greif, S. & Kurtz, H.J. (Hrsg.) (1996). *Handbuch selbstgesteuertes Lernen.* Göttingen: Hogrefe.
Grell, J. (1980). *Techniken des Lehrerverhaltens* (10. Aufl.). Weinheim: Beltz.
Greuel, L., Fabian, Th. & Stadtler, M. (1997). *Psychologie der Zeugenaussage.* Weinheim: Psychologie Verlags Union.
Groeben, N. & Scheele, B. (1977). *Argumente für eine Psychologie des reflexiven Subjekts – Paradigmawechsel vom behavioralen zum epistemologischen Subjektmodell.* Darmstadt: Steinkopff.
Guilford, J.P. (1964). *Persönlichkeit.* Weinheim: Beltz.
Guski, R. (1998). *Wahrnehmung.* Stuttgart: Kohlhammer.
Hacker, W. (1998). *Allgemeine Arbeitspsychologie.* Bern: Huber.
Hagehülsmann, H. (1994). Begriff und Funktion von Menschenbildern in Psychologie und Psychotherapie: Wissenschaftstheoretische Überlegungen am Beispiel der Humanistischen Psychologie. In H. Petzold (Hrsg.), *Wege zum Menschen.* Band 1 (6. Aufl.) (S. 9–44). Paderborn: Junfermann.
Hahlweg, K., Florin, I., Haag, G. (Hrsg.) (1989). *Perspektive Verhaltensmedizin.* Berlin: Springer.

Hahn, H. & Kagelmann, H.J. (Hrsg.) (1993). *Tourismuspsychologie und Tourismussoziologie. Ein Handbuch zur Tourismuswissenschaft*. Weinheim: Psychologie Verlags Union.

Hartmann, H. (1997). *Ich-Psychologie. Studien zur psychoanalytischen Psychologie* (2. Aufl.). Stuttgart: Klett-Cotta.

Hasselhorn, M. (1998). Metakognition. In D.H. Rost (Hrsg.), *Handwörterbuch Pädagogische Psychologie* (S. 348–351). Weinheim: Psychologie Verlags Union.

Hasselhorn, M. & Hager, W. (1998). Kognitives Training. In D.H. Rost (Hrsg.), *Handwörterbuch Pädagogische Psychologie* (S. 252–258). Weinheim: Psychologie Verlags Union.

Hasselhorn, M. & Schneider, W. (1998). Aufgaben und Methoden der differentiellen Entwicklungspsychologie. In H. Keller (Hrsg.), *Lehrbuch Entwicklungspsychologie* (S. 295–316). Bern: Huber.

Heckhausen, H. (1980). *Motivation und Handeln. Ein Lehrbuch der Motivationspsychologie* (1989: 2. völlig überarb. u. erg. Aufl.). Berlin: Springer.

Heckhausen, H. (1987). Wünschen – Wählen – Wollen. In H. Heckhausen, P.M. Gollwitzer & F.E. Weinert (Hrsg.), *Jenseits des Rubikon: Der Wille in den Humanwissenschaften* (S. 3–9). Berlin: Springer.

Hellhammer, D.H. & Ehlert, U. (Hrsg.) (1991). *Verhaltensmedizin. Ergebnisse und Anwendung*. Bern: Huber.

Hennig, C. & Knödler, U. (1998). *Problemschüler – Problemfamilien. Ein praktisches Lehrbuch zum systemischen Arbeiten mit schulschwierigen Kindern* (5. Aufl.). Weinheim: Psychologie Verlags Union.

Herrmann, Th. (1991). *Lehrbuch der empirischen Persönlichkeitsforschung* (6. Aufl.). Göttingen: Hogrefe.

Herzog, W. (1984). *Modell und Theorie in der Psychologie*. Göttingen: Hogrefe.

Hetzer, H., Todt, E., Seiffge-Krenke, I., Arbinger, R. (Hrsg.) (1995). *Angewandte Entwicklungspsychologie* (3. Aufl.). Heidelberg: Quelle & Meyer.

Hoefert, H.W. (Hrsg.) (1982). *Person und Situation. Interaktionspsychologische Untersuchungen*. Göttingen: Hogrefe.

Hoefling, S. (1993). Verhaltensmedizin. In A. Schorr (Hrsg.), *Handwörterbuch der Angewandten Psychologie* (S. 697–701). Bonn: Deutscher Psychologen Verlag.

Hofer, M., Klein-Allermann, E. & Noack, P. (1992). *Familienbeziehungen. Eltern und Kinder in der Entwicklung*. Göttingen: Hogrefe.

Hoffman, E. (1997). *Alfred Adler – Der Mensch und seine Lehre*. München: Reinhardt.

Hoffmann, J. (1994). Kognitive Psychologie. In R. Asanger & G. Wenninger (Hrsg.), *Handwörterbuch der Psychologie* (5., neugest. Aufl.) (S. 352–356). Weinheim: Psychologie Verlags Union.

Holling, H. & Liepmann, D. (1995). Personalentwicklung. In H. Schuler (Hrsg.), *Lehrbuch Organisationspsychologie* (2., korr. Aufl.) (S. 235–316). Bern: Huber.

Homburg, A. & Matthies, E. (1998). *Umweltpsychologie. Umweltkrise, Gesellschaft und Individuum*. Weinheim: Juventa.

Hunt, M. (1992). *Das Rätsel der Nächstenliebe. Der Mensch zwischen Egoismus und Altruismus*. Frankfurt/Main: Campus.

Huppmann, G. (1988). Einleitung. In G. Huppmann & F.W. Wilker (Hrsg.), *Medizinische Psychologie & Medizinische Soziologie* (S. 1–4). München: Urban & Schwarzenberg.

Hurrelmann, K. (1994). *Familienstreß, Schulstreß, Freizeitstreß. Gesundheitsförderung für Kinder und Jugendliche* (2., unveränd. Aufl.). Weinheim: Psychologie Verlags Union.
Hurrelmann, K. & Laaser, U. (1998). *Gesundheitswissenschaften. Handbuch für Lehre, Forschung und Praxis.* Weinheim: Juventa.
Hurrelmann, K. & Ulich, D. (Hrsg.) (1998). *Neues Handbuch der Sozialisationsforschung* (5., neu ausgest. Aufl.). Weinheim: Psychologie Verlags Union.
Hussy, W. (1993). *Denken und Problemlösen.* Stuttgart: Kohlhammer.
Ingenkamp, K. (1995). *Lehrbuch der pädagogischen Diagnostik* (3. Aufl.). Weinheim: Psychologie Verlags Union.
Irtel, H. (1993). *Experimentalpsychologisches Praktikum.* Berlin: Springer.
Jacobi, J. (1998). *Die Psychologie von C.G. Jung* (16. Aufl.). Frankfurt: Fischer.
Jäger, R. & Petermann, F. (Hrsg.) (1995). *Psychologische Diagnostik* (3., korr. Aufl.). Weinheim: Psychologie Verlags Union.
Janke, W. (1976). Psychophysiologische Grundlagen des Verhaltens. In M. v. Kerekjarto (Hrsg.), *Medizinische Psychologie* (2. Aufl.) (S. 1–101). Berlin: Springer.
Janke, W., Erdmann, G. & Kallus, W. (1997). *Stressverarbeitungsbogen* (2. Aufl.). Göttingen: Hogrefe
Janssen, J.P. (1995). *Grundlagen der Sportpsychologie.* München: UTB.
Jung, C.G. (1995). *Analytische Psychologie. Nach Aufzeichnungen des Seminars von 1925.* Freiburg: Walter.
Jung, C.G. (1997). *C.G. Jung.* 11 Bde. München: Deutscher Taschenbuch Verlag.
Kagelmann, H.J. (1998). *Tourismus und Gesundheit.* Gießen: Psychosozial-Verlag.
Kanfer, F.H. & Phillips, J.S. (1975). *Lerntheoretische Grundlagen der Verhaltenstherapie.* München: Kindler.
Kanfer, F.H., Reinecker, H. & Schmelzer, D. (1996). *Selbstmanagement-Therapie. Ein Lehrbuch für die Klinische Praxis* (2., überarb. Aufl.). Berlin: Springer.
Käser, R. (1993). *Neue Perspektiven in der Schulpsychologie. Handbuch der Schulpsychologie auf ökosystemischer Grundlage.* Bern: Haupt.
Keller, H. (Hrsg.) (1998). *Lehrbuch Entwicklungspsychologie.* Bern: Huber.
Keller, J.A. (1981). *Grundlagen der Motivation.* München: Urban & Schwarzenberg.
Kernberg, O. (1992). *Objektbeziehungen und Praxis der Psychoanalyse* (5., veränd. Aufl.). Stuttgart: Klett-Cotta.
Köhler, Th. (1995). *Freuds Psychoanalyse. Eine Einführung.* Stuttgart: Kohlhammer
Kolip, P.; Hurrelmann, K. & Schnabel, P.E. (Hrsg.) (1995). *Jugend und Gesundheit. Interventionsfelder und Präventionsbereiche.* Weinheim: Juventa.
Kollbrunner, J. (1995). *Das Buch der Humanistischen Psychologie* (3. Aufl.). Frankfurt Klotz.
Krampen, G. (1987). *Handlungstheoretische Persönlichkeitspsychologie.* Göttingen: Hogrefe.
Kriz, J. (1994). *Grundkonzepte der Psychotherapie. Eine Einführung* (4. Aufl.). Weinheim: Psychologie Verlags Union.
Kriz, J., Lück, H.E. & Heidbrink, H. (1996). *Wissenschafts- und Erkenntnistheorie. Eine Einführung für Psychologen und Humanwissenschaftler* (3., durchges. Aufl.). Opladen: Leske & Budrich.
Krohne, H.W. (1996). *Angst und Angstbewältigung.* Stuttgart: Kohlhammer.

Kroj, G. (1995). Situation der Verkehrspsychologie in Deutschland unter Berücksichtigung umweltpsychologischer Aspekte. In G. Pulverich (Hrsg.), *Umweltpsychologie – Verkehrspsychologie.* Band 3 (S. 9–15). Bonn: Berufsverband Deutscher Psychologen.

Krüger, Th. & Funke, J. (1998). *Psychologie im Internet.* Weinheim: Beltz.

Kruse, L. (1974). *Räumliche Umwelt. Die Phänomenologie des räumlichen Verhaltens als Beitrag zu einer psychologischen Theorie der Umwelt.* Berlin: de Gruyter.

Kruse, L., Graumann, C.F. & Lantermann, E.D. (Hrsg.) (1996). *Ökologische Psychologie. Ein Handbuch in Schlüsselbegriffen* (2. Aufl.). Weinheim: Psychologie Verlags Union.

Kryspin-Exner, I. (1994). *Einladung zur psychologischen Behandlung. Verhaltensmodifikation, Verhaltenstherapie, Verhaltensmedizin, Gesundheitspsychologie.* München: Quintessenz Verlag.

Kuhl, J. (1987). Motivation und Handlungskontrolle: Ohne guten Willen geht es nicht. In H. Heckhausen, P.M. Gollwitzer & F.E. Weinert (Hrsg.), *Jenseits des Rubikon: Der Wille in den Humanwissenschaften* (S. 101–120). Berlin: Springer.

Kühne, A. (1988). *Psychologie im Rechtswesen. Psychologische und psychodiagnostische Fragestellungen bei Gericht.* Weinheim: Deutscher Studien Verlag.

Lamprecht, F. & Johnen, R. (Hrsg.) (1997). *Salutogenese – Ein neues Konzept in der Psychosomatik?* (3., überarb. Aufl.). Frankfurt: Verlag für Akademische Schriften.

Langer, I. & Schulz von Thun, F. (1974). *Messung komplexer Merkmale in Psychologie und Pädagogik.* München: Reinhardt.

Lantermann, E.D. (Hrsg.) (1980). *Interaktionen. Person, Situation und Handlung.* München: Urban & Schwarzenberg.

Lantermann, E.D. & Linneweber, V. (1996). Umweltpsychologie. In W. Bungard et al. (Hrsg.), *Perspektiven der Psychologie. Eine Standortbestimmung* (S. 129–144). Weinheim: Psychologie Verlags Union.

Laucken, U., Schick, A. & Höge, H. (1996). *Einführung in das Studium der Psychologie. Eine Orientierungshilfe für Schüler und Studenten* (7., vollst. überarb. Aufl.). Stuttgart: Klett-Cotta.

Lazarus, R.S. & Folkman, S. (1984). *Stress, appraisal and coping.* New York: Springer.

Legewie, H. & Ehlers, W. (1992). *Knaurs moderne Psychologie* (neubearb. u. wesentl. erw. Ausg.). München: Knaur.

Lehr, U. & Thomae, H. (1991). *Alltagspsychologie. Aufgaben, Methoden, Ergebnisse.* Darmstadt: Wissenschaftliche Buchgesellschaft.

Lerner, R.M. & Busch-Rossnagel, N.A. (Eds.) (1981). *Individuals as producers of their own development: A life-span perspective.* New York: Academic Press.

Lewin, K. (1936). *Principles of topological psychology.* New York: McGraw-Hill.

Liebel, H.J. (1996). Angewandte Psychologie. In D. Dörner & H. Selg (Hrsg.), *Psychologie. Eine Einführung in ihre Grundlagen und Anwendungsfelder* (2., überarb. u. erw. Aufl.) (S. 323–332). Stuttgart: Kohlhammer.

Lienert, G. & Raatz, U. (1998). *Testaufbau und Testanalyse* (6. Aufl.). Weinheim: Psychologie Verlags Union.

Lockowandt, O. (1994). Die Erkenntnisquellen und Methoden der Humanistischen Psychologie. In H. Petzold (Hrsg.), *Wege zum Menschen.* Band 1 (6. Aufl.) (S. 45–110). Paderborn: Junfermann.

Lück, H. (1996). *Geschichte der Psychologie. Strömungen, Schulen, Entwicklungen* (2., überarb. u. erw. Aufl.). Stuttgart: Kohlhammer.

Lüer, G. (Hrsg.) (1987). *Allgemeine experimentelle Psychologie. Einführung in die methodischen Grundlagen mit praktischen Übungen für das experimentelle Praktikum.* München: UTB.

Lukesch, H. (1997). *Einführung in die Pädagogische Psychologie* (3. Aufl.). Regensburg: CH-Verlag.

Mahler, M. (1989). *Studien über die drei ersten Lebensjahre* (3. Aufl.). Stuttgart: Klett-Cotta.

Margraf, J. (Hrsg.) (1996). *Lehrbuch der Verhaltenstherapie.* 2 Bde. Berlin: Springer.

Maslow, A. (1981). *Motivation und Persönlichkeit.* Reinbek: Rowohlt (Amer. Orig. 1954).

Maslow, A. (1994). *Psychologie des Seins. Ein Entwurf* (5. Aufl.). München: Kindler (Amer. Orig. 1973).

Mees, U. (1991). *Die Struktur der Emotionen.* Göttingen: Hogrefe.

Meichenbaum, D. (1995). *Kognitive Verhaltensmodifikation* (2., neugest. Aufl.). Weinheim: Psychologie Verlags Union.

Mertens, W. (1996). *Psychoanalyse* (5., überarb. u. erw. Aufl.). Stuttgart: Kohlhammer.

Metzig, W. & Schuster, M. (1996). *Lernen zu lernen. Lernstrategien wirkungsvoll einsetzen* (3., überarb. u. erg. Aufl.). Berlin: Springer.

Meyer, H. (1996). Psychologische Methodenlehre. In D. Dörner & H. Selg (Hrsg.), *Psychologie. Eine Einführung in ihre Grundlagen und Anwendungsfelder* (2., überarb. u. erw. Aufl.) (S. 34–60). Stuttgart: Kohlhammer.

Mietzel, G. (1997). *Wege in die Entwicklungspsychologie.* Band 1 (3. Aufl.), Band 2 (2., neu gest. Aufl.). Weinheim: Psychologie Verlags Union.

Mietzel, G. (1998). *Pädagogische Psychologie des Lernens und Lehrens* (5., vollst. überarb. Aufl.). Göttingen: Hogrefe.

Milgram, S. (1974). *Das Milgram-Experiment. Zur Gehorsamkeitsbereitschaft gegenüber Autorität.* Reinbek: Rowohlt.

Miller, P. (1993). *Theorien der Entwicklungspsychologie.* Heidelberg: Spektrum.

Mogel, H. (1996). Ökopsychologie. In D. Dörner & H. Selg (Hrsg.), Psychologie. *Eine Einführung in ihre Grundlagen und Anwendungsfelder* (2., überarb. u. erw. Aufl.) (S. 264–281). Stuttgart: Kohlhammer.

Montada, L. (1998a). Fragen, Konzepte, Perspektiven. In R. Oerter & L. Montada (Hrsg.), *Entwicklungspsychologie. Ein Lehrbuch* (4., korr. Aufl.) (S. 1–83). Weinheim: Psychologie Verlags Union.

Montada, L. (1998b). Entwicklungspsychologie und Anwendungspraxis. In R. Oerter & L. Montada (Hrsg.), *Entwicklungspsychologie. Ein Lehrbuch* (4., korr. Aufl.) (S. 895–914). Weinheim: Psychologie Verlags Union.

Muthny, F.A. (1997). Verarbeitungsprozesse bei körperlicher Krankheit. In R. Weitkunat, J. Haisch & M. Kessler (Hrsg.), *Public Health und Gesundheitspsychologie* (S. 338–347). Bern: Huber

Neumann, P. & Rosenstiel, L. v. (1994). Werbepsychologie. In R. Asanger & G. Wenninger (Hrsg.), *Handwörterbuch der Psychologie* (5. Aufl.) (S. 841–847). Weinheim: Psychologie Verlags Union.

Nitsch, J.R. (Hrsg.) (1981). *Stress. Theorien, Untersuchungen, Maßnahmen.* Bern: Huber.

Nitsch, J.R. & Seiler, R. (Hrsg.) (1994). *Gesundheitssport – Bewegungstherapie / Health Sport – Movement Therapy.* St. Augustin: academia Richarz.

Nolting, H.P. (1985). *Psychologie lehren. Zur Didaktik von Einführungen und Kurzstudiengängen.* Weinheim: Beltz.

Nolting, H.P. (1997). *Lernfall Aggression. Wie sie entsteht – wie sie zu vermindern ist. Ein Überblick mit Praxisschwerpunkt Alltag und Familie* (vollst. überarb. Neuausg.). Reinbek: Rowohlt.

Nolting, H.P. & Paulus, P. (1996). *Pädagogische Psychologie* (2., korr. Aufl.). Stuttgart: Kohlhammer.

Oerter, R. & Montada, L. (Hrsg.) (1998). *Entwicklungspsychologie. Ein Lehrbuch* (4., korr. Aufl.). Weinheim: Psychologie Verlags Union.

Opaschowski, H.W. (1996). *Tourismus. Eine systemische Einführung – Analysen und Prognosen.* (2. Aufl.). Opladen: Leske + Budrich.

Ortony, A., Clore, G.L. & Collins, A. (1988). *The cognitive structure of emotions.* Cambridge: Cambridge University Press.

Paulus, P. (1994). *Selbstverwirklichung und psychische Gesundheit. Konzeptuelle Analysen und ein Neuentwurf.* Göttingen: Hogrefe.

Pawlik, K. & Stapf, K. (1992). *Umwelt und Verhalten. Perspektiven und Ergebnisse ökopsychologischer Forschung.* Bern: Huber.

Perls, F.S. (1995). *Grundlagen der Gestalt-Therapie. Einführung und Sitzungsprotokolle* (9. Aufl.). München: Pfeiffer (Amer. Orig. 1973).

Perls, F., Hefferline, R., Goodman, P. (1994). *Gestalt-Therapie* (6. Aufl.). Stuttgart: Klett-Cotta (Amer. Orig. 1951).

Pervin, L.A. (1981). *Persönlichkeitspsychologie in Kontroversen.* München: Urban & Schwarzenberg.

Pervin, L.A. (1993). *Persönlichkeitstheorien* (3., neubearb. Aufl.). München: Reinhardt.

Petzold, H. (Hrsg.) (1994). *Wege zum Menschen.* 2 Bde. (6. Aufl.). Paderborn: Junfermann.

Petzold. M. (1992). *Familienentwicklungspsychologie. Einführung und Überblick.* München: Quintessenz.

Pfingsten, U. & Hinsch, R. (1991). *Gruppentraining sozialer Kompetenzen* (2., überarb. Aufl.). Weinheim: Psychologie Verlags Union.

Pongratz, L. (1983). *Hauptströmungen der Tiefenpsychologie.* Stuttgart: Kröner.

Preiser, S. (1989). *Zielorientiertes Handeln. Ein Trainingsprogramm zur Selbstkontrolle.* Heidelberg: Asanger.

Quitmann, H. (1996). *Humanistische Psychologie. Psychologie, Philosophie, Organisationsentwicklung* (3., überarb. u. erw. Aufl.). Göttingen: Hogrefe.

Redlich, A. & Schley, W. (1981). *Kooperative Verhaltensmodifikation im Unterricht* (2., überarb. Aufl.). München: Urban & Schwarzenberg.

Reinecker, H. (1994). *Grundlagen der Verhaltenstherapie* (2., überarb. Aufl.). Weinheim: Psychologie Verlags Union.

Reinecker, H. (Hrsg.) (1998). *Lehrbuch der Klinischen Psychologie. Modelle psychischer Störungen* (3., überarb. u. erw. Aufl.). Göttingen: Hogrefe.

Renkl, A. (1996). Träges Wissen. Wenn Erlerntes nicht genutzt wird. *Psychologische Rundschau, 47,* 78–92.

Revenstorf, D. (1993–1996). *Psychotherapeutische Verfahren.* 4 Bde. (2. u. 3., überarb. u. erw. Aufl.). Stuttgart: Kohlhammer.

Rheinberg, F. (1995). *Motivation.* Stuttgart: Kohlhammer.

Rheinberg, F. & Krug, S. (1998). *Motivationsförderung im Schulalltag* (2., überarb. u. erw. Aufl.). Göttingen: Hogrefe.

Rogers, C.R. (1978). *Die klientenzentrierte Gesprächspsychotherapie.* Frankfurt: Fischer (Amer. Orig. 1951).

Rogers, C.R. (1991). *Eine Theorie der Psychotherapie, der Persönlichkeit und der zwischenmenschlichen Beziehungen. Köln: Gesellschaft für wissenschaftliche Gesprächspsychotherapie* (Amer. Orig. 1959).

Rogers, C.R. (1998). *Entwicklung der Persönlichkeit* (12. Aufl.). Stuttgart: Klett-Cotta (Amer. Orig. 1961).

Rohracher, H. (1971). *Einführung in die Psychologie* (10. Aufl.). München: Urban & Schwarzenberg.

Rohrmann, B. (1988). Gestaltung von Umwelt. In D. Frey, C. Graf Hoyos & D. Stahlberg (Hrsg.), *Angewandte Psychologie. Ein Lehrbuch* (S. 265–282). München: Psychologie Verlags Union.

Rollett, B. (1997). *Lernen und Lehren. Einführung in die Pädagogische Psychologie und ihre entwicklungspsychologischen Grundlagen* (5. Aufl.). Wien: WUV-Universitätsverlag.

Rosenstiel, L. v., Molt, W. & Rüttinger, B. (1995). *Organisationspsychologie* (8., überarb. u. erw. Aufl.). Stuttgart: Kohlhammer.

Rosenstiel, L. v. & Neumann, P. (1988). Psychologie in Marketing und Werbung. In D. Frey, C. Graf Hoyos & D. Stahlberg (Hrsg.), *Angewandte Psychologie. Ein Lehrbuch* (S. 208–228). München: Psychologie Verlags Union.

Ross, L. & Nisbett, R.E. (1991). *The person and the situation.* New York: McGraw-Hill.

Rost, D.H. (1998a) (Hrsg.). *Handwörterbuch Pädagogische Psychologie.* Weinheim: Psychologie Verlags Union.

Rost, D.H. (1998b). Pädagogische Verhaltensmodifikation. In D.H. Rost (Hrsg.), *Handwörterbuch Pädagogische Psychologie* (S. 387–392). Weinheim: Psychologie Verlags Union.

Rotering-Steinberg, S. (1993). Organisationsentwicklung. In A. Schorr (Hrsg.), *Handwörterbuch der Angewandten Psychologie* (S. 483–485). Bonn: Deutscher Psychologen Verlag.

Sacks, O. (1990). *Der Mann, der seine Frau mit einem Hut verwechselte.* Reinbek: Rowohlt.

Sader, M. & Weber, H. (1996). *Psychologie der Persönlichkeit.* München: Juventa.

Sander, E. (1981). *Lernstörungen. Ursachen, Prophylaxe, Einzelfallhilfe.* Stuttgart: Kohlhammer.

Schandry, R. (1994). Psychophysiologie. In R. Asanger & G. Wenninger (Hrsg.), *Handwörterbuch der Psychologie* (5., neugest. Aufl.) (S. 614–619). Weinheim: Psychologie Verlags Union.

Schandry, R. (1998). *Lehrbuch der Psychophysiologie. Körperliche Indikatoren psychischen Geschehens* (4. Aufl.). Weinheim: Psychologie Verlags Union.

Schelp, T. & Kemmler, L. (1988). *Emotion und Psychotherapie. Ein kognitiver Beitrag zur Interpretation psychotherapeutischer Schulen.* Bern: Huber.

Schiepek, G. (1998). Systemtheorie. In S. Grubitzsch & K. Weber (Hrsg.), *Psychologische Grundbegriffe. Ein Handbuch* (S. 625–627). Reinbek: Rowohlt.

Schlag, B. (Hrsg.) (1997). *Fortschritte der Verkehrspsychologie.* Bonn: Deutscher Psychologen Verlag.

Schlippe, A. v., & Schweitzer, J. (1998). *Lehrbuch der systemischen Therapie und Beratung* (5. Aufl.). Göttingen: Vandenhoeck & Ruprecht.

Schneewind, K.A. (1991). *Familienpsychologie.* Stuttgart: Kohlhammer

Schneewind, K.A. (1992). *Persönlichkeitstheorien.* 2 Bde. Darmstadt: Wissenschaftliche Buchgesellschaft.

Schneewind, K.A. (1998). Familienentwicklung. In R. Oerter & L. Montada (Hrsg.), *Entwicklungspsychologie. Ein Lehrbuch* (4., korr. Aufl.) (S. 128–166). Weinheim: Psychologie Verlags Union.

Schönpflug, W. & Schönpflug, U. (1997). *Psychologie. Allgemeine Psychologie und ihre Verzweigungen in die Entwicklungs-, Persönlichkeits- und Sozialpsychologie* (4. Aufl.). Weinheim: Psychologie Verlags Union.

Schorr, A. (1984). *Die Verhaltenstherapie. Ihre Geschichte von den Anfängen bis zur Gegenwart.* Weinheim: Beltz.

Schorr, A. (Hrsg.) (1993). *Handwörterbuch der Angewandten Psychologie. Die Angewandte Psychologie in Schlüsselbegriffen.* Bonn: Deutscher Psychologen Verlag.

Schuler, H. (Hrsg.) (1995). *Lehrbuch Organisationspsychologie* (2., korr. Aufl.). Bern: Huber.

Schuler, H. & Funke, U. (1995). Diagnose beruflicher Eignung und Leistung. In H. Schuler (Hrsg.), *Lehrbuch Organisationspsychologie* (2., korr. Aufl.) (S. 235–283). Bern: Huber.

Schulz von Thun, F. (1981). *Miteinander reden: Störungen und Klärungen. Psychologie der zwischenmenschlichen Kommunikation.* Reinbek: Rowohlt.

Schwarzer, R. (Hrsg.) (1997). *Gesundheitspsychologie. Ein Lehrbuch* (2., überarb. u. erw. Aufl.). Göttingen: Hogrefe.

Schwenkmezger, P. (1994). Gesundheitspsychologie: Die persönlichkeitspsychologische Perspektive. In P. Schwenkmezger & L. R. Schmidt (Hrsg.), *Lehrbuch der Gesundheitspsychologie* (S. 46–64). Stuttgart: Enke.

Seiffge-Krenke, I. (1995). Entwicklung des sozialen Verhaltens. In H. Hetzer, E. Todt, I. Seiffge-Krenke & R. Arbinger (Hrsg.), *Angewandte Entwicklungspsychologie des Kindes- und Jugendalters* (3., unveränd. Aufl.) (S. 352–396). Heidelberg: Quelle & Meyer.

Selg, H., Klapprott, J. & Kamenz, R. (1992). *Forschungsmethoden der Psychologie.* Stuttgart: Kohlhammer.

Semmer, N. & Volpert, W. (1994). Arbeitspsychologie. In R. Asanger & G. Wenninger (Hrsg.), *Handwörterbuch der Psychologie* (5., neugest. Aufl.) (S. 52–60). Weinheim: Psychologie Verlags Union.

Sieland, B. (1994/1996). *Klinische Psychologie.* 2 Bde. Stuttgart: Kohlhammer.

Silbereisen, R.K. (1996). Jugendliche als Gestalter ihrer Entwicklung. In R. Schumann-Hengsteler & H. M. Trautner (Hrsg.), *Entwicklung im Jugendalter* (S. 1–18). Göttingen: Hogrefe.

Simon, F. & Stierlin, H. (1995). *Die Sprache der Familientherapie. Ein Vokabular* (4. Aufl.). Stuttgart: Klett-Cotta.

Singer, J.L., Singer, D.G. & Sherrod, L.R. (1980). A factor analytic study of preschooler's play behavior. *Academic Psychology Bulletin, 2,* 143–156.

Six, B. (1983). Effektivität der Werbung. In M. Irle & W. Bussmann (Hrsg.), *Methoden und Anwendungen in der Marktpsychologie* (Enzyklopädie der Psychologie: Wirtschafts-, Organisations- und Arbeitspsychologie, Band 5) (S. 340–395). Göttingen: Hogrefe.

Skinner, B.E. (1973). *Jenseits von Freiheit und Würde.* Reinbek: Rowohlt.
Skinner, B.F. (1974). *Wissenschaft und menschliches Verhalten.* München: Kindler (Amer. Orig. 1953).
Slavin, R.E. (1997). *Educational Psychology. Theory and practice* (5th Ed.). Boston: Allyn & Bacon.
Sodian, B. (1998). *Theorien der kognitiven Entwicklung.* In H. Keller (Hrsg.), Lehrbuch Entwicklungspsychologie (S. 147–169). Bern: Huber.
Spada, H. (Hrsg.) (1998). *Lehrbuch Allgemeine Psychologie.* Bern: Huber.
Steiner, G. (1996). *Lernen. Zwanzig Szenarien aus dem Alltag* (2., vollst. überarb. Aufl.). Bern: Huber
Sternberg, R. (1998). *Erfolgsintelligenz.* München: Lichtenberg.
Stroebe, W., Hewstone, M. & Stephenson, G.M. (1996). *Sozialpsychologie. Eine Einführung* (3., erw. u. überarb. Aufl.). Berlin: Springer.
Süß, H., Wittchen, H.U. & Zaudig, M. (1996). *Diagnostisches und Statistisches Manual Psychischer Störungen. DSM-IV.* Göttingen: Hogrefe.
Tajfel, H. & Turner, J.C. (1986). The social identity theory of intergroup behavior. In S. Worchel & W. G. Austin (Eds.), *Psychology of intergroup relations* (2nd Ed.). (S. 7–24). Chicago: Nelson-Hall.
Tausch, R. & Tausch, A.M. (1990). *Gesprächspsychotherapie* (9., erg. Aufl.). Göttingen: Hogrefe.
Tausch, R. & Tausch, A.M. (1998). *Erziehungspsychologie. Begegnung von Person zu Person* (11., korr. Aufl.). Göttingen: Hogrefe.
Tent, L. (1998). Schulreife und Schulfähigkeit. In D.H. Rost (Hrsg.), *Handwörterbuch Pädagogische Psychologie* (S. 448–453). Weinheim: Psychologie Verlags Union.
Textor, M.R. (Hrsg.) (1998). *Das Buch der Familientherapie. Sechs Schulen in Theorie und Praxis* (5. Aufl.). Frankfurt: Klotz.
Thomä, H. & Kächele, H. (1996). *Lehrbuch der psychoanalytischen Therapie.* 2 Bde. (2. Aufl.). Berlin: Springer.
Thomae, H. (1965). Einführung. In H. Thomae (Hrsg.), *Die Motivation menschlichen Handelns* (S. 13–31). Köln: Kiepenheuer & Witsch.
Thomae, H.E. & Feger, H. (1976). *Hauptströmungen der neueren Psychologie.* Wiesbaden: Akademische Verlagsgesellschaft.
Thomas, A. (1991). *Grundriß der Sozialpsychologie.* Band 1. Göttingen: Hogrefe.
Thomas, A. (1995). *Einführung in die Sportpsychologie* (2., überarb. u. erg. Aufl.). Göttingen: Hogrefe.
Tillmann, K.J. (1991). *Sozialisationstheorien. Eine Einführung in den Zusammenhang Gesellschaft, Institution und Subjektwerdung.* Reinbek: Rowohlt.
Trautner, H.M. (1995). *Allgemeine Entwicklungspsychologie.* Stuttgart: Kohlhammer.
Traxel, W. (1974). *Grundlagen und Methoden der Psychologie* (2., völlig neubearb. u. erw. Aufl.). Bern: Huber.
Tücke, M. (1997). *Psychologie in der Schule – Psychologie für die Schule. Eine themenzentrierte Einführung in die Pädagogische Psychologie für (zukünftige) Lehrer.* Münster: LIT.
Uexküll, Th. v., Adler, R., Herrmann, J.M., Köhle, K., Schonecke, O. & Wesiak, W. (Hrsg.) (1996). *Psychosomatische Medizin* (5., neubearb. u. erw. Aufl.). München: Urban & Schwarzenberg.
Ulich, D. (1993). *Einführung in die Psychologie* (2., verb. Aufl.). Stuttgart: Kohlhammer.

Ulich, D. & Mayring, P. (1992). *Psychologie der Emotionen.* Stuttgart: Kohlhammer.
Ulich, E. (1995). Gestaltung von Arbeitsplätzen. In H. Schuler (Hrsg.), *Lehrbuch Organisationspsychologie* (2., korr. Aufl.) (S. 189–208). Bern: Huber.
Ullrich, R. & Muynck, R. (1973). Standardisierung des Selbstsicherheitstrainings für Gruppen. In J. Brengelmann & W. Tunner (Hrsg.), *Behavior Therapy – Verhaltenstherapie* (S. 254–259). München: Urban & Schwarzerberg.
Wagner, U. (1994). *Eine sozialpsychologische Analyse von Intergruppenbeziehungen.* Göttingen: Hogrefe.
Wahl, D., Weinert, F.E. & Huber, G.L. (1997). *Psychologie für die Schulpraxis. Ein handlungsorientiertes Lehrbuch für Lehrer* (6. Aufl.). München: Kösel.
Watson, J.B. & Rayner, R. (1920). Conditioned emotional reactions. *Journal of Experimental Psychology, 3,* 1–14.
Watzlawick, P., Beavin, J. & Jackson, D.D. (1969). *Menschliche Kommunikation.* Bern: Huber.
Wegener, H. (1992). *Einführung in die Forensische Psychologie* (2. Aufl.). Darmstadt: Wissenschaftliche Buchgesellschaft.
Wehner, E.G. (Hrsg.) (1990). *Geschichte der Psychologie. Eine Einführung.* Darmstadt: Wissenschaftliche Buchgesellschaft.
Weidenmann, B. & Krapp, A. (1993). Pädagogische Psychologie: Einführung in die Disziplin und das Lehrbuch. In B. Weidenmann, A. Krapp u.a. (Hrsg.), *Pädagogische Psychologie* (3. Aufl.) (S. 1–20). Weinheim: Psychologie Verlags Union.
Weidenmann, B., Krapp, A., Hofer, M., Huber, G.L., Mandl, H. (Hrsg.) (1993). *Pädagogische Psychologie. Ein Lehrbuch.* (3. Aufl.). Weinheim: Psychologie Verlags Union.
Weinert, A.B. (1998). *Organisationspsychologie. Ein Lehrbuch* (4., vollst. überarb. u. erw. Aufl.). Weinheim: Psychologie Verlags Union.
Weinert, F.E. & Helmke, A. (1997). *Entwicklung im Grundschulalter.* Weinheim: Psychologie Verlags Union.
Weitkunat, R., Haisch, J. & Kessler, M. (Hrsg.) (1997). *Public Health und Gesundheitspsychologie. Konzepte, Methoden, Prävention, Versorgung, Politik.* Bern: Huber.
Wessells, M.G. (1994). *Kognitive Psychologie* (3., verb. Aufl.). München: Reinhardt.
Wolf, E.S., Ornstein, A., Ornstein, P.H., Lichtenberg, J.D. & Kutter, P. (1989). *Selbstpsychologie. Weiterentwicklungen nach Heinz Kohut.* Stuttgart: Klett-Cotta.
Wottawa, H. (1993). Evaluation. In B. Weidenmann, A. Krapp u.a. (Hrsg.), *Pädagogische Psychologie* (3. Aufl.) (S. 703–733). Weinheim: Psychologie Verlags Union.
Wyss, D. (1991). *Die tiefenpsychologischen Schulen von den Anfängen bis zur Gegenwart* (6., erg. Aufl.). Göttingen: Vandenhoeck & Ruprecht.
Ziesing, F. & Pfingsten, U. (1997). *Selbstveränderung. Verhaltenstherapie selbst erfahren* (2., verb. Aufl.). Tübingen: dgvt-Verlag.
Zimbardo, P.G. (1995). *Psychologie* (6., neubearb. u. erw. Aufl.). Berlin: Springer.

Personenregister

Adler, A.   106, 154, 158
Adler, R.   125
Aebli   48
Ajzen   116
Allport   95, 105, 115, 152
Amelang   109, 176
Amidon   173
Anderson   103, 104
Ansbacher   158
Antonovsky   147
Arbinger   51
Aschenbrenner   47
Asendorpf   93f., 96f., 106ff.
Atkinson   56
Ausubel   28, 73, 74

Badura   148
Ballstaedt   27
Bamberg   143
Bandura   73, 161f.
Bartenwerfer   187
Bartling   161f.
Bartsch   149
Bartussek   109
Bastine   131
Baumann   128
Beavin   133, 135
Becker   146, 150
Bem   116
Bengel   149
Bergin   135
Berliner   69, 73, 77, 139f.
Bernauer   135
Bertalanffy   167
Bierbrauer   115f., 119
Bierhoff   48, 115f., 119, 201
Birbaumer   122
Bloom   31, 33, 50, 140
Brecht   158
Breuer   180
Bruner   28
Brunner   141
Bühler, Ch.   165
Bühler, K.   65

Bungard   145
Busch, Wilhelm   50, 58, 110, 156, 161, 173
Busch-Rossnagel   96

Cattell   83, 105, 107, 110
Clemens-Ziegler   127
Clore   54
Collins   54
Corsini   134
v. Cranach   61

Davison   131
Diekmann   175, 186
Dilthey   187
Dlugosch   147
Donati   135
Dörner   51, 61, 75
Drews   158
Dudel   124
Duncker   51
Dunn   94, 97

Ebbinghaus   17, 103
Echelmeyer   161f.
Edelmann   69, 74
Ehlers   111
Ehlert   151
Ellis   135
Engberding   161f.
Engelbert   121
Erdmann   145
Eron   185
Ewert   136
Eysenck   105, 107

Fabian   129
Fahrenberg   178
Faltermaier   147
Feger   163
Fissini   83, 106, 110
Fittkau   139
Flade   121f.
Fliegel   134

Florin 151, 206f.
Folkman 165
Forgas 48, 63, 118
Franke 147
Frankl 165f.
Freud 49, 106, 155f., 158f., 163
Frey 114, 119, 130
Frieling 143
Fromm 159
Funke, J. 13
Funke, U. 142

Gage 69, 73, 77, 139f.
Gagné 69, 73f., 78
Gardner 81
Garfield 135
Gebert 144
Giese 128
Goethe 181, 213
Gollwitzer 60
Goodman 134
Gordon 140
Graumann 48, 50, 107, 115, 120f., 169
Grawe 135
Greif 114, 141, 143, 169
Grell 173
Greuel 129
Groeben 164
Groeger 134
Guilford 49f., 81, 107
Guski 47

Haag 151
Hacker 61
Hagehülsmann 166
Hager 140
Hahlweg 151
Hahn 128
Haisch 147
Hanasian 28
Hartmann 158
Hasselhorn 51, 112, 140
Heckhausen 56, 60, 86, 181f.
Hefferline 134
Heidbrink 188
Hellhammer 151
Helmke 112

Henrig 141, 169
Herrmann, J.M. 125
Herrmann, Th. 80, 93, 94, 105
Herzog 142
Hetzer 111
Hewstone 114
Hinsch 62
Hoefert 86
Hoefling 151
Hofer 139, 168
Hoffman 158
Hoffmann 163
Höge 17, 180, 188
Holling 144, 169
Homburg 120
Horney 159
Hoyos 130
Huber 141
Hunt 201
Hunter 173
Huppmann 147
Hurrelmann 113, 147, 150
Huesmann 185
Hussy 51

Ingenkamp 189
Irle 119
Irtel 103

Jackson 133, 135
Jacobi 158
Jäger 176
Janke 126, 145
Janssen 128
Johnen 149
Jung 106, 158

Kächele 157
Kagelmann 128
Kallus 145
Kamenz 172, 186
Kanfer 135, 160
Käser 141
Keller, J.A. 56
Keller, H. 111f.
Kemmler 135, 155
Kernberg 159

Kessler 147
Klapprott 172, 186
Klein-Allermann 168
Knödler 141, 169
Köhler 155
Kolip 150
Kollbrunner 166
Krampen 108
Krapp 136, 139
Krim 88
Kriz 134, 158, 168, 188
Krohne 81
Kroj 128
Krug 139
Krüger 13
Kruse 121, 169
Kryspin-Exner 162
Kuhl 60
Kühne 129
Künzel 134
Kurtz 141

Laaser 147
Lamprecht 149
Langer 175
Lantermann 86, 120f., 169
Laucken 17, 180, 188
Lazarus 150, 164f.
Legewie 111
Lehr 165
Lerner 96
Lewin 39
Liebel 129
Lienert 176
Liepmann 144
Linneweber 120
Lockowandt 107, 166
Lück 153, 188
Lüer 103
Lukesch 139

Mahler 159
Malzacher 60
Margraf 134
Maslow 57, 108, 165ff.
Matthies 120
May 108, 166

Mayring 53
Mees 54
Meichenbaum 161
Menzel 124
Mertens 155
Metraux 107
Metzig 206
Meyer 187
Mietzel 110, 139, 141
Milgram 87
Miller 112
Mogel 120f., 169
Molt 144
Montada 92, 110ff.
Muthny 145

Neale 131
Neumann 127
Nicholson 169
Nisbett 41, 42, 86
Nitsch 128, 164
Noack 168
Nolting 28, 81, 88, 136, 139, 201
Novak 28

Oerter 111, 112
Opaschowsky 128
Oppenheimer 130
Ornstein 159
Ortony 54

Paulus 136, 139, 145, 166
Pawlik 121
Pawlow 70
Pawlowsky 127
Perls 133f., 165
Pervin 82, 88, 108, 160
Petermann 176
Petzold 134, 168
Pfingsten 62, 135, 193
Phillips 160
Piaget 111, 113
Plomin 94, 97
Pongratz 159
Preiser 62, 75

Quitmann 165

Raatz 176, 187
Rayner 70
Redlich 141
Reinecker 131, 134f.
Renkl 25
Revenstorf 134
Rheinberg 55, 58, 59, 139
Robinson 209
Rogers 108, 133f., 140, 154, 165f.
Rohracher 43, 83, 210
Rohrmann 122
Rollett 139
Roos 41, 42
Rosenstiel 127, 144, 206f.
Ross 86
Rost 139, 141
Rotering-Steinberg 144
Rütting 144

Sacks 45
Sader 109
Sander 202
Schandry 124f.
Scheele 164
Schelp 135, 155
Schick 17, 180, 188
Schiepek 168
Schlag 128
Schley 141
v. Schlippe 133, 168
Schmalt 55
Schmelzer 135
Schmidt, L.R. 147
Schmidt, R.F. 122, 124
Schnabel 150
Schneewind 106, 168
Schneider 112
Schönpflug 45, 49, 56, 61, 152
Schorr 127, 159, 161
Schuler 141f.
Schulz von Thun 65, 175
Schuster 206
Schwarzer 147
Schweitzer 133, 168
Schwenkmezger 147
Seiffke-Krenke 111
Seiler 128

Selg 172, 176, 186
Semmer 141, 143
Sherrod 184
Sieland 131
Silbereisen 110, 113
Simon 135
Singer 184
Six 127
Skinner 70, 159f.
Slavin 139
Sodian 111
Sonntag 143
Spada 102
Stadler 129
Stahlberg 130
Stapf 121
Steiner 75
Stepherson 114
Sternberg 81
Stierlin 135
Stroebe 114
Sullivan 159
Süß 131

Tajfel 118
Tausch 134, 139f.
Tent 67
Textor 168
Thomä 157
Thomae 55, 83, 117, 163, 165
Thomas 116f., 128
Thorndike 70
Tillmann 157
Todt 111
Trautner 110, 112, 113
Traxel 18
Tücke 139
Turner 118

Uexküll 125
Ulich, D. 17, 44, 53, 54, 113
Ulich, E. 142
Ullrich 82
Ullrich de Muynck 82

Volpert 141

236

Wagner 117
Wahl 141
Watson 70, 159, 161
Watzlawick 63, 65, 133, 135
Wegener 129
Wehner 153
Weidenmann 136, 139
Weinert, A.B. 142ff., 169
Weinert, F.E. 112, 141
Weitkunat 147
Wessells 104

Wittchen 131
Wolf 159
Wottawa 197
Wundt 163
Wyss 159

Zaudig 131
Zelli 185
Zielinski 176
Ziesing 135, 193
Zimbardo 17, 152

Sachregister

Absicht 59f.
Aggression 58, 81, 171, 179, 183, 185, 201
Agnosie 45
Aktivation, Aktivierung 53, 54, 124
Allgemeine Psychologie 40, 102ff.
Alltagspsychologie 19, 41f., 67, 79, 181ff., 196, 218f.
Alkoholismus 90, 94
Analyse 33
Analytische Psychologie 158
Anamnese 212
Angst 41, 53, 55, 56, 70, 123
Ängstlichkeit 41, 55, 81, 89, 108f., 123
Anlage 40, 67, 93ff.
Anwenden 32, 78, 217
Arbeitspsychologie 141ff.
Archetypen 158
Assoziation 72f.
Attribution 41f., 54, 115f., 181f.
Ausdrucksverhalten 60f., 63
Auslese 141f.
Auslösereiz 84
Automatismus 61
Autonomie, funktionelle 95

Bedeutung 45, 62ff., 73f., 164, 216
Bedürfnis 57, 166f.
Beeinflussen s. Verändern
Begriff 74, 216

Behaviorismus 17, 27, 41, 84, 140, 153, 159ff.
Bekräftigung 70f., 85, 134, 140
Beobachtung 46, 171ff.
Beratung 193, 206ff.
Beschreiben 30, 170ff., 195f.
Bestrafung 71
Beurteilung 174, 177
Bewegung 60f.
Bewerten 30, 33, 50, 53, 174, 193, 195ff.
Bewusstsein 17, 155f., 163
Big-Five-Struktur 107f.
Biologische Psychologie 16, 122f.
Brainstorming 51

Coping 145, 165

Denken 44, 48ff., 74ff., 111, 163f.
Denkfertigkeit, psychologische 31ff.
Diagnose, Diagnostik 30, 176ff., 189f.
Differentielle Psychologie 104ff.
Diskrepanzerfahrung 18f.
Disposition 29, 37ff., 52, 55f., 66ff., 79ff., 89ff., 98f., 109f., 153, 190, 200f., 204f.

Eigenschaft 79f., 106ff., 182
Eigenschaftswort 80, 174, 196
Eignung 141
Einschätzung 171, 174ff., 196
Einstellung 52, 57, 83, 116f.

237

Elaboration 74
Emotion 44, 52 ff., 55 f., 70, 109, 122 f.
Entscheidung 59
Entwicklung 28 f., 66, 78, 99 f., 138
Entwicklungsbedingungen 37 ff., 66, 91 ff., 153, 200 f., 204 f.
Entwicklungspsychologie 40, 66, 110 ff.
Entwicklungsprozesse 66 ff.
Erbanlagen s. Anlagen
Erklären 30, 176, 179 ff., 194
Erleben 15, 17, 37, 166
Ermüdung 208
Erregung 53, 56
Erwartung 46, 52, 57
Erziehung 71, 136 ff., 185
Evaluation 33, 114, 197
Experiment 102, 185 f.
Extraversion 107 f.

Fähigkeit 81, 83
Familie 93, 117 f., 138 f., 168 f.
Familientherapie 135, 168
Feldstudie 185
Fertigkeit 47, 71, 74, 76, 194
Forensische Psychologie 128 f.
Fragebogen 175, 178

Gedächtnis 50, 51, 69, 75, 103 f., 210
Gefühl s. Emotion
Gehorsam 87
Generalisierung 78
Gesundheit 130, 143, 145 ff.
Gesundheitspsychologie 147, 149
Gestaltpsychologie 163
Gestalttherapie 134
Gewalt 58, 87, 195
Gewissen 183
Gruppe 23, 117 f., 144, 211

Habit 108, 161
Handlung 50, 59 ff., 163
Hermeneutik 188
Hilfeleistung 23, 32 f., 55, 182, 199 f.
Hinweisreiz 71, 84 f.
Humanistische Psychologie 133 f., 140, 152 ff., 165 ff.

Ich 156 f.
Ich-Botschaft 140, 175
Ich-Psychologie 158
Individualpsychologie 158
Intelligenz 52, 81, 92, 97, 202
Interaktion 89 ff., 109, 113, 187
– soziale 62 f., 91, 113, 118, 133, 172, 216
Interesse 55, 90
Introversion 107

Klientenzentrierte Therapie 134, 140
Klinische Psychologie 131 ff., 147, 149
Körper 66, 122 ff., 145 f., 150 f.
Kognition 51, 104, 111, 115 f., 161, 162 ff.
Kognitive Therapie 135
Kognitivismus 41, 53, 153, 162 ff.
Kohärenzgefühl 147
Kollektiv 87, 117
Kommunikation 62 ff., 118
Kompetenz 47, 52, 83, 109 f., 134
Konditionierung 70 f., 161
– klassische 70 f., 72, 76, 134, 161
– operante, instrumentelle 70 f., 161
(s. auch Lernen am Effekt)
Konflikt 59, 133
Konstrukt 80 f., 107, 182 f., 203
Kontrollüberzeugung 108, 151
Korrelation 183 f.
Krankheit 87, 133, 143, 145 ff.
Kreativität 50, 52
Kreisprozess 90, 94, 216

Längsschnittstudie 185
Lehrer 138, 173
Lehrmethoden 89, 140
Leib-Seele-Problem 125 f.
Leistungsmotivation 55, 58
Lernen 67 ff., 94 f., 112, 136, 160, 194
– am Effekt 70 ff., 76, 208
– am Modell 71 f., 76, 134, 208
– kognitiv 72 ff., 138
Lernmotivation 139, 202
Lernstörung 138, 201, 206 ff.
Lernstrategie 77, 206 ff., 213 ff.

Lernübertragung 25, 76ff., 139f., 199ff., 217f.
Lernziel 31ff., 50, 140
Löschung 71

Makrostruktur 27, 31
Medizinische Psychologie 147f.
Messung 171, 176
Metakognition 51f., 140
Minderwertigkeitsgefühl 158
Motiv 56, 83, 95, 109, 139
Motivation 29, 54ff., 85, 139
Motorik s. Bewegung

Neopsychoanalyse 159
Neuropsychologie 125

Objektbeziehungstheorie 159
Objektivität 176, 179
Ökologische Psychologie s. Umweltpsychologie
Organisationspsychologie 141ff., 169
Operationalisierung 159, 171

Pädagogische Psychologie 136ff.
Persönlichkeit 79 (s. auch Person)
Persönlichkeitspsychologie 40, 104ff.
Persönlichkeitstheorie 106f.
– implizite 116
Person 28f., 37ff., 78ff., 87ff., 104ff., 133, 138 (s. auch Disposition)
Personwahrnehmung 48, 116
Prädiktor 189ff.
Prävention 123, 148, 194
Praxisfall, Praxisproblem 25, 31, 33ff., 86, 100, 203ff., 218
Problemlösen 50f., 72, 75, 104, 135, 139
Prozesse, aktuelle 28f., 36ff., 42ff., 78, 86, 98f, 153, 199f., 204f.
Psychoanalyse 27, 41, 133f., 154ff., 165
Psychologie
– Definitionen 16f.
– naive 19, 165 (s. auch Alltagspsychologie)
Psychopharmakologie 125
Psychophysiologie 53, 124f., 173

Psychosomatik 125, 149
Psychotherapie 134ff., 157, 194, 212

Rational-emotive Therapie 135
Reflex 44, 61, 70
Regellernen 74
Reifen 67f., 93, 95, 98, 112f.
Reliabilität 176ff.

Schätzskala 175
Schule 136ff., 202
Schulerfolg 189f.
Schüler 173
Schulreife 67
Selbstbild, Selbstkonzept 107, 109, 133, 166
Selbsteinschätzung 175, 177
Selbstgestaltung 96, 113
Selbstunsicherheit 62, 82
Selbstverwirklichung 133, 145, 158, 166
Selbstwahrnehmung 45, 98, 166
Signallernen s. Konditionierung, klassische
Sinnhaltigkeit 73f. (s. auch Bedeutung)
Situation 28f., 37ff., 55, 69, 80, 84ff., 87ff., 98f., 115, 153, 190, 200f., 204f.
Sozialisation 113, 118, 138
Sozialpsychologie 40, 84, 114ff.
Sportpsychologie 128
Sprechen 60, 63, 118
Störung, psychische (Begriff) 131
Stress 150, 164f.
Subjektmodell 164
Synthese 33
System 24, 28, 135, 141, 167, 216
Systemische Sichtweise 133, 141, 167ff.

Temperament 83, 109
Test 178f.
Thema (Begriff) 21f., 26, 34, 202f., 214f.
Theorierichtung 19, 23, 27, 29, 41, 57, 101, 131ff., 140, 153ff., 197
Therapie s. Psychotherapie
Tiefenpsychologie 23, 106, 133, 152ff.
Tourismuspsychologie 128
Training 62, 96

Transfer s. Lernübertragung
Trieb 57, 155f., 181

Über-Ich 156
Umstrukturierung 75, 163
Umwelt 40, 45, 84, 93ff., 112f., 119ff., 190 (s. auch Situation)
Umweltpsychologie 40, 84, 119ff., 130
Unbewusst(es) 16, 37, 76, 134, 155ff.
Unterricht 138f., 173
Ursache (Begriff) 186f.

Validität 178f., 189
Variable 102, 180
Verändern 30, 100, 192ff., 207ff.
Vergessenskurve 103
Verhalten (Begriff) 15, 17, 60f
Verhaltensanalyse 160
Verhaltensgewohnheit 61, 71, 80, 108, 134, 161

Verhaltensgleichung 160, 162
Verhaltensmedizin 151
Verhaltensmodifikation 140
Verhaltensrepertoire 108, 161
Verhaltenstherapie 134f., 161, 212
Verkehrspsychologie 127
Verstehen 32, 73, 187f.
Volition 59f.
Vorhersagen 30, 114, 188ff.
Vorsatz 59f.
Vorurteil 74, 77, 116

Wahrnehmung 41, 44, 45ff., 162, 192
Werbepsychologie 127
Wille 59f
Wissen 25, 32, 51f., 73ff., 218
Wissensorganisation 11, 21ff., 74, 213f.

Zielprobleme 114, 195f., 199f.